KB274127

브라이언 트레이시
자기 절제론

위대한 행동주의자의 성공 원칙 02

# NO EXCUSES

브라이언 트레이시 지음 | 정지현 옮김

브라이언 트레이시
# 자기 절제론

## 의지보다 기준을 세워라

Brian Tracy

21세기북스

✳

인생은 의지가 아니라
절제된 선택의 반복으로 만들어진다.

## 2부 | 일과 리더십, 재정의 절제

# 자기 절제의 기적

"실패에는 천 가지 핑계가 있지만,
정당한 이유는 단 하나도 없다."

— 마크 트웨인

왜 어떤 사람들은 남들보다 더 큰 성공을 거둘까? 왜 어떤 사람들은 같은 시간을 살아도 훨씬 더 많은 돈을 벌고, 더 행복하며, 더 많은 것을 이루는 걸까? 진정한 '성공의 비밀'은 과연 무엇일까?

나는 세미나를 할 때, 보통 이런 질문으로 시작한다. "여기 계신 분들 가운데, 지금보다 소득을 두 배로 늘리고 싶은 분 계십니까?"

그러면 거의 모든 사람이 미소를 지으며 손을 든다. "살을 빼고 싶은 분? 빚에서 벗어나고 싶은 분? 경제적 자유를 이루고 싶은 분?"

역시 거의 모두가 환하게 웃으며 손을 들고, 몇몇은 환호성까지 지른다. 그러면 나는 이렇게 말한다. "좋아요. 우린 모두 비슷한 꿈을 가지고 있군요. 다들 돈도 더 많이 벌고 싶고 가족과 더 많은 시간을 보내고 싶어 하며, 건강해지고 날씬해지고 싶지요. 또 경제적 자유도 이루고 싶고요. 우리는 같은 것을 원하고 무엇을 해야 하는지도 잘 압니다. 그리고 언젠가는 그렇게 하겠다고 다짐하지요. 문제는 우리가 시작도 하기 전에 '언젠가 섬'으로 떠나버린다는 섭니다. '언젠가는 그 책을 읽을 거야. 언젠가는 운동을 시작할 거야. 언젠가는 능력을 키워서 더 많은 돈을 벌 거야. 언젠가는 재정을 정리하고 빚에서 자유로워질 거야. 내 목표를 이루기 위해 꼭 해야 할 일을 전부 할 거야. 그래, 언젠가는'처럼요."

아마도 전 세계 인구의 80퍼센트는 대부분의 시간을 이 '언젠가 섬'에서 보낼 것이다. 그들은 자신이 '언젠가' 하게 될 모든 일을 생각하고, 꿈꾸고, 상상하면서 시간을 흘려보낸다. '언젠가 섬'에서 그들이 만나는 사람은 누구일까? 바로 같은 섬에 사는 다른 이들이다. 그곳에서 가장 많이 오가는 화제는 무엇일까? 바로 핑계다! 그들은 함께 앉아, 여전히 그 섬에 머무는 이유를 그럴듯한 핑계로 늘어놓는다.

"당신은 왜 여기 계세요?"

돌아오는 대답은 놀랄 것도 없이 비슷하다. "나는 행복한 어린 시절을 보내지 못했어요", "좋은 교육을 받지 못했어요", "돈이 없어요", "상사가 늘 트집만 잡아요", "결혼 생활이 불행해요", "아무도 나를 인정해주지 않아요", "경기가 너무 안 좋아요."

그들은 이른바 '핑계 병'에 걸려 있다. 성공에 치명적인 불치병이다. 물론 의도는 좋다. 하지만 알다시피 '지옥으로 가는 길은 선의'로 포장되어 있다.

성공하고 싶은가? 그렇다면 지금 당장 그 섬에서 스스로 탈출하라!

변명은 끝이다! 할 거면 하고, 하지 않을 거면 하지 마라. 다만 핑계만큼은 대지 말자. 행동하지 않는 이유를 그럴듯하게 꾸며내고 정당화하는 데 당신의 뛰어난 두뇌를 낭비하지 마라. 무엇이든 해라. 뭐라도 좋다. 일단 시작해라! 그리고 마음속으로 되뇌어라. "성공은 전적으로 나에게 달려 있다!"

패자는 핑계를 늘어놓지만, 승자는 앞으로 나아갈 뿐이다. 그렇다면 자신이 내놓는 핑계가 과연 정당한 것인지 어떻게 알 수 있을까? 방법은 간단하다. 주위를 둘러보고 스스로에게 물어보라. "나와 똑같은 핑계를 대고도 성공한 사람이 있는가?"

이 질문을 스스로에게 해본다면, 솔직히 인정하지 않을 수 없을 것이다. 당신보다 훨씬 더 열악한 상황에 놓였음에도 불구하고 수천, 수만, 아니 수백만 명의 사람들이 놀라운 성취를 이루었다는 사실을. 그렇게 많은 사람이 해냈다면, 당신도 할 수 있다. 시도하기만 한다면.

실패의 변명을 늘어놓는 데 쓰던 에너지를 목표 달성에 쏟기만 해도, 놀랄 만큼의 결과를 얻게 될 것이다. 그러나 그 모든 것에 앞서 반드시 해야 할 일이 있다. 바로 '언젠가 섬'을 탈출하는 것이다.

## 시작은 미약하였으나

출발선에서부터 유리한 위치에 서는 사람은 많지 않다. 나는 고등학교조차 졸업하지 못했다. 여러 해 동안 막노동으로 생계를 꾸려갔고, 배움도 기술도 없었다. 앞날은 막막하기만 했다. 그러던 어느 날, 나는 스스로에게 물었다. "왜 어떤 사람들은 다른 사람들보다 더 성공할까?" 이 질문은 내 인생을 송두리째 바꾸어 놓았다.

그 뒤로 오랫동안 나는 성공과 성취에 관한 책과 글을 셀 수 없을 만큼 많이 읽었다. 성공의 비결이라는 주제는 무려 2,000년이 넘는 세월 동안 우리가 생각할 수 있는 모든 방식으로 논의되고 기록됐다.

철학자, 교육자, 전문가들이 공통으로 강조한 자질이 있다면 그것은 다름 아닌 자기 절제self-discipline다. 절제란 핑계의 유혹을 이겨내게 하는 힘이다.

당신을 '언젠가 섬에서 벗어나게 해주는 것' 또한 자기 절제다. 자기 절제는 멋진 인생을 열어주는 열쇠이며, 절제 없이는 지속적인 성공 또한 불가능하다.

자기 절제를 훈련하면서 내 인생은 완전히 달라졌다. 장담하건대, 당신의 인생도 분명히 달라질 것이다. 나는 끊임없이 스스로에게 더 많은 것을 요구했고, 그 덕분에 영업 분야에서 성공을 거두었으며 이어서 관리직에서도 큰 성과를 냈다. 늦게나마 학업에 매진해 서른이 넘은 나이에 MBA 학위를 취득했다. 이를 위해 굳건한 의지로 엄청나게 많은 시간을 공부에 쏟아부어야 했다. 나는 캐나다에서 누구보다 먼저 스즈키 차량을 수입해 65개의 대리점을 열었고, 총 2,500만 달러어치의 차량을 판매했다. 사전 지식도 경험도 전혀 없는 상태에서 시작한 일이었다. 그러나 내게는 배우겠다는 결심과 해야 할 일을 반드시 끝내겠다는 절제력이 있었다.

부동산 개발도 마찬가지였다. 아무런 지식도 경험도 없는 분야였지만, 절제의 힘으로 수백 시간에 걸친 학습과 노력을 쏟아 준비했다. 그 결과 쇼핑센터, 산업 단지, 오피스 빌딩, 주거 단지 개발까지 나설 수 있었다.

나는 자기 절제를 바탕으로 교육, 컨설팅, 강연, 집필, 녹음, 유통 분야의 사업을 성공적으로 일구어냈다. 내가 만든 오디오와 비디오 프로그램, 책, 세미나, 교육 과정 등은 36개 언어로 번역되어

54개국에서 5억 달러 이상 판매되었다. 그동안 천 개가 넘는 기업에 자문을 제공했고, 세미나와 강연을 통해 500만 명이 넘는 사람에게 성장의 계기를 제공했다. 이 모든 성과의 중심에는 언제나 자기 절제의 실천이 있었다.

나는 이제 확신한다. 목표를 향해 대가를 치를 각오와 해야 할 일을 해내는 절제, 절대 포기하지 않겠다는 의지가 있다면 어떤 목표든 이룰 수 있다는 사실을.

## 이 책을 읽어야 하는 사람은 누구인가?

이 책은 인생에서 성취할 수 있는 모든 것을 이루고자 하는 야심 있고 결단력 있는 사람들을 위해 쓰였다. 지금까지의 자신을 뛰어넘어 더 많은 일을 하고, 더 많은 것을 손에 넣으며, 더 큰 존재로 성장하고자 갈망하는 이들을 위한 책이다.

성공에 관한 가장 중요한 통찰 가운데 하나는, 커다란 성취를 이루기 위해서는 지금과는 전혀 다른 사람이 되어야 한다는 사실이다. 평균을 훨씬 뛰어넘는 성과를 결정짓는 핵심은 당신이 무엇을 이루거나 손에 넣는지가 아니다. 오히려 그 성과를 이루기 위해 당신이 어떤 사람이 되어야 하는가에 달려 있다. 자기 절제는 당신의 인생에서 모든 것을 가능하게 해주는 가장 강력하고 확실한 길이다.

이 책은 놀라운 성과를 이룰 수 있는 사람으로 거듭나기 위한 단계별 안내서가 되어줄 것이다.

## 성공의 비결을 알려준 우연한 만남

몇 해 전 워싱턴 D.C.에서 열린 한 콘퍼런스에 참석했을 때의 일이다. 점심시간이 되어 근처 푸드코트에서 식사하게 되었는데, 워낙 사람들로 북적거려 빈자리를 찾기 힘들었다. 그러다 간신히 네 사람이 앉을 수 있는 마지막 테이블을 발견해 혼자 자리를 잡았다.

얼마 지나지 않아, 나이가 지긋한 신사가 비서로 보이는 젊은 여성과 함께 음식이 담긴 쟁반을 들고 다가왔다. 그들은 자리를 찾느라 두리번거리고 있었고, 내 테이블에는 빈자리가 있었다. 나는 곧장 일어나 그 신사에게 함께 앉자고 권했다. 그는 잠시 머뭇거렸지만, 내가 거듭 권하자 무척 고마워하며 자리에 앉았다. 점심을 먹으며 우리는 자연스럽게 이야기를 나누기 시작했다.

이야기하다 보니 그가 콥 콥마이어Kop Kopmeyer라는 것을 알게 되었다. 이름을 듣자마자 누구인지 알 수 있었다. 그는 성공과 자기 계발 분야에서 전설적인 인물이었으니까. 그는 무려 50년 넘게 연구와 학습을 거듭하며 발견한 '성공 원칙 250가지'를 담은 베스트셀러 네 권을 펴낸 저자였다. 나는 그 책들을 한 권도 빠짐없이, 그것도 여러 번 정독한 터였다.

잠시 대화를 나눈 뒤, 나는 많은 사람이 같은 상황이라면 궁금해할 질문을 꺼냈다.

"지금까지 발견하신 성공의 원칙 1,000가지 가운데, 가장 중요하다고 생각하시는 것은 무엇입니까?"

그는 이 질문을 여러 번 받아본 듯 눈가에 미소를 띠며 주저 없이 대답했다. "가장 중요한 성공의 원칙은, 20세기 초 미국의 다작 작가 중 한 명인 엘버트 허버드가 말한 '자기 절제란 하고 싶든 하기 싫든 상관없이, 해야 할 일을 해야 할 때 해내는 능력이다'입니다."

그러고는 이렇게 덧붙였다. "내가 독서와 경험을 통해 발견한 성공 원칙이 999가지나 더 있지만, 자기 절제 없이는 그 어떤 것도 소용없었어요. 하지만 자기 절제가 있다면, 그 모든 원칙이 다 효과를 발휘합니다."

결국 자기 절제는 개인이 위대함에 이르는 열쇠라 할 수 있다. 절제는 모든 문을 열어주고, 다른 모든 가능성을 현실로 바꿔주는 마법 같은 자질이다. 자기 절제만 있다면 아무리 평범한 사람이라도 자신의 재능과 지성이 허락하는 한도까지 빠르게 성장할 수 있다. 그러나 자기 절제가 없다면, 아무리 좋은 배경과 교육, 기회를 다 갖춘 사람이라 해도 결국 평범함을 벗어나지 못한 채 머물게 된다.

# 성공을 가로막는
# 가장 강력한 두 가지 방해 요인

자기 절제가 성공의 열쇠라면, 무절제는 실패, 좌절, 성취 부족, 삶의 불만족을 불러오는 가장 큰 원인이다. 절제가 없으면 우리는 변명을 하게 되고, 자신을 과소평가하게 된다.

성공, 행복, 성취를 가로막는 가장 강력한 두 가지 방해 요인은 첫째, 최소 저항의 법칙이고, 둘째는 편의주의적 사고방식일 것이다.

최소 저항의 법칙이란 우리가 어떤 상황에서든 가장 쉬운 길을 선택하게 되는 경향을 말한다. 우리는 뭐가 되었든 지름길만 찾는다. 출근 시간에 간신히 맞춰 도착하고, 퇴근 시간에는 가장 먼저 자리를 뜬다. 쉽게 돈을 벌 수 있는 방법을 찾으려 하고 일확천금을 노린다. 시간이 흐르면서 그들은 진짜 성공을 이루는 데 필요한 어려운 일을 하기보다는, 원하는 것을 더 쉽고 빠르게 얻을 수 있는 방법만을 습관적으로 찾게 된다.

편의주의적 사고방식은 최소 저항의 법칙이 확장된 형태로, 사람들을 실패와 성취 부족으로 이끄는 데 있어 훨씬 더 치명적이다. 이 원칙은 이렇게 말한다. "사람들은 원하는 것을 지금 당장 얻기 위해 언제나 가장 빠르고 쉬운 방법을 찾으려 하며, 그 행동이 장기적으로 어떤 결과를 초래할지는 거의 생각하지 않는다." 다시 말해, 대부분 사람은 성공을 위해 필요한 일을 하기보다는, 그 순간 편리한 일을 선택한다.

매일 아니 매 순간 당신의 마음속에서는 전쟁이 벌어진다. 옳고, 어렵고, 꼭 해야 하는 일과 쉽고, 재미있고, 거의 가치 없는 일 사이에서 끊임없이 갈등하는 것이다. 한쪽 어깨 위에서는 천사가, 다른 쪽 어깨에서는 악마가 당신의 귀에 대고 수군대는 것 같다. 당신은 이 싸움에서 이겨야 한다. 최대한의 잠재력을 발휘해 자신이 될 수 있는 모든 것을 이루고자 한다면, 최소 저항의 법칙과 편의주의적 사고방식을 이겨내야만 한다.

## 자신을 통제하라

자기 절제를 다른 말로 표현하면 '자기 통달self-mastery'이다. 성공은 자신의 감정, 욕구, 성향을 스스로 다스릴 수 있을 때만 가능하다. 욕구를 제어하지 못하는 사람은 나약하고 방탕해지며, 다른 일에서도 신뢰를 주지 못하는 사람이 된다.

자기 절제는 '자기 통제self-control'라고도 정의할 수 있다. 즉, 말과 행동을 스스로 제어하며, 행동이 장기적인 목표와 일치하도록 하는 능력이다. 이것이야말로 탁월한 사람들의 특징이다.

절제는 '자기 부정self-denial'이라고 정의되기도 한다. 이는 많은 사람을 잘못된 길로 이끄는 눈앞의 즐거움이나 유혹을 스스로 거부해야 함을 뜻한다. 대신 장기적으로 옳고 지금 이 순간에도 적절하다고 확신하는 일만 하도록 자신을 절제해야 한다.

자기 절제는 만족을 미루는 능력, 즉 단기적인 만족을 뒤로 미루고 장기적인 보상을 선택할 힘을 요구한다.

## 장기적으로 생각하라

하버드대학교의 사회학자 에드워드 밴필드Edward Banfield 박사는 미국 사회에서 개인이 어떻게 사회경제적 지위를 끌어올릴 수 있는지 알아보기 위해 50년에 걸친 연구를 진행했다. 그는 큰 성공을 이룬 사람들에게서 공통으로 나타나는 가장 중요한 특징이 '장기적 시간 관점'이라는 결론에 도달했다. 밴필드는 '시간 관점time perspective'을 '개인이 현재의 행동을 결정할 때 염두에 두는 시간의 길이'라고 정의했다.

다시 말해, 가장 성공한 사람들은 장기적으로 사고하는 사람들이다. 그들은 자신이 어떤 사람이 되고 싶은지, 어떤 목표를 이루고 싶은지를 결정하기 위해 가능한 한 멀리 미래를 내다본다. 그리고 현재로 돌아와, 원하는 미래를 이루기 위해 자신이 해야 할 일과 하지 말아야 할 일을 결정한다.

이런 장기적 사고방식은 일, 직업, 결혼, 인간관계, 돈, 그리고 개인적인 행동에 모두 적용되며, 앞으로 이 책에서 자세히 다룰 것이다. 성공한 사람들은 단기적인 행동이 자신이 궁극적으로 도달하고자 하는 장기적인 목표와 항상 일치하도록 신경 쓴다. 그리고 언제나 자기 절제를 실천한다.

아마도 장기적 사고에서 가장 중요한 단어는 희생일 것이다. 탁월한 사람들은 장기적으로 더 큰 성과와 보상을 얻기 위해 살아가는 내내 크고 작은 단기적 희생을 기꺼이 감수하는 능력을 지니고 있다.

이렇게 기꺼이 희생하려는 자세는 더 나은 미래를 위해 자신을 더 가치 있는 사람으로 만들려는 사람들에게서 찾아볼 수 있다. 그들은 현재의 대부분을 사교나 오락에 쓰기보다는 수 시간, 때로는 수년에 걸쳐 준비하고 공부하고 기술적 역량을 끌어올리는 데 사용한다.

시인 헨리 워즈워스 롱펠로Henry Wadsworth Longfellow는 이렇게 썼다.

"위대한 사람들이 오르고 지켜낸 지위는 단번의 도약으로
얻은 것이 아니다. 동료들이 자는 밤에도 그들은 묵묵히 땀 흘
리며 그 목표를 향해 올라갔다."

단기적으로는 사고하고 계획하며 열심히 노력할 수 있는 능력,
그리고 쉽고 즐거운 일을 하기 전에 옳고 필요한 일을 먼저 하도
록 자신을 절제하는 능력이야말로 멋진 미래를 만드는 열쇠다.

장기적으로 사고하는 능력은 후천적으로 길러지는 기술이다.
이 능력이 향상될수록, 현재의 행동이 미래에 어떤 결과로 이어질
지를 점점 더 정확하게 예측할 수 있게 된다. 이것이 바로 뛰어난
사고력을 지닌 사람의 특징이다.

## 단기적인 이익이
## 장기적인 고통이 될 수 있다

자기 절제를 실천하지 못할 때, 당신은 두 가지 법칙의 희생양
이 된다. 그 첫 번째는 '의도치 않은 결과의 법칙'이다. 이는 "장기적
인 관점 없이 행동할 경우, 그 행동이 가져오는 의도치 않은 결과
는 의도했던 결과보다 훨씬 더 나쁠 수 있다"라는 뜻이다.

두 번째는 '역효과의 법칙'이다. 이 법칙은 "즉각적인 만족을 얻

기 위해 취한 단기적인 행동은 오히려 의도했던 결과와 정반대의 결과를 초래할 수 있다"라고 말한다.

예를 들어, 더 나은 상황이나 행복을 기대하며 시간, 돈, 감정을 투자했는데, 오히려 그 반대의 결과로 이어진 경우가 이에 해당한다. 이는 깊이 생각하지 않았고, 사전 조사도 하지 않았기 때문이다. 결국 아무것도 하지 않았더라면 더 나았을 정도로 상황이 악화되는 결과를 초래한다. 누구나 이런 경험을 한 적이 있을 것이고, 어떤 이는 여러 번 겪었을 것이다.

## 성공의 공통분모

사업가 허버트 그레이Herbert Grey는 자신이 '성공의 공통분모'라고 부른 것을 찾기 위해 장기간에 걸친 연구를 진행했다. 11년간의 연구 끝에 그는 마침내 다음과 같은 결론에 도달했다. "성공한 사람들은 성공하지 못한 사람들이 하기 싫어하는 일을 습관적으로 한다."

과연 어떤 일일까? 성공한 사람들이 하기 싫어하는 일은, 사실 실패한 사람들도 똑같이 하기 싫어하는 일이다. 하지만 성공한 사람들은 그럼에도 그 일을 한다. 그것이 미래의 더 큰 성공과 보상을 얻기 위해 치러야 할 대가임을 알기 때문이다.

그레이는 성공한 사람들은 '기분 좋은 결과'를 중요하게 여기지만, 실패한 사람들은 '기분 좋은 방식'에 더 관심이 있다는 사실을 발견했다. 성공하고 행복한 사람들은 자신의 행동이 가져올 긍정적이고 장기적인 결과에 집중하지만, 성공하지 못한 사람들은 개인적인 즐거움과 당장의 만족을 더 중요하게 여긴다.

동기 부여 강연가 데니스 웨이틀리Denis Waitley는 이렇게 말했다. 최고의 성과를 내는 사람들은 '목표 달성'에 도움이 되는 활동에 더 집중하는 반면, 평범한 사람들은 '긴장 해소'에 도움이 되는 활동에 더 많은 관심을 둔다고.

## 디저트는 식사 후에

자기 절제의 실천에서 가장 단순한 규칙은 '디저트는 저녁을 먹은 다음에 먹는다'라는 것이다. 식사에는 순서가 있다. 디저트는 항상 마지막이다. 먼저 식사를 다 마친 다음에야 비로소 디저트를 먹을 수 있다.

유쾌하지만 오해의 소지가 있는 문구가 담긴 범퍼 스티커가 있다. "인생은 짧다, 디저트를 먼저 먹자."

그런데 퇴근 후 집에 돌아와 건강한 저녁 식사 대신 아이스크림을 얹은 커다란 애플파이를 먼저 먹는다고 상상해보자. 그다음에 과연 영양가 있는 음식을 먹고 싶은 마음이 들까? 그렇게 많은 설탕을 섭취한 뒤, 내 기분은 어떨까? 에너지가 충전되어 뭔가 생산적인 일을 하고 싶어질까? 아니면 피곤하고 몸이 늘어져서 오늘은 여기까지만 하고 싶다는 생각이 들까?

퇴근 후 술을 한두 잔 마시고 집에 와서 텔레비전을 켜는 것도 똑같은 결과를 낳는다. 그저 저녁 시간 동안 유익한 일을 할 수 있는 능력을 빼앗는 다른 형태의 '디저트'일 뿐이다.

이런 행동의 가장 나쁜 점은 반복할수록 습관이 된다는 것이다. 그리고 한 번 생긴 습관은 좀처럼 끊어내기 어렵다. 쉬운 길을 택하고, 재미있고 슬거운 일만 하는 것, 다시 말해서 식사 전에 디저트를 먹는 습관은 갈수록 더 강해진다. 그리고 결국에는 의지력 약화, 낮은 성취, 실패로 이어진다.

## 자기 절제의 습관

다행히 자기 절제 역시 습관으로 만들 수 있다. 해야 할 일을, 해야 할 때, 하고 싶은 마음이 들지 않더라도 꾸준히 해내는 연습을 반복하다 보면 그 능력은 점점 더 강해진다. 핑계를 대는 일도 점차 사라진다.

나쁜 습관은 금세 몸에 배지만, 우리 삶에 감당하기 힘들 정도로 부정적인 영향을 끼친다. 반면 좋은 습관은 처음에는 힘들고 불편하지만, 한 번 자리 잡으면 평생을 편하게 만든다. 괴테가 말했듯이 "모든 일은 쉬워지기 전에 먼저 어렵다."

자기 절제, 자기 통달, 자기 통제의 습관을 들이는 일은 어렵다. 하지만 일단 몸에 배면, 자동으로 손쉽게 실천할 수 있다. 자기 절제의 습관이 행동 속에 깊이 자리 잡으면, 절제되지 않은 방식으로 행동할 때 오히려 불편함을 느끼게 된다.

좋은 소식은, 모든 습관은 후천적으로 배울 수 있다는 것이다. 당신이 되고자 하는 사람이 되는 데 필요한 습관은 어떤 것이든 배울 수 있다. 절제가 필요할 때마다 절제를 발휘함으로써 당신은 더 강하고 성숙한 사람이 되어간다.

자기 절제를 한 번 실천할 때마다 다른 모든 절제의 힘도 강해진다. 반대로 어느 한 부분에서 절제가 무너지면 다른 부분에서도 함께 약해지는 결과를 낳는다.

자기 절제의 습관을 기르려면 먼저 특정한 행동 영역에서 자신이 어떻게 행동할 것인지 확고히 결정해야 한다. 그다음에는 절제의 습관이 단단히 자리 잡을 때까지 어떤 예외도 허용하지 않아야 한다. 물론 중간에 한두 번 흔들릴 수도 있지만, 그럴 때마다 다시 마음을 다잡고 절제를 계속 연습한다. 그 과정을 반복하다 보면 절제되지 않은 방식보다 절제된 방식으로 행동하는 것이 오히려 더 쉬워지는 순간이 온다.

# 부를 열어주는 자기 절제의 힘

높은 수준의 자기 절제에 이르렀을 때 얻는 보상은 놀라울 정도로 굉장하다! 자기 절제와 자존감 사이에는 분명한 상관관계가 있다.

- 자신을 통제하고 다스리는 연습을 많이 할수록, 자신을 더 좋아하고 더 소중히 여기게 된다.
- 절제할수록 자존감과 자신에 대한 자부심이 함께 커진다.
- 자기 절제를 실천할수록 자기 이미지가 개선된다. 자신을 더 긍정적으로 바라보게 되고, 더 행복하고 강인한 사람으로 느끼게 된다.

자기 절제의 습관을 기르고 유지하는 일은 평생에 걸친 과제이자 끊임없는 싸움이다. 절제를 위한 노력에는 끝이 없다. 최소 저항의 법칙을 따르고 눈앞의 편의를 따지려는 유혹은 당신의 마음 한편에 늘 숨어 있다. 그것들은 호시탐탐 틈을 엿보며, 어렵지만 가치 있는 일보다 쉽고, 즐겁고, 사소한 일로 당신을 끌어내리려 한다.

나폴레온 힐Napoleon Hill은 자신의 베스트셀러를 이렇게 마무리했다. "자기 절제는 부를 열어주는 마스터키다." 자기 절제는 자신을 긍정적으로 바라보는 자존감, 자신의 가치관을 지키는 자기 존중, 그리고 성취에서 비롯되는 자부심을 키우는 열쇠다. 자기 절제를 기르는 일은 결국 당신이 모든 장애물을 극복하고 자신을 위한 멋진 인생을 만들어낼 것이라는 확실한 보증이 된다.

자기 절제를 실천하는 능력이야말로 어떤 사람은 더 성공하고 더 행복한 반면, 어떤 사람은 그렇지 못한 이유를 설명해주는 진짜 이유다.

## 이 책의 구성

다음 장에서는 당신이 잠재력을 완전히 실현하고 가능한 모든 성취를 이루기 위해 꼭 필요한 자기 절제의 21가지 영역을 다룰 것이다.

이 책은 독자의 이해와 활용을 돕기 위해 세 부분으로 구성되어 있다. 1부는 '자기 절제와 개인의 성공'이라는 제목 아래, 총 일곱 장으로 이루어진다. 1부에서는 목표 설정, 인격 형성, 책임 받아들이기, 용기 기르기, 그리고 모든 행동에 끈기와 결단력을 더하는 법 등 개인의 삶 전반에 걸쳐 자기 절제를 실천함으로써 자신의 잠재력을 점점 더 끌어내는 방법을 배운다.

2부에서는 비즈니스, 판매 활동, 개인 재정 분야에서 이전보다 훨씬 더 큰 성과를 달성하는 방법을 배우게 된다. 자신이 몸담은 분야에서 리더가 되고, 수익성을 높이는 방향으로 사업을 운영하며, 매출을 끌어올리고 더 현명하게 투자하고, 시간을 최대한 효과적으로 관리하기 위해 자기 절제가 왜 필수적인지, 그리고 그것이 어떤 역할을 하는지 알게 될 것이다.

마지막으로 3부에서는 자기 절제라는 기적을 개인 생활에 적용하는 법을 배운다. 행복, 건강, 체력, 결혼, 자녀, 우정, 그리고 평온한 마음 상태 등 다양한 삶의 영역에서 자기 절제를 실천하는 방법을 다룬다.

삶과 인간관계의 질을 높이는 법을 배우게 될 것이다. 또한 각 장마다 더 높은 수준의 자기 절제와 자기 통제를 당신의 모든 일에 어떻게 적용할 수 있는지를 보여줄 것이다.

이 책을 읽으면서 당신은 일과 삶에서 자신의 성장 과정을 온전히 통제하는 법을 배우게 될 것이다. 그리고 당신에게 중요한 삶의 모든 영역에서 더 강하고 더 행복하며, 더 자신감 있는 사람으로 거듭나는 방법을 배울 것이다. 당신의 발목을 붙잡는 오래된 습관을 끊어내고 어떤 목표든 세우고 이뤄낼 수 있도록 도와주는 자립심, 결단력, 자기 절제의 습관을 기르는 방법을 배우게 될 것이다. 더불어 자신의 마음과 감정, 미래를 스스로 통제하는 법도 익히게 될 것이다.

자기 절제의 힘을 익히면 당신은 마치 자연의 힘처럼 누구도 막을 수 없는 존재가 될 것이다. 발전이 없는 이유에 대해 핑계를 대는 일도 더 이상 없을 것이며, 앞으로 몇 달, 몇 년 안에 대부분의 사람이 평생에 걸쳐 이루는 것보다 더 많은 성과를 거두게 될 것이다.

인생에서의 성공은 당신이 무엇을 이루거나 얻는가보다, 어떤 사람이 되느냐에 더 크게 좌우된다. 아리스토텔레스가 말했듯이 "삶의 궁극적인 목적은 인격을 함양하는 것이다." 1부에서는 훌륭한 사람이 되기 위해 자기 절제를 개발하고 활용하는 방법을 다룬다. 당신은 자존감과 자기 존중, 그리고 자부심을 키우는 방법을 배울 것이다. 또한 위대한 사람이 되기 위해 꼭 필요한 자기 절제의 원칙과 그것을 자신의 성품과 인격에 새기는 방법을 배운다.

1부

# 절제로 세우는
# 성공의 토대

【 1장 】

# 성공은
# 절제된 사람의 손에 있다

"위대한 승리는 자신을 정복하는 것이다."

― 플라톤

왜 어떤 사람들은 일이나 삶에서 다른 이들보다 훨씬 더 큰 성취를 이룰까? 오랜 세월 동안 가장 뛰어난 사상가들은 언제나 이 질문에 매달렸다. 지금으로부터 2,300년 전, 아리스토텔레스는 삶의 궁극적인 목적이 행복이라고 말했다. 그리고 모든 사람이 스스로에게 던져야 할 가장 위대한 질문을 이렇게 정의했다. "행복해지기 위해 어떻게 살아야 하는가?"

이 질문을 던지고, 답을 정확히 찾고, 나아가 그 답이 이끄는 대로 살아갈 수 있는 능력은 당신이 행복한 삶을 살 수 있는지를 결정한다. 행복을 얼마나 빨리 손에 넣을 수 있는지도 마찬가지다.

행복해지려면 삶의 의미를 정의하는 일부터 시작해야 한다. 당신에게 '성공'이란 무엇인가? 만약 하늘에서 마법의 지팡이가 떨어져, 당신의 삶을 완벽하게 만들 수 있다면, 그 삶은 어떤 모습일까?

# 내가 꿈꾸는
# 이상적인 삶은?

만약 당신의 일, 경력, 사업이 모든 면에서 이상적이라면 과연 어떤 모습일까? 당신은 무슨 일을 하고 있을까? 어떤 회사에서, 어떤 직책으로 일하고 있을까? 연봉은 얼마일까? 어떤 사람들과 함께 일하고 있을까? 그리고 무엇보다 중요한 질문이 있다. 그 완벽한 경력을 위해 당신이 지금보다 더 해야 할 일과 덜 해야 할 일은 무엇일까?

모든 면에서 완벽한 당신의 가정생활은 어떤 모습일까? 당신은 어느 지역에서, 어떤 형태의 집에 살고 있을까? 어떤 라이프스타일을 추구하고 있을까? 무엇을 소유하고 있으며 가족들과는 어떤 시간을 보내고 있을까? 만약 아무런 제약도 없고 마법처럼 현실을 바꿀 수 있다면, 오늘 바로 당신의 가정생활에서 바꾸고 싶은 점은 무엇일까?

당신이 꿈꾸는 완벽한 건강은 어떤 모습인가? 기분은 어떨까? 몸무게는 얼마이고 지금과 비교해 건강과 체력은 어떻게 달라져 있을까? 무엇보다 중요한 건 이것이다. 이상적인 건강과 에너지 수준에 가까워지기 위해 지금 당장 시작할 수 있는 일은 무엇인가?

당신의 재정 상태가 이상적이라면 은행 계좌에 얼마나 들어 있을까? 투자 수익은 한 달에, 1년에 얼마나 될까? 평생 돈 걱정 없이 살려면 어느 정도의 자산이 필요할까? 그리고 그 목표에 다가가기 위해 오늘 당장 무엇부터 시작해야 할까?

## 당신만의 방식대로 하라

사람들이 흔히 떠올리는 성공은 '자기만의 방식으로 내가 하고 싶은 일을 하고, 좋아하는 사람들과 함께하며, 원하는 환경 속에서 살아가는 것'이다.

자신에게 성공이 어떤 의미인지 명확히 정의하면, 이상적인 삶을 현실로 만들기 위해 더 해야 할 일과 덜 해야 할 일이 무엇인지 보이기 시작한다. 대개 우리가 꿈을 향해 나아가지 못하는 가장 큰 이유는 핑계를 대는 습관과 절제의 부족 때문이다.

당신은 성공을 위해 무엇을 해야 하는지 이미 알고 있다. 진짜 문제는 좋든 싫든 반드시 해야만 하는 일을 묵묵히 해내는 훈련이 부족하다는 것이다.

# 상위 20퍼센트가 되어라

우리 사회에서 상위 20퍼센트가 전체 부의 80퍼센트를 차지한다. 이른바 '파레토 법칙'이라 불리는 이 현상은 1895년, 이탈리아의 경제학자 빌프레도 파레토<sub>Vilfredo Pareto</sub>가 처음 제시한 이후 수없이 입증되었다. 경력 측면에서 당신이 가장 먼저 세워야 할 목표는 자신이 속한 분야에서 상위 20퍼센트 안에 드는 것이다.

21세기는 그 어느 때보다 지식과 기술이 가장 큰 경쟁력이 되는 시대다. 이 두 가지를 많이 갖출수록 당신은 더 유능하고 가치 있는 사람이 된다. 지금 하는 일을 더 잘하게 될수록 당신의 소득 창출 능력은 복리 이자처럼 불어난다.

안타깝게도 대다수 사람, 즉 하위 80퍼센트는 자신의 기술을 향상시키려는 노력을 거의 기울이지 않는다. 제프 콜빈<sub>Geoffrey Colvin</sub>의 책《재능은 어떻게 단련되는가?<sub>Talent Is Overrated</sub>》에 따르면, 대부분은 취업 첫해에 일을 배우고 나면 그 이후로는 더 이상 아무런 성장 없이 똑같은 수준에 머무르는 경우가 많다. 어느 분야든 끊임없이 능력을 갈고닦는 사람들은 상위에 드는 소수의 인재뿐이다.

지식과 기술, 그리고 성실함에서 비롯되는 생산성 격차는 점점 더 커지고 있다. 그 결과, 오늘날 미국에서는 상위 1퍼센트가 전체 금융 자산의 33퍼센트를 차지하는 수준에 이르렀다.

# 무에서 시작하기

흥미로운 점은 대부분의 사람이 비슷한 출발선, 즉 거의 모두 가 아무것도 없는 상태에서 출발한다는 것이다. 미국을 비롯한 전 세계의 부 대부분은 1세대 부자들에 의해 축적되었다. 그들은 거의 무에서 시작해, 자신의 생애 동안 스스로 부를 일궈냈다.

미국에서 가장 부유한 사람들은 대부분 1세대 자수성가형 부자다. 빌 게이츠Bill Gates, 워런 버핏Warren Buffett, 래리 엘리슨Larry Ellison, 마이클 델Michael Dell, 폴 앨런Paul Allen 등 이름만 들어도 알 만한 부자들이시반, 처음부터 부유했던 것은 아니다. 실제로 백만장자와 억만장자의 약 80퍼센트는 완전히 빈손이거나, 거의 무일푼에 가까운 불리한 환경에서 출발했다. 심지어 빚을 지고 시작한 경우도 있었다. 세상을 떠날 당시 자산이 천억 달러가 넘었던 샘 월튼Sam Walton 도 예외가 아니었다. 이들은 대다수의 사람과 무엇이 달랐기에 그렇게 엄청난 성공을 거둘 수 있었을까?

토머스 스탠리Thomas Stanley와 윌리엄 댄코William Danko의 《이웃집 백만장자The Millionaire Next Door》에는 25년에 걸쳐 500명 이상의 백만장자를 직접 인터뷰하고, 백만장자 1만 1,000명을 대상으로 설문 조사를 진행한 결과가 담겨 있다. 그들은 부자들에게 똑같은 출발선에서 시작했지만, 여전히 제자리에 있는 사람들과 달리, 어떻게 경제적 자유를 이룰 수 있었는지 물었다. 이에 대해 새로운 세대의 백만장자 중 85퍼센트가 이렇게 답했다. "나는 학벌이 뛰어나지도, 특별히 머리가 좋은 것도 아니었다. 하지만 누구보다 더 열심히 노력했다고 자신 있게 말할 수 있다."

## 자기 절제로 키우는 성실함

성실함의 핵심은 자기 절제다. 성공은 쉽고 편한 길로 가고 싶은 본능을 이겨낼 때 비로소 가능해진다. 그리고 성공이 오래 지속되려면 아주 오랜 시간 자신을 다잡고 꾸준히 노력할 수 있는 절제가 꼭 필요하다.

앞서 서문에서도 밝혔듯, 나 역시 돈도, 특별한 경쟁력도 없이 출발했다. 한동안은 막노동을 전전하며 근근이 살아갔다. 그러다 일거리를 더 이상 구할 수 없게 되면서 우연히 영업에 뛰어들게 되었고, 그 뒤로도 한동안은 별다른 진전 없이 제자리걸음을 반복했다. 그러던 중 문득 이런 의문이 들었다. '왜 같은 영업직인데도 어떤 사람은 다른 사람들보다 유독 더 잘나가는 걸까?'

그때 한 베테랑 영업 사원이 이렇게 말했다. 상위 20퍼센트의 영업 사원이 전체 수익의 80퍼센트를 가져간다고. 처음 듣는 말이었다. 그 말대로라면, 나머지 80퍼센트의 사람들은 고작 20퍼센트의 몫을 나눠 가지며 살아야 한다는 뜻이었다. 나는 그 자리에서 결심했다. 반드시 상위 20퍼센트 안에 들겠다고. 그 결심이 내 인생을 바꾸었다.

## 성공을 지배하는 인과의 법칙

그 후 나는 상위 20퍼센트에 들 수 있게 해주는 '우주의 철칙'을 깨달았다. 바로 원인과 결과의 법칙, 혹은 '심은 대로 거둔다'라는 원리다. 이 법칙은 "모든 결과에는 반드시 구체적인 원인, 혹은 일련의 원인이 존재한다"라는 사실을 말해준다.

이 원리에 따르면 어떤 분야에서든 성공하고 싶다면 먼저 그 분야에서 성공하는 방법을 알아야 한다. 그리고 필요한 기술과 행동을 익혀, 성공할 때까지 반복해서 실천하면 된다.

이 법칙을 꼭 기억하자. "성공한 사람들이 하는 일을 똑같이, 그리고 꾸준히 반복한다면, 결국 당신이 그들과 같은 보상을 누리지 못할 이유는 없다. 하지만 그들이 하는 일을 하지 않는다면 그 어떤 것도 당신을 성공으로 이끌 수 없다."

구약 성경에 나오는 인과응보의 원리 역시 원인과 결과의 법칙을 다른 방식으로 표현한 것이다. 성경에는 이렇게 적혀 있다. "사람이 무엇으로 심든지 그대로 거두리라."•

---

• 갈라디아서 6장 7절

이 법칙에 따르면 모든 결과는 우리가 어떤 것을 심느냐에 따라 그대로 나타난다. 오늘 당신이 마주하는 결과는 과거에 심은 것들의 결과다. 따라서 지금의 '수확'이 마음에 들지 않는다면, 오늘부터 해야 할 일은 분명하다. 새로운 씨앗을 뿌리면 된다. 즉, 성공으로 이어지는 행동을 더 많이 실천하고, 아무런 성과도 없는 행동은 과감히 멈춰야 한다.

## 성공은 예측 가능하다

성공은 결코 우연이 아니다. 그리고 안타깝게도 실패 또한 우연이 아니다. 성공한 사람들이 하는 일을 똑같이, 그리고 반복해서 실천해 그것이 습관이 될 때, 우리는 성공에 다가갈 수 있다. 반대로 그런 행동을 하지 않는다면 실패는 피할 수 없다. 중요한 점은 자연은 중립적이라는 사실이다. 자연은 그 누구의 편도 들지 않으며, 관심조차 없다. 당신에게 일어나는 모든 일은 단 하나의 원칙, 바로 원인과 결과의 법칙에 따라 결정될 뿐이다.

자신을 기본 작동 방식이 설정된 기계라고 생각해보자. 그 작동 방식이란 서문에서도 언급했듯이 가능한 한 편한 최소 저항의 법칙, 즉 저항이 가장 적은 방향을 선택하려는 성향이다. 자기 절제가 없으면 당신은 이 기본 설정대로 움직이게 된다. 이것이 우리가 기대에 못 미치는 성과를 내고, 잠재력을 온전히 펼치지 못하게 만드는 가장 큰 원인이다.

스스로에게 중요한 성공의 기준에 맞춰 의식적으로, 꾸준히, 그리고 의도적으로 무언가를 실천하지 않으면, 우리는 자동으로 당장 재미있고, 쉽고, 별로 중요하지 않은 일만 추구하게 된다. 그리고 그 길의 끝에는 좌절과 경제적 불안, 그리고 실패가 기다린다.

## 성공하려면 대가를 치러라

한때 세계에서 가장 부유한 자수성가 억만장자였던 석유 재벌 H. L. 헌트H. L. Hunt에게 한 기자가 물었다. "성공의 비결은 무엇입니까?" 그는 이렇게 대답했다. "성공을 위한 조건은 딱 세 가지뿐입니다. 첫째, 인생에서 당신이 진정으로 원하는 것이 무엇인지 정확히 결정하세요. 둘째, 그것을 얻기 위해 치러야 할 대가가 무엇인지 알아내세요. 그리고 셋째, 이게 가장 중요한데요, 그 대가를 반드시 치르겠다고 결심하세요."

자신이 무엇을 원하는지 분명히 결정한 뒤, 성공을 위해 꼭 필요한 것은 기꺼이 하려는 마음이다. 성공한 사람들은 어떤 대가든 감수할 준비가 되어 있다. 어떤 대가를 치러야 하든, 얼마나 오래 걸리든, 원하는 결과를 얻을 때까지 멈추지 않는다.

모든 사람은 성공을 꿈꾼다. 누구나 건강하고 행복하며, 날씬한 몸매를 갖고, 부자가 되고 싶어 한다. 하지만 대부분은 그 바람을 현실로 만들기 위해 필요한 대가를 기꺼이 치르려 하지 않는다. 조금은 감수할 마음이 있더라도 전부를 걸 준비는 되어 있지 않다. 해야 할 일을 끝까지 밀어붙이지 못하는 이유를, 늘 핑계로 덮는다. 목표를 이루기 위해 반드시 해야 하는 일을 하지 않기 위한 그럴듯한 이유를 끝없이 만들어낸다.

그렇다면 성공을 위한 대가를 충분히 치렀는지 어떻게 알 수 있을까? 방법은 간단하다. 주변을 둘러보면 된다. 당신의 삶이 바로 그 답이다! 지금 당신이 어떤 삶을 살고 있는지, 당신의 생활 방식과 통장 잔액을 보면 지금까지 성공을 위해 얼마나 많은 대가를 기꺼이 치러왔는지 드러난다. 상응의 법칙에 따르면 당신의 바깥 세상은 거울과도 같다. 그 거울은 당신이 어떤 사람인지, 내면에서 어떤 대가를 치러왔는지 있는 그대로 비춘다.

성공의 대가에는 흥미로운 점이 하나 있다. 그것은 언제나 선불이며, 전액을 다 치러야 한다는 점이다. 사람마다 성공의 정의는 다를 수 있지만, 한 가지는 분명하다. 성공은 식당과는 다르다. 식당에서는 식사를 마친 뒤에 계산하지만, 성공은 지불 방식이 다르다. 무엇을 선택할지는 자유지만, 반드시 먼저 값을 치러야 하는 자동판매기와 비슷하다. 동기 부여 연설가 지그 지글러Zig Ziglar는 이렇게 말했다. "성공으로 가는 엘리베이터는 고장 나 있지만, 계단은 늘 열려 있다."

## 전문가에게 배워라

서문에서 언급했던 콥 콥마이어는 절제 다음으로 중요한 성공 원칙을 알려주었다. "전문가에게서 배워야 합니다. 혼자 모든 걸 직접 깨우치기엔 인생은 너무 짧으니까요."

성공을 원한다면 가장 먼저 해야 할 일은 자신이 원하는 목표를 이루기 위해 무엇을 배워야 하는지를 아는 것이다. 그다음에는 전문가들에게 배워야 한다. 그들이 쓴 책을 읽고, 오디오 강의를 듣고, 세미나에 참석하라. 가능하다면 직접 연락해 조언을 구해도 좋다. 때로는 단 하나의 통찰이 인생의 방향을 완전히 바꿔놓기도 한다. 예를 하나 들어보겠다.

몇 년 전, 친구의 소개로 뛰어난 실력을 갖춘 치과 의사를 만나게 되었다. 나중에 알게 된 사실이지만, 그는 업계에서도 손꼽히는 실력자였다. '치과 의사의 치과 의사'라는 별명이 붙을 정도로 치과 의사들조차 믿고 찾아가는 전문가였다. 그는 내게 이렇게 말했다. 자신은 주요 치과 학회에 가능한 한 빠지지 않고 참석했다고. 학회에 가면 모든 발표 세션을 빠짐없이 들으며 미국은 물론, 전 세계에서 온 치과 의사들이 어떤 최신 기술과 연구 성과를 발표하는지 귀 기울였다고 했다.

어느 날, 그는 상당한 시간과 비용을 들여 홍콩에서 열린 국제 치과 학회에 참석했다. 그곳에서 한 일본인 치과 의사의 발표를 들었는데, 그 의사는 치아의 외형을 개선해 사람들 얼굴 전체의 인상을 바꿀 수 있도록 돕는 새로운 미용 치과 기술을 소개하고 있었다.

이 치과 의사는 샌디에이고로 돌아오자마자 학회에서 접한 새로운 기술을 진료에 곧바로 적용했다. 얼마 지나지 않아 그는 이 분야에서 탁월한 실력을 갖추게 되었고, 전국적으로 이름이 알려지기 시작했다. 몇 년이 채 되지 않아 미국 남서부 전역에서 사람들이 그를 찾아왔다. 새로운 기술에 대한 전문성을 바탕으로 진료비도 점차 인상할 수 있었고, 덕분에 엄청난 수입을 올리게 되었다. 경제적으로 완전한 독립을 이룬 그는 55세의 비교적 이른 나이에 은퇴해 가족과 여행을 다니고 오랫동안 꿈꿔온 일들을 하며 자유로운 삶을 누릴 수 있게 되었다.


이 이야기의 핵심은 분명하다. 그는 끊임없이 자기 분야의 다른 전문가들에게 아이디어와 조언을 구했고, 그 덕분에 우연히 새로운 기술을 접할 기회를 얻었으며, 해당 분야의 선두 주자가 될 수 있었다. 그리고 마침내, 같은 수준의 경제적 성공을 이루는 데 걸리는 시간을 무려 10년이나 단축할 수 있었다.

이것은 당신에게도 일어날 수 있는 일이다. 단, 한 가지 전제 조건이 있다. 자신이 몸담은 분야에서 평생 배우겠다는 자세가 있어야 한다는 것이다.

## 신체와 정신 건강을 위한 노력은 끝나지 않는다

성공을 이루는 과정은 신체와 정신의 건강을 유지하는 일과 크게 다르지 않다. 목욕을 하고, 이를 닦고, 식사를 하듯 매일 꾸준히 실천해야 한다. 한번 시작하면 인생과 경력의 끝이 올 때까지, 그리고 당신이 원하는 성공을 모두 이룰 때까지 계속 이어가야 한다.

얼마 전 시애틀에서 열린 세미나에서 있었던 일이다. 쉬는 시간 직전, 나는 참가자들에게 판매, 시간 관리, 자기 계발에 관한 내 오디오 강의를 꼭 들어보라고 권했다. 잠시 후 쉬는 시간이 되자 여러 사람이 다가와 세미나 내용에 대해 이런저런 질문을 했다. 그중 한 영업 사원이 앞으로 나오더니 말했다. "강의 프로그램을 사라고 권할 때는 진실을 하나도 빠뜨리지 말고 다 말하셔야죠."

"무슨 말씀인가요?" 내가 물었다.

그가 말을 이었다. "선생님께서 강의 프로그램에 대해 뭔가 숨기고 계신다는 말입니다. 일정 기간까지만 효과가 있고, 그 뒤로는 더 이상 효과가 없잖아요. 그것도 사람들에게 솔직히 말씀하셔야죠."

나는 다시 물었다. "그게 무슨 뜻이죠?"

그가 설명을 이어갔다. "5년 전쯤 처음으로 선생님 세미나에 참석했어요. 그때 강연을 듣고 큰 감명을 받았습니다. 그래서 선생님의 강의 프로그램을 전부 구입해 매일 들으면서 공부했고, 판매 관련 책도 꾸준히 읽었죠. 그랬더니 정말 선생님 말씀대로 되더군요. 이후 3년 동안 제 수입은 세 배로 늘었고, 회사에서 판매왕이 되기도 했습니다. 그런데 그 뒤로는 효과가 없더군요. 지난 2년 동안은 전혀 늘지 않았어요. 완전히 제자리걸음이었죠. 그러니까 선생님의 이론은 어느 시점을 지나면 더 이상 효과가 없는 것 아닙니까."

나는 그에게 물었다. "수입이 늘지 않기 시작한 2년 전, 무슨 일이 있었나요?"

그는 잠시 생각에 잠기더니 이렇게 말했다. "음…, 그때 다른 회사에서 스카우트 제안을 받았습니다. 그래서 이직을 했고 그 이후로는 그대로예요."

나는 다시 물었다. "새 직장으로 옮긴 다음에 달라진 점은요?"

그는 대답하려다 말고 멈췄다. 잠시 후 놀란 표정을 지으며 말했다. "맙소사 그때부터였네요! 직장을 옮기고 나서부터는 판매 관련 책을 읽지 않았고, 오디오 프로그램도 듣지 않았어요. 세미나에도 가지 않았네요. 결국 저 스스로 멈춘 거였어요!"

그는 고개를 저으며 터덜터덜 걸어 나가더니 작게 중얼거렸다. "내가 안 했네, 안 했어…, 안 했던 거야."


5장에서 자세히 살펴보겠지만, 자신의 분야에서 전문가로 성장하고 꾸준히 능력을 발전시키는 일은 신체 단련과 매우 비슷하다. 운동을 잠시라도 멈추면 몸은 예전 상태를 유지하지 못한다. 멈추는 순간부터 서서히 무너지기 시작한다. 근육이 약해지고 힘과 유연성, 지구력도 점점 떨어진다. 이 모든 것을 유지하려면 매일, 매주, 매달, 멈추지 않고 지속해야 한다.

# 최선의 내가 되어라

우리가 자기 절제를 실천해야 하는 이유는 성공을 이루기 위해서만은 아니다. 물론 절제는 더 크고 높은 수준의 성공을 향해 나아가게 해주는 강력한 힘이다. 하지만 그보다 더 중요한 이유는 절제를 통해 우리의 성품 자체가 변화할 수 있다는 데 있다. 절제는 우리를 더 단단하고 더 나은 사람으로 만들어준다. 자기 절제를 실천하는 과정은 마음과 감정에 큰 영향을 미친다. 절제하지 않을 때와는 전혀 다른 사람으로 성장하게 되는 것이다.

한번 상상해보자. 실험실에서 페트리 접시에 여러 가지 화학 물질을 섞어 분젠 버너 위에 올려놓은 다음, 가열하고 있다. 물질은 점점 뜨거워지더니 마침내 결정처럼 단단하게 굳기 시작한다. 이처럼 강한 열로 굳어버린 물질은 더 이상 원래의 액체 상태로 되돌릴 수 없다.

우리의 성격도 처음에는 액체와 같다. 부드럽고, 유동적이며, 뚜렷한 형태가 없다. 하지만 자기 절제라는 열을 가해, 즐겁고 쉬운 일 대신 어렵고 꼭 필요한 일을 선택하고 자신에게 끊임없이 도전하다 보면 성격도 점점 더 단단해지기 시작한다.

자기 절제를 실천하며 목표를 향해 나아갈 때 얻게 되는 가장 큰 보상은 결국 내가 달라진다는 것이다. 당신은 더 강해지고, 더 단단한 의지를 갖게 된다. 자신을 조절하는 힘과 끝까지 해내려는 결단력도 함께 자란다. 이 모든 과정을 통해 당신은 자신의 성격을 다듬고 단련하며, 지금보다 더 나은 사람으로 자신을 변화시켜 나가게 된다.

이 원칙을 기억하자. "한 번도 되어본 적 없는 사람이 되려면, 한 번도 해본 적 없는 일을 해야 한다." 더 뛰어난 인격을 갖추고 싶다면 자신에게 더 높은 수준의 절제와 자기 통제를 요구해야 한다. 평범한 사람이라면 피하거나 꺼리는 일들을 기꺼이 해내야 한다.

또 다른 성공 원칙도 있다. "한 번도 이루어본 적 없는 것을 이루고 싶다면 한 번도 갖지 못했던 자질과 기술을 배우고 익혀야 한다."

자기 절제를 실천하는 과정에서 우리는 점점 새로운 사람이 되어간다. 예전보다 더 나아지고, 더 강해지며, 자신이 누구인지도 더 분명히 알게 된다. 그 과정에서 자존감이 높아지고 스스로에 대한 믿음과 자부심도 높아진다. 마치 인간으로서 한 단계 더 진화하듯, 더 높은 인격과 더 강한 의지를 지닌 사람으로 거듭나게 된다.

# 성공은 그 자체로 보상이다

성공을 이루는 여정에서 가장 놀라운 점은, 그 길을 향해 내딛는 한 걸음 한 걸음 자체가 이미 보상이라는 사실이다. 더 나은 사람이 되기 위해, 더 많은 것을 이루기 위해 한 걸음씩 나아갈 때마다 당신은 더 행복해지고, 자신감과 성취감 역시 커진다.

"성공은 또 다른 성공을 부른다"라는 말을 들어본 적 있을 것이다. 이 말의 진짜 의미는, 성공의 가장 큰 보상은 돈이 아니라 그 과정에서 당신이 어떤 사람으로 성장하느냐에 있다는 것이다. 즉, 자기 절제가 필요할 때마다 실천하고 목표를 향해 도전하는 과정에서 당신은 이미 훌륭한 사람으로 변해가는 중이다.

다음 장에서는 당신이 될 수 있는 최고의 사람이 되기 위해 무엇을 어떻게 해야 하는지 자세히 살펴볼 것이다.

1. 당신이 꿈꾸는 이상적인 일과 경력은 어떤 모습인가? 그 목표를 이루기 위해 지금부터 반드시 길러야 할 단 하나의 자기 절제는 무엇인가?

2. 당신이 바라는 이상적인 가정생활은 어떤 모습인가? 그 모습을 현실로 만들기 위해 가장 도움이 될 단 하나의 절제 습관은 무엇인가?

3. 만약 당신의 건강이 모든 면에서 완벽하다면, 그 상태를 가능하게 만든 자기 절제는 무엇인가?

4. 만약 지금 당신의 재정 상태가 이상적이라면, 그 결과를 만든 단 하나의 자기 절제는 무엇인가?

5. 지금 당신이 원하는 만큼 성공하지 못한 이유는 무엇인가? 그리고 목표를 이루는 데 가장 크게 기여할 단 하나의 자기 절제는 무엇인가?

6. 당신이 더 많은 목표를 이루는 데 도움이 될 핵심 기술 하나는 무엇일까?

7. 만약 마법 지팡이를 휘둘러 삶에 가장 긍정적인 변화를 불러올 단 하나의 영역에서 완벽한 자기 절제가 가능해진다면, 그 영역은 어디일까?

# 2장

# 인격은 자신을 다스리는 데서 시작된다

"다른 누구보다 더 높은 기대 수준을 스스로에게 부과하라.
결코 자신을 위해 변명하지 말라. 결코 자신을 불쌍히 여기지 말라.
자신에게는 엄격한 주인이 되고 타인에게는 관대하라."

– 헨리 워드 비처

인격 형성은 인생에서 가장 중요한 과업 가운데 하나다. 인격과 명예를 지닌 사람이라는 평판을 얻는 능력은 사회생활과 비즈니스에서 이루어낼 수 있는 최고의 성취라 할 만하다. 랄프 왈도 에머슨Ralph Waldo Emerson은 이렇게 말했다. "당신의 행동이 내는 소리가 너무 커서, 당신이 하는 말을 전혀 들을 수 없다."

오늘의 당신, 곧 내면의 인격은 지금까지의 모든 선택과 결정이 쌓여 만들어진 것이다. 매번 올바른 선택을 하고 자신이 아는 최고의 가치에 따라 행동할 때마다 인격은 더욱 단단해지고, 당신은 더 나은 사람이 된다. 그러나 그 반대의 길을 걸을 때도 있다. 타협하거나 손쉬운 길을 택하거나 옳다고 믿는 바와 어긋나는 방식으로 행동할 때마다 인격은 조금씩 약해지고 강직함은 무뎌진다.

## 인격을 이루는 덕목들

인격을 갖춘 이들에게는 공통으로 드러나는 덕목이 있다. 용기, 연민, 너그러움, 절제, 끈기, 그리고 친절함이 그것이다. 이 가운데 일부는 3부에서 더 자세히 다룰 것이다. 그러나 그 모든 가치에 앞서, 인격의 깊이와 강도를 가늠할 때 가장 핵심이 되는 덕목이 있다. 바로 진실성integrity이다.

자신과 타인 앞에서 진실하게 살아가는 정도, 즉 진실성 있는 삶의 수준이 그 사람의 인격을 명확히 보여준다. 어떤 의미에서 진실성은 다른 모든 가치를 떠받치는 토대라 할 수 있다. 진실성이 높을수록 자신에게 더욱 정직해지고, 자신이 존중하고 소중히 여기는 다른 가치들 역시 일관되게 지킬 가능성이 커지기 때문이다.

그러나 훌륭한 인격을 갖춘 사람이 되기 위해서는 무엇보다 강력한 자기 절제가 필요하다. 어떤 상황에서도 늘 '옳은' 선택을 하는 일은 쉽지 않으며, 상당한 의지가 뒷받침되어야 한다. 또한 편법에 기대거나 손쉬운 길을 택하거나, 눈앞의 이익에 흔들리려는 유혹을 뿌리치기 위해서도 자기 절제와 의지는 반드시 요구된다.

인생은 결국 당신의 진짜 모습을 시험하는 여정이다. 지혜는 학문과 성찰을 통해 혼자서도 닦아나갈 수 있지만, 인격은 그렇지 않다. 오직 일상의 부딪힘 속에서, 수많은 선택과 유혹 앞에서 어떤 결정을 내리느냐가 당신의 인격을 만든다.

# 인격의 시험

사람은 압박 속에 놓였을 때 비로소 진정한 인격을 드러낸다. 반드시 하나를 선택해야 하는 순간, 어떤 가치를 끝까지 지킬지 아니면 타협할지를 결정해야 하는 순간이 찾아온다. 에머슨은 이렇게 말했다. "당신의 진실성이 신성한 것이라도 되는 것처럼 지켜라. 결국 신성한 것은 당신 마음속의 진실성뿐이기 때문이다."

인간은 '선택하는 존재'다. 우리는 끊임없이 이쪽이든 저쪽이든 하나를 선택하며 살아간다. 그 모든 선택은 곧 자신의 진정한 가치관과 우선순위를 드러내는 표현이다. 매 순간 우리는 더 중요하고 더 가치 있는 것을 선택하며, 동시에 덜 중요하고 덜 가치 있는 것을 결정한다.

유혹, 최소 저항의 법칙, 편의주의적 사고방식을 막아주는 유일한 방어막은 인격이다. 올바르고 필요한 일 대신 쉽고 편한 일을 선택하고 싶은 유혹에 빠질 때마다 의지를 발휘하는 것, 바로 그것이 인격을 쌓는 유일한 길이다.

# 세상은 인격 있는 사람에게
# 기회를 준다

자신이 아는 최고의 가치와 일치하는 삶을 살기 위해 의지와 절제를 발휘함으로써 인격을 갖춘 사람이 된다면, 막대한 보상이 따른다. 더 낮은 가치가 아닌 더 높은 가치를, 더 쉬운 길이 아닌 더 어려운 길을, 그른 일이 아닌 옳은 일을 선택할 때마다 자신에 대한 만족감이 커진다. 자존감이 높아지고, 자신을 더 좋아하게 되며, 존중하는 마음도 커진다. 자부심 역시 한층 더 단단해진다.

인격을 갖추어 행동하면 스스로에 대한 만족감뿐 아니라, 주변 사람들로부터의 존경과 신뢰도 얻게 된다. 사람들은 당신을 우러러보고 감탄할 것이다. 새로운 기회가 열리고, 사람들은 기꺼이 도움의 손길을 내밀 것이다. 더 많은 보수를 받고, 더 빨리 승진하며, 더 큰 책임을 맡게 될 것이다. 명예와 인격을 갖춘 사람에게는 세상이 기회를 아낌없이 내어준다.

반대로 아무리 뛰어난 지능과 재능, 능력을 지녔더라도 사람들이 당신을 신뢰하지 않는다면 앞서 나갈 수 없다. 사람들은 당신을 고용하지 않을 것이며, 설령 고용한다 해도 가능한 빨리 해고할 것이다. 금융기관 역시 당신에게 돈을 빌려주지 않을 것이다. '유유상종'이라는 말처럼, 결국 당신 곁에 남는 이는 (진정한 친구가 아니라) 인격이 의심스러운 사람들뿐일 것이다. 더 나아가, 주변 사람들의 태도와 성품은 당신에게 지대한 영향을 미치기 때문에, 인격의 수준 혹은 그 부재는 곧 당신 인생의 성패를 좌우하게 된다.

## 가치가 인격을 만든다

아리스토텔레스는 "사회 발전의 출발점은 젊은이들의 인격 형성에서 비롯된다"라고 말했다. 다시 말해, 개인의 발전 또한 가치의 학습과 실천에서 시작된다.

우리가 가치를 배우는 길은 세 가지다. 지도, 탐구, 그리고 연습이다. 이제 각각을 좀 더 자세히 살펴보자.

**자녀에게 가치를 가르쳐라.** 양육의 가장 중요한 역할은 바로 가치를 전하는 일이다. 이를 위해서는 아이들이 성장하는 내내 인내심을 가지고 같은 가치를 반복해 설명하고 가르쳐야 한다. 한 번 말하는 것으로는 부족하다. 그 가치가 무엇인지, 그리고 왜 그 가치에 따라 살아야 하는지를 끊임없이 설명해주어야 한다. 부모는 단순히 예를 보이는 데 그치지 말고, 진실을 말하는 태도와 거짓말, 혹은 반쪽짜리 진실을 말하는 태도의 차이를 명확히 보여주어야 한다.

성장 과정에서 아이들은 자신에게 중요한 사람들에게서 받은 가르침에 지대한 영향을 받는다. 부모가 하는 말이 사실이자 절대적인 진리로 받아들이며, 스펀지처럼 고스란히 흡수한다. 젖은 진흙 같은 아이들의 마음속에 부모의 가치가 새겨진다. 그렇게 새겨진 가치는 그들이 세상을 바라보고 삶과 관계를 맺는 방식에 깊이 뿌리내린다.

19장에서 다시 살펴보겠지만, 무엇보다 중요한 것은 부모의 행동이다. 아이들은 부모가 말로 가르치고 설교하는 가치뿐 아니라, 삶 속에서 몸소 실천하는 가치를 지켜보며 모방한다. 아이들은 언제나 부모를 지켜보고 있다.

록펠러 가문의 자녀들은 어린 시절부터 돈의 가치에 대해 철저히 교육받은 것으로 유명하다. 아버지가 미국에서 손꼽히는 부자였음에도, 자녀들은 맡은 일이나 집안일을 해야만 용돈을 받을 수 있었다. 또한 돈을 사용하는 방법, 예를 들어, 저축은 어떻게 할지, 자선에는 얼마를 기부할지, 얼마를 투자할지까지 체계적으로 교육받았다. 그 결과, 부유한 가정에서 자랐음에도 돈에 대한 절제력을 기르지 못한 다른 집안의 자녀들과 달리, 그들은 건전한 재정관을 지닌 덕분에 훗날 성공한 사업가이자 정치가로 성장했다.

**존경하는 가치를 깊이 탐구하라.** 가치는 그것을 자세히 들여다봄으로써 배울 수 있다. 집중의 법칙에 따르면 "우리가 마음을 쏟는 대상은 삶 속에서 자라난다."

이 말은 곧 당신이 존경하고 높이 평가하는 가치를 실천한 사람들을 연구하고, 그들의 이야기를 읽고, 행동을 곱씹을 때 그 가치가 점점 더 깊이 당신의 마음속에 스며든다는 뜻이다. 가치가 잠재의식에 '각인'되면, 상황에 따라 그 가치에 부합하는 행동을 자연스럽게 하게 된다.

예를 들어, 군사 훈련에서는 용기, 충성, 규율, 그리고 전우애의 중요성을 끊임없이 강조한다. 이런 이야기를 반복해 듣고, 토론하고, 마음속에서 곱씹을수록 실제 전투와 같은 극한의 압박 속에서도 그 가치에 맞는 행동을 할 가능성이 높아진다.

인격의 핵심 덕목은 정직함이다. 불편하더라도 진실을 말하면 자신에 대한 만족감이 커지고, 주변으로부터 존중을 얻게 된다. '언제나 진실을 말하는 사람'이라는 평판은 상대방에게 줄 수 있는 최고의 찬사일 것이다.

**가장 존경하는 사람을 본받아라.** 당신의 인격은, 그가 살아 있든 이미 세상을 떠났든, 당신이 존경하는 사람의 영향 아래 형성된다. 당신이 존경하는 사람은 누구인가? 지금까지의 삶을 돌아보며 가장 존경하는 사람들의 명단을 만들어보라. 각 이름 옆에 그들이 가장 잘 보여주는 덕목이나 가치를 함께 써보라.

살아 있든 세상을 떠났든, 오후 시간을 함께할 단 한 사람을 고를 수 있다면 당신은 누구를 선택하겠는가? 그 이유는 무엇인가?

그 사람과 함께하는 오후 동안 어떤 이야기를 나누고, 어떤 질문을 하고, 무엇을 배우고 싶은가?

이 점도 생각해보자. 만약 누군가가 오후 시간을 함께하고 싶은 단 한 사람으로 당신을 꼽았다면, 그 이유는 무엇일까? 당신이 쌓아온 덕목과 가치 가운데 무엇이 당신을 매력적인 존재로 만드는가? 무엇이 당신을 특별하게 하는가?

**소중하게 여기는 가치를 실천하라.** 가치는 실천을 통해서만 형성된다. 그리고 필요할 때마다 행동으로 옮길 때 비로소 몸에 밴다. 로마의 스토아 철학자 에픽테토스는 이렇게 말했다. "환경이 사람을 만드는 것이 아니라, 환경은 그가 어떤 사람인지 드러낼 뿐이다."

문제가 닥치면 사람은 그 순간까지 길러온 최고의 가치에 따라 본능적으로 반응한다.

가치는 반복을 통해 발달한다. 특정 가치에 맞는 행동을 꾸준히 반복하다 보면 습관이 되고, 완전히 내면화되어 마침내 저절로 실천하게 된다. 성숙한 인격을 지닌 사람은 자신이 가장 소중히 여기는 가치에 따라 행동하며, 그 과정에 망설임이 없다. 자신의 행동이 옳은지 그른지 따져볼 필요조차 없다.

# 인격을 이루는 세 가지 요소

인격의 심리학은 성격을 이루는 세 가지 요소로 구성된다. 자기 이상, 자기 이미지, 그리고 자존감이다.

**자기 이상.** 자기 이상은 당신의 가치와 덕목, 이상과 목표, 포부, 그리고 스스로 도달하고자 하는 가장 이상적인 자아상으로 이루어진 마음의 한 부분이다. 다시 말해, 자기 이상은 당신이 다른 사람에게서 가장 존경하는 가치이자, 스스로 구현하고자 하는 가치들의 집합이다.

자기 이상의 핵심을 한 단어로 요약하면 '명확성'이다. 탁월한 사람들은 자신이 누구인지, 무엇을 믿는지에 대해 정확하게 알고 있다. 자신이 추구하는 가치와 지향점을 또렷하게 인식하고 있으며, 혼란이나 망설임에 빠지지 않는다. 가치와 관련된 선택의 순간마다 단호하게 흔들림 없이 결정한다.

반면, 나약하고 결단력 없는 사람들은 가치관이 모호하고 불분명하다. 어떤 상황에서 무엇이 옳은지 그른지에 대해서도 막연하게 알 뿐이다. 그 결과, 그들은 저항이 가장 작은 길을 택하고 편의에 따라 행동한다. 단기적으로 원하는 것을 얻기 위해 가장 빠르고 쉬워 보이는 일을 하며, 그 행동이 초래할 결과에 대해서는 거의 또는 전혀 고려하지 않는다.

**인격의 발달.** 생물학에서 생명체는 단세포 생물부터 인간에 이르기까지 복잡성의 정도에 따라 단계적으로 구분된다. 마찬가지로 인간 역시 가치관과 인격의 발달 수준에 따라 미숙한 단계에서부터 가장 높은 수준에 이른 단계까지 하나의 연속선상에 놓인다. 그 연속선의 가장 낮은 단계에 있는 사람은 가치도, 덕목도, 인격도 지니지 못한 이들이다. 그들은 언제나 편의적인 판단에 따라 행동하며, 눈앞의 만족을 좇아 저항이 가장 작은 길을 선택한다.

반대로 발달의 가장 높은 단계에 있는 사람들은 완전한 진실성을 지닌 이들이다. 금전적 손실이나 고통, 심지어 죽음의 위협 앞에서도 절대 정직함이나 인격을 타협하지 않는다.

조지 워싱턴은 정직함으로 유명한데, 그가 벚나무를 베었다고 솔직히 고백한 일화가 이를 잘 보여준다. 같은 맥락에서 미국 건국의 아버지들은 '생명과 재산, 그리고 신성한 명예를 걸고' 독립선언서에 서명했다.

철학자 프랜시스 후쿠야마Francis Fukuyama는 저서 《트러스트: 사회 도덕과 번영의 창조Trust: The Social Virtues and the Creation of Prosperity》에서 세계의 사회를 '고신뢰 사회'와 '저신뢰 사회'로 나눌 수 있다고 말했다. 그는 진실성이 존중되고 장려되며 존경받는 고신뢰 사회일수록 법을 준수하고, 자유로우며, 번영한다고 주장했다.

그 반대편에는 폭정과 도둑질, 부정직과 부패가 만연한 사회가 있다. 이런 사회는 예외 없이 비민주적이고 가난하다.

**신뢰가 핵심이다.** 신뢰는 인간관계를 움직이는 윤활유다. 사람들 사이의 신뢰가 높을수록 경제 활동이 활발해지고, 모두에게 기회가 생긴다. 반대로 신뢰가 낮으면 도둑질과 부패로부터 자신을 지키는 데 자원이 낭비되거나, 아예 그런 자원 자체가 존재하지 않게 된다.

미국에는 헌법과 권리 장전이 있다. 이 문서들은 미국인들이 지켜야 할 규칙을 명시하고 정부의 구조를 세우고, 국민의 권리를 보장한다. 그러나 그 바탕에는 선출직 대표들이 명예를 중시하고, 국민의 권리를 지키며 헌신한다는 전제가 깔려 있다. 이러한 문서의 목석은 상기석으로 미국의 경제·정치·사회 체제 속에서 인격을 갖춘 이들만이 성공하고 번영할 수 있도록 보장하는 데 있다. 또한 대부분은 인격을 갖춘 사람만이 사회에서 높은 지위에 오를 수 있도록 하고자 한다.

물론 제도가 완벽하지 않기에, 인격이 의심스러운 사람이 중요한 자리에 오르는 경우도 있다. 그러나 그런 상황은 대체로 오래가지 않는다. 기본적으로 정직과 진실성을 요구하는 미국 사회의 여론이 결국 부정직한 이들을 폭로하고 질책하기 때문이다. 인격을 향한 요구는 결코 사라지지 않는다.

**자기 이미지: 내면의 거울.** 당신의 성격을 이루는 두 번째 요소는 자기 이미지다. 자기 이미지는 특히 중요한 일을 앞두었을 때

자신을 어떻게 바라보고 어떤 판단을 내리는지를 뜻한다. 사람은 마음속으로 그리는 자기 모습과 대체로 일치하도록 행동하기 마련이다. 그래서 자기 인식을 '내면의 거울'이라고 부른다. 우리는 어떤 행동을 하기 전에 이 거울을 들여다본다.

자신을 침착하고 긍정적이며 진실하고 고결한 인격의 소유자로 여길 때, 당신의 행동은 자연스럽게 강인하고 품위 있게 나타난다. 그럴수록 다른 사람들 또한 당신을 존중하게 되고, 당신은 스스로 자신과 상황을 통제하고 있다는 확신을 갖게 된다.

무엇보다 자신이 가장 중요하게 여기는 가치에 부합하는 방식으로 행동할 때마다 자기 이미지는 더욱 긍정적으로 변한다. 자신을 더 긍정적으로 보고, 더 행복하고 자신감 있게 느낀다. 자신이 도달할 수 있는 가장 이상적인 모습에 대한 내면의 이미지가 밝아질수록, 당신의 행동과 외적인 성과 역시 그 변화를 반영하게 된다.

타인 역시 적어도 처음에는, 당신이 자신을 평가하는 그대로를 받아들이는 경향이 있다. 만약 당신이 자신을 고결한 인격을 지닌 훌륭한 사람으로 여긴다면, 타인도 예의와 품위, 존중의 태도로 대할 것이다. 그러면 상대 역시 당신을 명예와 인격을 갖춘 사람으로 대하게 된다.

**자존감: 자신을 얼마나 좋아하는가.** 당신의 성격을 구성하는 세 번째 요소는 자존감이다. 자존감은 자신을 어떻게 느끼는지에 대한 마음 깊은 곳의 핵심 감정이다. 흔히 '자신을 얼마나 좋아하는가'로 정의되지만, 그 의미는 단순히 거기에 그치지 않는다. 자신을 소중하고 중요한 존재로 인식할수록 우리는 더 긍정적이고 낙관적으로 변한다. 자신을 가치 있는 사람이라고 여길 때, 다른 사람들 또한 중요한 존재로 대하게 된다.

자존감은 대체로 당신의 자기 이미지(행동을 결정짓는 내면의 이미지)가 자기 이상(스스로 도달하고자 하는 가장 이상적인 모습)과 얼마나 일치하는지에 따라 결정된다.

자신이 생각하는 훌륭한 모습에 가까워질수록 자기 이미지는 긍정적으로 변하고, 자존감은 높아진다. 그 결과 자신을 더 좋아하고 존중하게 되며, 자신과 타인에 대한 만족감도 커진다. 자신을 좋아할수록 타인을 좋아하게 되고, 결국 타인도 당신을 더 좋아하게 된다. 이처럼 인격과 가치에 맞게 행동할 때, 삶은 (내적으로나 외적으로) 상승 곡선을 그리게 된다. 삶의 모든 영역에서 상황은 점점 더 나아질 것이다.

역할 모델은 인격 형성에 지대한 영향을 미친다. 어떤 사람과 그 사람의 품성을 존경할수록, 의식적이든 무의식적이든 그를 닮기 위해 노력하게 된다. 그렇기에 명확한 자기 인식이 무엇보다 중요하다.

# 항상 일관되게 행동하라

자신의 가치관에 일관되게 행동할 때, 우리는 스스로에 대해 좋은 기분을 느낀다. 반대로 어떤 이유로든 가치관을 타협하면, 자신에 대해 부정적인 감정을 갖게 된다. 이는 곧 자신감과 자존감의 하락으로 이어진다. 불안과 초조, 남보다 못하다는 열등감, 스스로 충분치 못하다는 부족함, 그리고 마음 깊은 불편함이 뒤섞인다. 가치관을 저버릴 때 우리는 내면 깊은 곳에서 무언가 근본적으로 잘못되었다는 느낌을 받는다.

거의 모든 문제는 자신이 가장 소중히 여기는 가치와 마음속 가장 깊이 자리한 신념으로 되돌아감으로써 해결할 수 있다. 돌이켜보면, 투자금을 지키거나 일자리를 유지하거나, 관계와 우정을 이어가기 위해 가치관을 타협했던 순간이 있었을 것이다. 그러나 그럴 때마다 기분은 점점 더 나빠졌고, 결국에는 그 관계나 상황에서 등을 돌리고 물러나게 되었을 것이다.

마침내 그 상황에서 등을 돌릴 수 있는 인격적 힘을 갖추었을 때, 어떤 기분이 들었는가? 아마도 이루 말할 수 없을 만큼 후련하고 기분이 좋았을 것이다. 가장 소중한 가치로 돌아가기 위해 의지와 인격의 힘을 발휘할 때마다 우리는 행복감과 고양감이라는 보상을 얻게 된다. 활력이 솟고 해방감을 느낀다. 왜 진작 그렇게 결정하지 않았을까 하는 생각이 들 만큼.

## 옳은 일을 하라

자기 절제와 의지를 바탕으로 인격을 발달시키기 위해서는 장기적인 사고가 필수적이다. 자신의 행동이 가져올 장기적 결과를 깊이 생각할수록, 단기적으로도 옳은 선택을 할 가능성이 높아진다. 그러므로 선택이나 결정을 내려야 할 때마다 스스로에게 물어야 한다. "여기서 진정 중요한 것은 무엇인가?"

칸트의 정언 명령을 실천하라. '당신의 행동 원칙이 모든 사람이 따라야 할 보편적인 규칙이 될 수 있도록 행동하라.'

인격 형성에 관련된 중요한 질문이 또 있다. "세상 모든 사람이 나와 똑같다면, 이 세상은 어떤 모습일까?"

만약 자신의 가장 중요한 가치에 어긋나는 말이나 행동을 했다면, 즉시 '제자리로 돌아와야' 한다. 스스로에게 '이건 나답지 않아!'라고 말하고, 다음번에는 반드시 더 잘하겠다고 다짐하라.

## 당신을 만드는 가치에 집중하라

지금 당신이 가장 중요하게 여기는 가치에 어긋난 상황에 놓여 있다면, 곧바로 결심하라. 상황을 똑바로 마주하고 바로잡겠다고.

그 순간 당신은 다시 행복을 느끼고, 삶을 통제하고 있다는 확신
을 얻게 된다.

> 한 원주민 노인이 이런 이야기를 들려주었다. "내 어깨 위에
> 는 두 마리의 늑대가 있다네. 한쪽에는 검은 늑대가 있어 끊임없
> 이 나를 유혹해 잘못된 말과 행동을 하게 만들지. 다른 한쪽에
> 는 흰 늑대가 있어 끊임없이 나를 격려해 최고의 모습으로 살도
> 록 이끈다네."
> 이야기를 듣던 사람이 노인에게 물었다.
> "그 두 마리 늑대 중 어느 쪽이 당신에게 더 큰 힘을 발휘합
> 니까?"
> 노인은 이렇게 대답했다.
> "내가 먹이를 주는 놈이지."

집중의 법칙에 따르면, 우리가 어떤 생각을 반복적으로 떠올리
면 실제로 그 생각이 삶에서도 점점 자라나고 커진다. 중요하게 여
기는 덕목과 가치를 자주 떠올리고 말할수록 그것들은 점차 잠재
의식에 깊숙이 새겨져 언제 어디서나 자연스럽게 드러나게 된다.

사람들에게 가장 대표적인 면모로 인정받고 싶은 가치에 따라
살아가기 위해 자기 절제와 의지를 발휘할 때마다, 당신은 훌륭한
사람이 되는 길 위에서 더 빠르게 나아간다.

1. 당신이 가장 존경하는 세 사람을 적어라(살아 있든 이미 세상을 떠났든 상관없다). 그리고 각 인물에게서 본받고 싶은 면모를 한 가지씩 설명하라.

2. 당신이 삶에서 가장 중요하게 여기며, 실천하거나 본받으려 애쓰는 덕목이나 자질은 무엇인가?

3. 자신감이 가장 충만하게 느껴지고, 스스로 도달할 수 있는 최고의 모습이라고 생각되는 상황은 어떤 때인가?

4. 어떤 상황에서 가장 큰 자존감과 자신이 소중한 존재라는 감각을 느끼는가?

5. 만약 지금 이 순간 이미 모든 면에서 훌륭한 사람이라면, 오늘 이후로 당신의 행동은 어떻게 달라질까?

6. 사람들이 당신을 떠올릴 때 기억하길 바라는 단 하나의 자질은 무엇인가? 그리고 실제로 그렇게 인식되기 위해 당신은 무엇을 할 수 있는가?

7. 지금보다 더 정직하고, 더 높은 진실성을 보여야 할 영역은 어디인가?

【 3장 】

# 책임을 지는 순간,
# 인생이 바뀐다

"비즈니스에서 정상에 오르고자 하는 사람은
습관의 힘을 알아야 한다.
자신을 무너뜨릴 수 있는 습관은 과감히 끊어내고,
원하는 성공을 이루는 데 도움이 되는 습관은 서둘러 받아들여야 한다."

– J. 폴 게티

자신의 삶에 대한 책임이 오롯이 자신에게 있음을 받아들이기 위해 절제력을 기르는 것은 행복, 건강, 성공, 성취, 그리고 리더십에 필수적이다. 책임을 받아들이는 것은 모든 절제 가운데서도 가장 어려운 과제지만, 그것 없이는 어떠한 성공도 이룰 수 없다.

삶에서 불만족스러운 점에 대한 책임을 다른 사람이나 제도, 혹은 환경 탓으로 돌리는 태도는 인과관계를 왜곡하고 인격의 토대를 허물며, 결단력과 인간성까지 약화시킨다. 결국 삶 전체가 변명으로 가득 차게 된다.

스물한 살이던 나는 작은 아파트에 살며 건설 현장에서 노동자로 일하고 있었다. 아침 8시까지 현장에 도착하려면 새벽 5시에 일어나 버스를 세 번 갈아타야 했고, 하루 종일 건축 자재를 나르다 녹초가 되어 저녁 7시가 되어서야 집에 돌아올 수 있었다. 월급은 겨우 입에 풀칠만 하는 수준이었고, 저축은 꿈도 꾸지 못했다. 차도, 라디오도, 텔레비전도 없었으며, 옷가지는 최소한밖에 없었다.

한겨울, 기온이 영하 37도까지 떨어지는 저녁이면 거의 외출하지 않았다. 기운이 조금이라도 남아 있을 땐 부엌 한편의 작은 식탁에 앉아 책을 읽곤 했다.

어느 날 밤늦게, 혼자 식탁에 앉아 있다가 문득 씁쓸한 깨달음이 찾아왔다. '이게 내 인생이구나.' 지금의 삶은 다른 삶을 위한 리허설이 아니었다. 막은 이미 올랐고, 나는 연극 속 주인공이었다.

그 순간은 마치 눈앞에서 플래시가 번쩍 터진 듯했다. 나는 주변을 둘러보았다. 비좁은 아파트, 고졸 학력조차도 없는 나, 육체노동 외에는 할 줄 아는 일이 없고, 그저 생활비만 간신히 버는 나.

그때 깨달았다. 내가 변하지 않는 한 내 인생도 변하지 않을 것임을. 누구도 대신해 줄 수 없었고, 사실 남들은 내가 어떤 상황에 있는지 관심조차 없었다. 나는 분명히 알았다. 앞으로 내 인생과 나에게 일어나는 모든 일의 책임은 전적으로 나에게 있다는 사실을. 어린 시절의 불행이나 과거의 실수 탓으로 돌릴 수 없었다. 책임자는 바로 나였다. 운전대는 내 손에 있었다. 이것은 내 인생이었고, 내가 변화를 위해 무언가 하지 않는다면 관성에 이끌려 이 상태가 끝없이 계속될 것이었다.

이 깨달음은 내 인생을 완전히 바꾸어 놓았다. 그 순간 이후, 나는 완전히 다른 사람으로 변했다. 삶의 모든 일에 점점 더 책임을 지기 시작했다. 직장에서는 해고만 면하려는 태도를 버리고 맡은 일을 더 잘하겠다고 마음먹었다. 재정과 건강, 그리고 무엇보다도 내 미래 역시 스스로 책임지기로 했다.

그다음 날부터 점심시간마다 동네 서점에 들러 도움이 될 만한 책을 사서 읽기 시작했다. 그렇게 시작된 습관은 지금까지도 이어지고 있다. 나는 앞으로의 삶을 자기 계발과 끊임없는 학습에 헌신하기로 결심했다.

그 후로 일과 사업에 도움이 필요하거나 새로운 것을 배워야 할 때마다 학습에 의지했다. 책을 읽고, 오디오 프로그램을 듣고, 강좌와 세미나에 참석했다. 나는 어떤 목표든, 그것을 이루기 위해 필요한 것은 무엇이든 배울 수 있다는 사실을 깨달았다.

시간이 지나면서 나는 전체 인구의 80퍼센트나 되는 사람들이 자신의 삶에 대한 전적인 책임을 받아들이지 않는다는 사실을 알게 되었다. 그들은 계속해서 불평하고, 비난하고, 변명하고, 자신의 불만족을 다른 사람 탓으로 돌린다. 그러나 이런 사고방식은 파국적인 결과를 낳을 뿐이다. 스스로 성공과 행복의 가능성을 완전히 차단해 버리는 것이다.

## 유년기에서 성인기에 이르기까지

우리는 어려서부터 자기 인생에 책임이 없다고 여기도록 길든다. 이는 지극히 정상적이고 자연스러운 일이다. 어린 시절에는 부모가 모든 결정을 내리고 책임을 진다. 당신이 먹는 음식, 입을 옷, 가지고 놀 장난감, 살 집, 다닐 학교, 여가 시간에 할 활동까지 전부 부모의 몫이다. 어리고 순진하며 세상 물정을 모르는 당신은 그저 부모가 정해준 대로 따른다. 선택권이나 통제권은 거의 없다.

그러나 나이가 들면서 점차 삶의 여러 영역에서 스스로 결정을 내리게 된다. 그럼에도 어린 시절부터 형성된 사고방식 탓에, 무의식적으로 여전히 다른 누군가가 내 인생에 책임을 지고 있으며, 나를 돌봐줄 수 있고 또 그래야 한다고 생각한다.

대부분의 사람은 무언가 잘못되었을 때 그 책임이 자신이 아니라 다른 사람에게 있다고 믿으며 자란다. 누군가가 잘못했고, 누군가가 나쁜 사람이며, 자신은 피해자라고 여긴다. 그 결과 많은 사람은 과거든 현재든 자신을 불행하게 만드는 일들에 대해 점점 더 많은 변명을 늘어놓는다.

## 부모의 실수에 갇히지 마라

어린 시절, 실수를 했을 때 부모가 당신을 비난하거나 화를 냈다면, 당신은 무의식적으로 자신에게 잘못이 있다고 여기게 된다. 부모가 자신을 기쁘게 하지 않았다거나 불쾌하게 했다는 이유로 신체적·정서적인 벌을 주었다면, 당신은 스스로 부족하고 가치 없는 존재라고 느꼈을 것이다.

어린 시절 부모가 자신의 요구를 따르지 않았다는 이유로 애정을 거두거나 벌을 주었다면, 자녀는 깊은 죄책감과 자기 부정, 그리고 사랑받을 자격이 없다는 생각을 품으며 자라게 된다. 이렇게 형성된 부정적인 감정들은 뒤엉켜, 성인이 된 후에도 자신과 삶에 책임이 없는 피해자인 듯한 감정 속에서 살아가게 된다.

평가와 지적이 빈번한 가정에서 자란 사람은 성인이 된 후 '나는 부족한 사람이다'라는 믿음을 가장 흔히 품는다. 이 감정은 우리로 하여금 자신을 다른 사람들과 비교하며 깎아내린다. 더 행복해 보이거나 자신감 있어 보이는 사람들이 나보다 나은 사람이라고 여기게 된다. 그 결과 열등감이 커지고, 이는 자신을 가두는 감정의 족쇄가 된다.

## 누구의 탓인가?
## 책임을 잃은 시대

어떤 이유에서든 다른 사람이 자신보다 낫다고 생각하는 순간, 무의식적으로 자신을 그들보다 못한 존재로 여기게 된다. 그들을 '가치 있는' 사람이라 단정하는 순간, 자신은 '가치 없는' 사람이라고 단정하게 되기 때문이다. 이렇게 자신을 부족하거나 무

가치한 존재로 여기는 감정은 삶에서 나타나는 대부분의 성격 문제는 물론 국내외를 막론한 정치·사회 문제의 근원이 된다.

어린 시절에 받은 비난으로 뿌리내린 죄책감과 무가치감에서 벗어나기 위해, 우리는 세상과 타인, 그리고 주변 상황에 격렬한 분노를 터뜨린다. 삶에서 불만족스럽거나 마음에 들지 않는 일이 생길 때마다 주변을 둘러보며 '누구 탓이지?'라고 묻는 것이다.

대부분의 종교는 죄의 개념을 통해, 무언가 잘못되면 반드시 누군가 책임을 져야 한다고 가르친다. 즉, 무언가 잘못되면 누군가 나쁜 짓을 했고, 그는 죄가 있으며, 벌을 받아야 한다는 사고방식이다. 그러나 이러한 죄와 벌의 사고방식은 분노와 원망을 키우고, 책임을 외면하는 태도를 강화하는 결과를 낳는다.

오늘날 법정은 자기 인생에서 일어난 모든 불운에 대해 보상을 요구하는 사람들로 가득하다. 야심에 찬 변호사를 등에 업고, 사람들은 전적으로 자신의 책임인 일조차 법정으로 끌고 가 보상을 요구한다.

사람들은 행동에 대한 책임을 지려 하지 않는다. 뜨거운 커피를 쏟고도, 그 커피를 판 패스트푸드점을 상대로 소송을 제기한다. 술에 취해 운전하다가 사고를 내면, 자신이 몰던 15년 된 자동차 제조사를 상대로 소송을 제기한다. 사다리에 올라 몸을 지나치게 기울이다가 떨어져 다치면, 사다리 제조사를 탓하며 소송을 건다. 이 모든 경우에서 사람들은 자기 행동에 대한 책임을 피하고,

다른 이를 탓하며 변명을 늘어놓은 뒤 보상을 요구한다.

## 부정적인 감정 없애기

모든 사람의 공통된 바람은 행복해지고 싶다는 것이다. 가장 단순하게 말해 행복은 부정적인 감정이 없는 상태에서 비롯된다. 부정적인 감정이 사라진 자리에 남는 것은 긍정적인 감정뿐이다. 따라서 진정으로 행복해지고 싶다면, 부정적인 삼성을 없애는 일이 인생에서 가장 중요한 과제가 되어야 한다.

부정적인 감정에는 여러 가지가 있지만, 가장 흔한 것은 죄책감, 원망, 시기, 질투, 두려움, 적대감 등이다. 그러나 결국 이 감정들은 안팎으로 향하는 분노라는 형태로 드러난다. 분노를 마땅히 향해야 할 대상에게 표현하지 못하고 억눌러 두면 그 화살은 자신을 향한다. 반대로 다른 사람을 비난하거나 공격할 때는 그 분노가 바깥을 향한다.

부정적인 감정은 심인성 질환의 주요 원인이다. 심인성 질환이란 정신이 신체를 병들게 하는 경우를 말한다. 특히 분노로 표출되는 부정적인 감정은 면역 체계를 약화시켜 감기, 독감, 각종 질병에 쉽게 걸리게 만든다. 통제되지 않은 분노의 폭발은 실제로 심장마비, 뇌졸중, 심신 쇠약을 초래할 수 있다.

주목해야 할 중요한 사실이 있다. 모든 부정적인 감정, 특히 분노는 자신의 삶에서 불만족스러운 일을 다른 사람이나 다른 무언가의 탓으로 돌릴 때 비롯된다는 점이다.

자신의 문제를 남 탓으로 돌리지 않으려면 강력한 자기 절제가 필요하다. 변명을 거부하려면 단단한 자기 통제가 필요하다.

자신이 어떤 사람인지, 앞으로 어떤 사람이 될지, 그리고 자신에게 어떤 일이 일어나는지에 대한 전적인 책임을 받아들이려면 강한 자기 절제가 필요하다.

태풍 카트리나 같은 자연재해처럼 직접적인 책임이 없는 일이라 해도, 그 이후에 어떻게 반응하고 무엇을 말하고 행동할지는 전적으로 자기 책임이다. 의식적인 마음을 완전히 다스려 삶을 풍요롭게 하고, 관계와 성과의 질을 높이는 긍정적이고 생산적인 생각을 의도적으로 선택하려면 강한 자기 절제가 필요하다. 그것은 절대 쉽지 않지만, 그 보상은 상상 이상으로 크다.

## 비난은 쉽다

가장 저항이 작은 길을 따르는, 가장 쉽고도 무의식적인 선택은 일이 잘못되었을 때 언제나 다른 누군가를 탓하며 화를 내는 것이다.

습관적으로 탓하는 사람은 사물에도 화를 낸다. 생각대로 작동하지 않는다고 그 물건을 원망하는 것은 가벼운 정신 이상이라 할 만큼 어리석은 일이다.

사람들은 잘 열리지 않는 문에 화를 내고, 자신이 저지른 실수를 도구 탓으로 돌린다. 자동차 시동이 걸리지 않으면 짜증을 내고, 무생물이라 해도 완벽하게 작동하지 않으면 그 물건을 원망한다. 자동차에 화를 내며 발로 차거나, 상자에 걸려 넘어지고는 그 상자를 걷어찬다.

## 부정적인 감정의 해독제

부정적인 감정을 가장 빠르고 확실하게 없애는 방법은 그 감정을 느끼는 즉시 속으로 '나에게 책임이 있다!'라고 말하는 것이다. 분노나 다른 부정적인 반응이 일어날 때마다 '나에게 책임이 있다'라고 말해 부정적인 감정을 재빨리 무력화하라.

대체의 법칙에 따르면, 부정적인 생각은 긍정적인 생각으로 바꿀 수 있다. 마음은 한 번에 단 하나의 생각만 담을 수 있으므로, '나에게 책임이 있다'라는 긍정적인 생각을 의도적으로 선택하는 순간 다른 생각이나 감정은 모두 사라진다.

책임을 받아들이면서 동시에 화를 내는 것은 불가능하다. 책임을 받아들이면서 부정적인 감정을 느끼는 것도 불가능하다. 책임을 받아들이는 순간 머릿속은 차분해지고 맑아지며, 자연스럽게 긍정적인 집중 상태로 들어가게 된다.

삶에서 마음에 들지 않는 무언가를 계속 다른 사람 탓으로 돌리는 한, 당신은 '정신적 어린아이'에 머물러 있을 수밖에 없다. 자신을 작고 무기력한 피해자로 여기며 분노를 쏟아내게 된다. 그러나 자신에게 일어나는 모든 일에 대해 스스로 책임을 지기 시작하는 순간, 당신은 '정신적 어른'이 된다. 자신을 더 이상 피해자가 아니라 삶을 주도하는 존재로 보게 되는 것이다.

익명의 알코올 중독자 모임(AA)은 알코올 중독 문제로 어려움을 겪는 사람들의 자조 모임이다. 참가자들은 알코올 문제뿐 아니라 삶의 다른 영역에서 겪는 문제들 역시, 자신의 책임을 받아들이지 않는 한 진전이 없다는 사실을 깨닫는다. 하지만 일단 책임을 받아들이면 모든 것이 가능해진다. 이는 자신이 느끼는 불행을 다른 사람이나 외부 요인에 떠넘기는 거의 모든 문제에도 똑같이 적용된다.

## 경제적 어른이 된다는 것

우리 삶에서 가장 큰 문제와 걱정거리 가운데 상당수는 돈과 관련이 있다. 돈을 벌고, 쓰고, 투자하고, 때로는 잃는 일까지. 그래서 우리가 느끼는 부정적인 감정의 대부분은 어떤 식으로든 돈과 연결되어 있다. 그러나 당신의 재정 상태는 오로지 당신의 책임이다. 선택하는 것도, 결정하는 것도, 주도하는 것도 모두 당신이다. 재정적 문제나 상황을 다른 사람 탓으로 돌릴 수는 없다. 운전대는 당신의 손에 있다.

따라서 소득(현재의 직장을 선택한 사람이 누구인가?), 지출(빚을 불러온 소비를 한 사람이 누구인가?), 투자(그 결정을 내린 사람이 누구인가?)에 대한 책임을 받아들여야만 '경제적 어린아이'에서 '경제적 어른'으로 성장할 수 있다.

## 책임과 통제

책임을 받아들이는 정도와 삶을 통제하고 있다는 감각 사이에는 직접적인 상관관계가 있다. 다시 말해, 책임을 받아들일수록 삶을 주도하고 있다는 감각도 커진다.

또한 통제감과 긍정적인 감정 사이에도도 직접적인 연관이 있다.

삶의 중요한 영역에서 '통제하고 있다'라는 확신이 클수록, 우리는 더 긍정적이고 행복해진다.

책임을 받아들이면 당신은 강해지고 주도적이며, 목적의식이 있는 사람이 된다. 책임을 받아들이면 행복과 만족을 앗아가는 부정적인 감정이 사라진다.

어떤 상황에서든 부정적 감정의 해독제는 먼저 '나에게 책임이 있다'라고 말하는 것이다. 그다음에는 이미 일어났거나 현재 진행 중인 일에 대해 자신이 왜 책임이 있는지를 살펴보라.

지성은 양날의 검과 같다. 어떻게 쓰느냐에 따라 좋은 결과를 낼 수도, 나쁜 결과를 낼 수도 있다.

한편으로는 마음에 들지 않는 일들에 대해 지성을 이용해 합리화하고, 정당화하며, 타인을 탓할 수 있다. 다른 한편으로는 지성을 이용해 왜 자신이 그 일에 책임이 있는지를 파악한 뒤, 문제를 해결하거나 상황을 수습하기 위해 행동에 나설 수도 있다. 당신은 변명할 수도 있고, 앞으로 나아갈 수도 있다. 선택은 당신의 몫이다.

예를 들어, 주차장에 세워둔 차가 당신이 일하는 동안 파손되는 사고가 일어났다고 하자. 사고는 법적으로 당신 책임이 아니지만, 그 일에 어떻게 반응하고 어떤 행동을 보이는지는 전적으로 당신의 책임이다.

# 불평 말고
# 해명도 하지 마라

진정한 리더, 또는 진정으로 탁월한 사람은 어떤 상황에서도 전적인 책임을 받아들인다. 문제와 어려움이 닥쳤을 때 행동하지 않고 투덜거리거나 불평만 하는 사람은 진정한 리더가 될 수 없다.

'대응 능력response-ability'이라 부를 수 있는 책임감이야말로 성숙한 인격의 표지다. 자신이 통제하거나 바꿀 수 없는 일에 대해서는 미리 마음을 다잡아 불필요하게 화를 내거나 짜증 내지 않겠다고 결심하는 것, 이것이 곧 자신의 삶에 대한 책임을 지는 일이다. 날씨에 화내지 않듯, 통제할 수 없는 환경이나 상황에서도 화내지 말라.

무엇보다도 과거의 불행한 경험이나 상황 때문에 지금 이 순간, 화를 내거나 불행해하지 말아야 한다. 스스로에게 이렇게 말하라. "바꿀 수 없다면 견뎌야 한다."

놀랍게도 많은 사람이 이미 지나간 일, 심지어 수년 전의 일로 오늘날 불행해한다. 그 부정적인 경험을 떠올릴 때마다 분노와 우울이 되살아나는 것이다. 그러나 다행히도 과거를 떠올리고 되풀이하는 일은 언제든 멈출 수 있다. 과거를 내려놓고, 이제는 목표와 무한한 미래를 향해 생각을 돌릴 수 있다. 헬렌 켈러는 이렇게 말했다. "고개를 돌려 햇빛을 바라보면 그림자를 볼 수 없다."

자기 절제와 자기 통달, 자기 통제는 자신의 감정을 책임지는 데서 시작된다. 자신과 자신에게 일어나는 모든 일에 대한 반응에 100퍼센트 책임을 지겠다고 받아들이는 순간부터 감정에 대한 책임이 시작된다. 어떠한 일에도 변명하거나, 불평하거나, 비난하거나, 남을 탓하지 않는다. 대신 '책임은 나에게 있다'라고 말한 뒤 어떤 식으로로든 행동에 나선다.

## 유일한 해독제는 행동이다

분노나 걱정을 없애는 유일하고도 확실한 해독제는 목표를 향한 의도적인 행동이다. 이는 다음 장에서 다룰 주제이기도 하다. 그러나 그 전에 이렇게 결심하라. 먼저 생각과 감정, 행동을 온전히 다스리겠다고. 그리고 자신에게 중요한 일에 몰두해, 그 누구에게든 어떤 이유로든 부정적인 감정을 떠올리거나 드러낼 틈조차 주지 않겠다고 다짐하라.

자기 절제와 의지를 발휘해 삶의 책임을 받아들이면, 당신은 생각과 감정을 완전히 통제할 수 있다. 결국 당신은 하는 모든 일에서 더 능률적이고, 더 행복하며, 더 긍정적인 사람으로 변화한다.

1. 오늘부터 자신이 어떤 사람인지, 또 앞으로 어떤 사람이 될 것인지에 대해 전적인 책임을 지겠다고 결심하라. 불평하지 말고, 변명하지도 마라.

2. 과거를 돌아보고 지금까지도 당신을 불행하게 만드는 사람이나 사건을 떠올려 보라. 부정적인 감정을 정당화하지 말고, 그 일에 대해 자신에게도 일정 부분 책임이 있다고 말할 수 있는 이유를 찾아보라.

3. 과거에 당신을 불행하게 만든 관계를 떠올려 보고, 그 일이 일어난 데 있어 자신에게 책임이 있다고 할 수 있는 이유 세 가지를 적어보라.

4. 과거에 당신을 상처 입힌 사람에게 지금도 여전히 분노를 품고 있다면, 그를 완전히 용서하겠다고 결심하라. 그 순간 마음이 한결 가벼워질 것이다.

5. 자신의 재정 상태에 전적인 책임을 지고, 재정과 관련된 어떤 문제도 남 탓으로 돌리지 마라. 그리고 재정 문제를 해결하기 위해 앞으로 취할 구체적인 조치는 무엇인가?

6. 가족 문제에 대해서도 모든 가족 구성원과의 관계를 포함해 전적인 책임을 져라. 가족 중 누군가와 갈등이 있다면, 개선을 위해 지금 행동에 나서라.

7. 자신의 건강에 100퍼센트 책임을 져라. 더 나은 건강 상태를 위해 오늘부터 시작하거나 중단해야 할 일을 분명히 결심하라.

# 4장

# 절제는
# 목표를 성취로 바꾼다

"절제는 목표와 성취를 잇는 다리다."

− 짐 론

분명한 목표를 세우고, 그 목표를 향해 매일 꾸준히 나아가도록 자신을 절제하는 능력은 성공을 보장하는 가장 강력하고도 결정적인 요인이다. 인생에서 가치 있는 일을 이루려면 반드시 목표가 있어야 한다. '보이지 않는 과녁은 맞출 수 없다'라는 말이 있듯이, 목표 없는 성취는 불가능하다.

또 이런 말도 있다. "어디로 가는지 모르면 길이 스스로 목적지를 정해 버린다."

캐나다의 전설적인 아이스하키 선수 웨인 그레츠키Wayne Gretzky는 이렇게 말했다. "시도하지 않은 슛은 모두 놓치는 법이다."

인생의 각 영역에서 자신이 진정으로 원하는 것이 무엇인지 분명히 결정하는 행위만으로도 삶은 완전히 달라질 수 있다.

## 3퍼센트 법칙

성인 중에서 목표와 계획을 글로 적는 사람은 약 3퍼센트에 불과한데, 이들이 나머지 97퍼센트를 모두 합친 것보다 더 많은 수

입을 올린다.

그 이유는 무엇일까? 가장 단순한 답은 이렇다. 분명한 목표와 그것을 달성하기 위한 계획이 있으면, 매일 무엇을 해야 할지가 분명해지기 때문이다. 주의가 산만해지거나, 곁길로 새거나, 길을 잃고 헤매는 대신 현재 위치에서 목적지까지 곧게 이어진 길을 따라 나아가는 데만 시간을 집중할 수 있다. 그래서 목표가 있는 사람은 목표 없는 사람보다 훨씬 큰 성과를 거둔다.

안타깝게도 대부분의 사람은 이미 목표를 가지고 있다고 착각한다. 그러나 사실은 목표가 아니라 단순한 희망과 바람일 뿐이다. 희망은 성공을 위한 전략이 아니며, 바람은 '추진력 없는 목표'에 불과하다.

목표를 글로 적어 계획으로 발전시키지 않으면 화약 없는 총과 같다. 목표를 글로 쓰지 않는 것은 평생 공포탄만 쏘며 살아가는 셈이다. 많은 사람이 목표가 있다고 믿기 때문에, 목표 설정이라는 힘들고 절제가 필요한 과정을 피한다. 그러나 바로 그 과정이야말로 성공을 위한 핵심 기술이다.

## 성공 확률을 높이는 법

2006년, 〈USA 투데이〉는 흥미로운 연구 결과를 보고했다. 연구진은 새해 결심을 세운 사람들을 대규모로 조사한 뒤, 두 그룹으로 나누었다. 하나는 결심을 세우고 그것을 글로 적은 사람들, 다른 하나는 목표는 정했지만 글로 적지 않은 사람들이었다.

12개월 후 이들을 다시 조사한 결과는 놀라웠다. 새해 결심을 세웠지만 글로 적지 않은 사람 가운데 실제로 목표를 이룬 비율은 단 4퍼센트에 불과했다. 반면, 새해 결심을 글로 적은 사람들은 무려 44퍼센트가 그 결심을 지켰다. 성공률에서 1,100퍼센트 이상의 차이가 난 것이다. 그리고 그 차이를 만든 것은 불과 몇 분이면 충분한, 목표를 종이에 명확히 적는 행동이었다.

지난 25년간 수백만 명과 함께한 내 경험에 따르면, 목표를 글로 적고 달성 계획을 세운 뒤 매일 그 목표를 향해 꾸준히 노력하는 절제된 행동은 목표 달성 가능성을 열 배, 즉 1,000퍼센트 높인다.

물론 목표를 글로 적는다고 해서 성공이 보장되는 것은 아니며, 성공 확률이 열 배 높아진다는 뜻이다. 종이에 펜으로 적는 일은 비용도, 위험도 없고 그저 약간의 시간이 필요할 뿐이라는 점을 생각하면, 이는 매우 유리한 확률이다.

글쓰기는 '정신-신경-운동 활동'이다. 글을 쓰는 행위는 생각과 집중을 끌어내고, 자신과 자신의 미래에 무엇이 더 중요한지를 선택하도록 이끈다. 그 결과 목표를 글로 적으면 잠재의식에 새겨지고, 잠재의식은 하루 24시간 내내 목표를 현실로 만들기 위해

쉼 없이 움직인다.

내가 세미나에서 자주 하는 말이 있다. "목표를 글로 적는 성인은 3퍼센트뿐이고, 나머지는 그 사람들을 위해 일하죠." 실제로 우리는 자신의 목표를 이루기 위해 일하거나, 아니면 다른 사람의 목표를 이루기 위해 일한다. 당신은 어느 쪽을 선택하겠는가?

## 성공 메커니즘과 실패 메커니즘

우리 뇌에는 성공 메커니즘과 실패 메커니즘이 모두 존재한다. 실패 메커니즘은 절제 없이 최소 저항의 법칙을 따르고, 힘들지만 꼭 필요한 일이 아닌, 쉽고 재미있는 일을 선택하고 싶은 유혹을 말한다. 실패 메커니즘은 평생 자동으로 작동한다. 이는 대부분의 사람이 자신의 잠재력을 온전히 발휘하지 못하는 주된 이유이기도 하다.

반면, 성공 메커니즘은 목표에 따라 활성화된다. 목표를 정하는 순간, 실패 메커니즘을 멈추고 삶의 방향을 바꿀 수 있다. 키 없이 조류에 떠밀리던 배가 키와 나침반, 그리고 분명한 목적지를 갖춘 배로 변해, 목표로 곧장 이어진 항로를 따라 나아가게 된다.

**목표의 힘**

최근 한 고객이 흥미로운 이야기를 들려주었다. 그는 1994년, 내가 진행한 세미나에 참석해 목표를 글로 적고 그것을 달성하기 위한 계획을 세우는 일의 중요성에 대해 들었다. 당시 그는 서른다섯 살이었고, 테네시주 내슈빌의 한 자동차 대리점에서 일하며 자동차를 판매해 연간 약 5만 달러를 벌고 있었다.

그는 그날이 자신의 인생을 바꾸었다고 했다. 그날부터 당장 목표와 계획을 글로 적기 시작했고, 매일 그것을 실천했다. 12년 뒤, 그의 연 소득은 100만 달러를 넘어섰고, 미국의 유수 대기업에 서비스를 제공하며 빠르게 성장하는 회사의 대표가 되어 있었다. 그는 앞으로 이루고자 하는 목표를 글로 적지 않았다면 자신의 삶이 어떻게 되었을지 상상조차 하고 싶지 않다고 말했다.

## 인생의 통제권을 쥐어라

아리스토텔레스는 인간을 목적론적 존재라 했다. 이는 우리가 목적에 의해 움직이는 존재라는 뜻이다. 따라서 매일 향해 나아갈 분명한 목표가 있을 때만 행복을 느끼고, 삶을 주도하고 있다는 감각을 가질 수 있다. 평생 목표를 세우는 습관은 우리가 반드시 길러야 할 가장 중요한 자기 절제 가운데 하나다.

집비둘기는 참 놀라운 새다. 얼마나 멀리, 어느 방향으로 데려 가든 자기 둥지로 돌아오는 기막힌 본능을 지니고 있기 때문이다. 집비둘기를 우리에 넣고, 그 우리를 상자에 넣은 뒤 담요로 덮어 트럭 짐칸에 싣는다고 해보자. 어느 방향으로든 약 1,600킬로미 터를 달린 후 상자를 꺼내 담요를 벗기고 우리를 열어 집비둘기를 날려 보내면 어떻게 될까?

녀석은 하늘을 세 바퀴 선회하며 방향을 잡은 뒤, 곧장 집으로 돌아간다. 지구상에서 이런 능력을 지닌 생명체는 집비둘기뿐이 다. 물론, 인간인 우리를 제외하고는 말이다.

당신의 뇌에도 이런 놀라운 귀소 본능이 있지만, 한 가지 특별 한 차이가 있다. 집비둘기는 본능적으로 집이 정확히 어디에 있는 지 알고, 그곳으로 곧장 날아갈 수 있다. 반면 인간은 마음속으로 목표를 정하면 그 목표가 어디에 있는지, 어떻게 달성할 수 있을지 전혀 모르는 상태에서도 출발할 수 있다. 그런데도 기적처럼 목표 를 향해 한 치의 오차도 없이 나아가기 시작하고, 동시에 목표 역 시 그를 향해 다가오기 시작한다.

그런데도 많은 사람은 목표 세우기를 주저한다. "경제적으로 자유로워지고 싶지만, 어떻게 그 목표에 도달할지 전혀 모르겠다" 라고 말한다. 그 결과 아예 경제적 성공을 목표로 삼지조차 않는

다. 하지만 다행히도 목표에 도달하는 방법을 미리 알 필요는 없
다. 자신이 이루고자 하는 것을 분명히 하기만 하면, 뇌의 목표 추
구 메커니즘이 한 치의 오차도 없이 당신을 목적지로 이끌어줄
것이다.

예를 들어, 마음이 맞고 존경할 수 있는 사람들과 함께 도전적
이면서도 즐거운 일을 할 수 있는 이상적인 직장을 찾기로 결심했
다고 하자. 약간의 시간을 들여 이상적인 업무와 직장 환경이 어떤
모습일지 구체적으로 적고, 본격적으로 구직 활동에 나선다.

여러 차례 면접을 거치다 보면 꼭 맞는 시기에, 꼭 맞는 장소에
서, 꼭 맞는 인연을 만나 사신에게 완벽하게 어울리는 식상을 찾게
되기도 한다. 거의 모든 사람이 한 번쯤은 이런 경험을 한다. 중요
한 것은, 진정으로 원하는 것이 무엇인지 절대적으로 분명히 알기
만 하면 이런 경험을 우연이 아니라 계획적으로 만들어낼 수 있다
는 점이다.

## 목표를 이루는
## 7단계

목표를 더 빠르게 설정하고 달성하게 해주는 7단계의 간단한
방법이 있다. 더 복잡하고 세부적인 전략도 많지만, 이 7단계만으

로도 지금까지 성취했던 것보다 열 배 더 많은 성과를 훨씬 더 빠르게 거둘 수 있다.

**1단계: 명확한 목표를 정하라.** 목표는 반드시 구체적이어야 한다. 예를 들어, 소득을 늘리고 싶다면 단순히 '돈을 더 벌겠다'가 아니라 '연간 ○○원을 벌겠다'처럼 구체적인 금액을 정하라.

**2단계: 목표를 글로 적어라.** 글로 적지 않은 목표는 연기와 같다. 바람에 흩어져 사라져버린다. 모호하고 실체가 없다. 힘도, 영향력도, 추진력도 없다. 그러나 글로 적은 목표는 실체가 있다. 눈으로 보고, 손으로 만지고, 읽을 수 있으며, 필요하다면 수정할 수도 있다.

**3단계: 목표 달성 기한을 정하라.** 언제까지 목표를 이룰지 합리적인 기간을 정하고 그 날짜를 기록하라. 큰 목표라면 최종 기한을 정한 뒤, 현재 위치에서 원하는 미래에 이르기까지 중간 기한이나 단계별 목표를 함께 세워라.

기한은 뇌의 '강제 장치' 역할을 한다. 구체적인 마감 압박이 있을 때 일의 효율성이 올라가듯, 언제까지 목표를 이루겠다고 정하면 잠재의식도 더 빠르고 효율적으로 움직인다.

이때의 원칙은 명확하다. "비현실적인 목표는 없다. 비현실적인 기한만 있을 뿐이다."

만약 기한까지 목표를 이루지 못한다면 어떻게 해야 할까? 간단하다. 기한을 새로 정하면 된다. 기한은 어디까지나 '추정치'일 뿐이다. 어떤 목표는 때로는 기한보다 빨리, 때로는 기한에 맞춰, 또는 기한이 지난 뒤에야 이루어진다.

목표를 세울 때는 특정한 외부 조건을 전제로 하게 마련이다. 그러나 그 조건은 언제든 변할 수 있고, 그에 따라 기한도 바뀔 수 있다.


**4단계: 목표를 이루기 위해 할 수 있는 일을 생각나는 대로 전부 목록으로 작성하라.** 헨리 포드Henry Ford가 말했듯이 "충분히 작은 단계로 나누기만 하면 아무리 큰 목표라도 이룰 수 있다."

- 목표를 이루기 위해 극복해야 할 외부와 내부의 장애물을 모두 적어라.
- 목표 달성을 위해 새로 익혀야 할 지식과 기술의 목록을 작성하라.
- 목표 달성에 필요한 협력과 지원을 요청해야 하는 사람들의 목록을 작성하라.
- 목표를 이루기 위해 해야 하는 일들을 떠오르는 대로 전부 목록에 적고, 새로운 과제와 책임이 생각날 때마다 추가하라. 목록이 완성될 때까지 계속 적어 나가라.

**5단계: 목록을 순서와 우선순위에 따라 정리하라.** 순서에 따른 활동 목록을 만들려면 무엇을 먼저 해야 하고 다음에 해야 할지, 그리고 나중에 무엇을 해야 할지 결정해야 한다. 또한 목록을 우선순위에 따라 정리하면 무엇이 더 중요한지, 무엇이 덜 중요한지를 판단할 수 있다.

순서와 우선순위가 같을 때도 있지만, 그렇지 않을 때가 더 많다. 예를 들어, 특정 분야의 사업을 시작하려 한다면 순서상 첫 단계는 책을 사서 읽거나 강좌에 등록하는 것일 수 있다.

그러나 가장 중요한 일은 철저한 시장 조사를 바탕으로 사업 계획을 세우는 것이다. 그래야 그 계획에 따라 필요한 자원을 확보하고 실제 사업을 시작할 수 있다.

**6단계: 계획을 세웠다면 바로 행동에 옮겨라.** 첫 번째 단계를 밟고, 이어 두 번째, 세 번째 단계를 실행하라. 바쁘게 움직이고 속도를 늦추지 마라. 미루지 마라. 기억하라. 미루는 습관은 시간만이 아니라 인생까지 훔쳐 가는 도둑이다.

인생에서 성공과 실패를 가르는 차이는 단순하다. 승자는 첫 걸음을 뗀다. 그들은 행동 중심적이다. 〈스타트렉〉에 나오는 대사처럼 그들은 "누구도 가보지 못한 곳으로 대담하게 나아간다." 승자는 성공이 보장되지 않아도 기꺼이 행동으로 나아간다. 실패와 실망을 감수할 준비가 되어 있으며, 언제나 행동에 대한 의지가 있다.

**7단계: 가장 중요한 목표를 향해 나아가는 일을 매일 하라.** 이것이 성공을 보장하는 핵심 단계다. 일주일 내내, 1년 365일, 매일 무언가를 하라. 당신에게 가장 중요한 목표에 한 걸음이라도 더 가까워지게 해주는 일이라면 무엇이든 하라.

목표를 향해 나아가게 해주는 일을 매일 하면 추진력이 생긴다. 이 추진력이 당신에게 동기를 부여하고, 영감을 주며, 에너지를 불어넣는다. 추진력이 향상될수록 목표를 향해 더 많은 걸음을 내딛기가 점점 더 쉬워진다.

머지않아 절제력이 생겨서 목표를 세우고 달성하는 일이 쉽고도 자연스러운 일이 될 것이다. 그렇게 당신은 언제나 목표를 향해 나아가는 습관과 자기 절제를 갖추게 될 것이다.

# 열 가지
# 목표 연습법

이것은 내가 발견한 가장 강력한 목표 달성 방법이다. 나는 이 방법을 전 세계 사람들에게 가르치고 있으며, 지금도 거의 매일 직접 실천한다.

깨끗한 종이를 한 장 꺼내라. 맨 위에 '목표'라고 쓰고 오늘 날짜를 적어라. 그다음에는 앞으로 12개월 안에 이루고 싶은 목표 열 가지를 적는다. 재정 목표, 가족 목표, 건강 목표는 물론, 집이나 자동차처럼 가지고 싶은 물건에 관한 목표도 적는다.

이 목표들을 어떻게 달성할지 고민하지 말고, 가능한 한 빨리 적어 내려가라. 원한다면 15개까지 적어도 되지만, 3~5분 안에 최소 10개를 적어야 한다.

목표를 다 적은 후에는 잠시 이렇게 생각해보자. 간절히 원하고 노력한다면 그 목표들을 전부 다 이룰 수 있다고. 그리고 '마법 지팡이'를 한 번 휘두르면 그중에서 한 가지 목표를 24시간 안에 이룰 수 있다고도 상상해보자.

만약 목록에 있는 목표 중 하나를 24시간 안에 이룰 수 있다면, 지금 이 순간 당신의 삶에 가장 긍정적인 영향을 끼칠 목표는 무엇인가? 어떤 목표가 당신의 삶을 그 무엇보다 크게 바꾸거나 향상시킬 수 있는가? 만약 달성한다면, 다른 목표들도 함께 이루는 데 가장 큰 도움이 될 목표는 무엇인가?

이 질문에 대한 답에 해당하는 목표에 동그라미를 치고 종이 맨 위에 적어라. 이 목표가 당신의 '확고한 인생 목표<sub>Major Definite Purpose</sub>'가 된다. 이것은 앞으로 하는 모든 일에서 중심이 되고 방향을 잡아주는 원칙이 될 것이다.

# 계획을 세워라

목표를 명확하게 적고 진행 상황을 확인할 수 있도록 구체화한 뒤, 기한을 설정하라. 잠재의식이 목표에 온전히 집중하고 몰입하기 위해서는 기한이 필요하다.

목표를 달성하기 위해 할 수 있는 일을 전부 목록으로 작성하라. 그 목록을 순서와 우선순위에 따라 정리하라.

그리고 가장 중요하거나 논리적으로 다음에 실행해야 할 단계를 선택해 즉시 행동에 옮기라. 첫걸음을 내딛어라. 무언가를 하라. 무엇이든 좋다.

이 목표를 달성할 때까지 매일 노력하겠다고 결심하라. 지금 이 순간부터 당신에게 "실패란 있을 수 없다." 이 목표가 삶에 가장 큰 긍정적 변화를 불러올 수 있다고 믿고 그것을 자신의 확고한 인생 목표로 삼았다면, 그 목표를 이룰 때까지 할 수 있는 한 최선을 다해, 가능한 한 오래, 절대 포기하지 않겠다고 결심하라. 이 결심 하나만으로도 당신의 인생은 달라질 수 있다.

# 시작을 돕는 '마인드스토밍'

가장 중요한 목표를 달성할 가능성을 극적으로 높여주는 기법이 있다. 내가 알고 있는 어떤 창의적 사고법보다 강력하며, 실제로 이 방법을 통해 부를 얻은 사람이 가장 많다.

깨끗한 종이를 한 장 꺼내라. 맨 위에 자신의 '확고한 인생 목표'를 질문 형태로 적는다. 그리고 최소 스무 가지 답을 적어라.

예를 들어, 목표가 특정 날짜까지 일정 금액을 버는 것이라면 이렇게 적을 수 있다. "나는 어떻게 하면 ×××원을 이 날짜까지 벌 수 있을까?"

그리고 그 질문에 대한 답 스무 가지를 적는다. 이 '마인드스토밍mindstorming' 기법은 사고를 활성화하고 창의성을 해방시켜 이전에는 떠올리지 못했던 아이디어를 이끌어낸다.

처음 네다섯 개의 답은 쉽게 떠오를 것이다. 그다음 다섯 개는 조금 더 어렵고, 마지막 열 개는 상상 이상으로 힘들다. 최소한 처음 시도할 때는 그렇다. 그러나 절제와 의지를 발휘해 반드시 스무 개를 다 쓸 때까지 멈추지 말아야 한다.

스무 가지 답을 모두 적었다면, 목록을 살펴보고 그중 하나를 골라 즉시 실행에 옮겨라. 단 하나의 아이디어라도 실행하면 그 행동이 더 많은 아이디어를 불러오고, 다른 답을 실행하도록 동기를 부여하는 경우가 많다.

# 위대한 원인과
# 결과의 법칙

이 법칙이 주는 가장 중요한 가르침은 "생각이 원인이 되고, 환경이 결과가 된다"라는 것이다.

당신의 생각이 삶의 환경을 만든다. 생각이 바뀌면 삶도 바뀐다. 외부 세계는 내면 세계를 거울처럼 그대로 비춘다.

아마도 인류 역사에서 위대한 발견 중 하나는 이것이다. "당신이 가장 많이 생각하는 것이 곧 당신이 된다." 교육자 존 보일John Boyle은 이렇게 말했다. "끊임없이 생각할 수 있는 것은 무엇이든 가질 수 있다."

1939년에 처음 출간되어 지금까지도 사랑받는 자기 계발서의 고전《생각하라 그리고 부자가 되어라Think and Grow Rich》의 저자 나폴레온 힐은 이렇게 말했다. "인간의 마음이 상상하고 믿을 수 있는 것은 무엇이든 성취할 수 있다."

목표를 끊임없이 생각하고 매일 그것을 이루기 위해 노력하면, 점점 더 많은 정신적 에너지가 그 목표에 집중되고, 그와 동시에 목표 역시 당신을 향해 다가오게 된다.

매일 목표를 세우는 습관은 당신을 강인하고 목적이 뚜렷하며 거부할 수 없는 매력을 지닌 사람으로 성장시킨다. 당신은 자존감, 자기 존중, 자부심이 커질 것이다. 목표를 향해 점점 더 빠르게 나아간다고 느껴질수록 멈출 수 없는 추진력이 생긴다.

다음 장에서는 자기 절제를 통해 자기 역량을 최고 수준으로 끌어올리는 것이 어떻게 물질적 성취와 내적 행복을 동시에 실현하게 하는 강력한 힘이 되는지 살펴보겠다.

**Exercise**

1. 오늘부터 당신의 '성공 메커니즘'을 작동시켜라. 인생에서 진정으로 원하는 것이 무엇인지 분명히 정해 목표 달성 메커니즘을 잠금 해제하라.

2. 가까운 미래에 이루고 싶은 목표 열 가지를 목록으로 작성하라. 이미 달성한 것처럼 현재 시제로 적어라.

3. 그중 달성했을 때 삶에 가장 큰 긍정적 변화를 불러올 수 있는 목표 하나를 선택해, 다른 종이 맨 위에 적어라.

4. 이 목표를 이루기 위해 할 수 있는 모든 일을 목록으로 작성하고, 순서와 우선순위에 따라 정리한 뒤 즉시 실행에 옮겨라.

5. '마인드스토밍'으로 가장 중요한 목표를 이루는 데 도움이 될 수 있는 아이디어 스무 가지를 적고, 그중 최소 한 가지는 반드시 실행하라.

6. 일주일 내내, 매일매일 가장 중요한 목표를 이루기 위한 무언가를 하기로 결심하라. 성공할 때까지 계속하라.

7. '실패란 있을 수 없다'라는 사실을 끊임없이 되새기라. 무슨 일이 있어도 성공할 때까지 끝까지 나아가겠다고 다짐하라.

# 5장

# 탁월함은
# 반복된 절제의 습관이다

"우리가 반복적으로 하는 행위가 우리를 만든다.
따라서 탁월함은 행동이 아니라 습관이다."

− 아리스토텔레스

당신 자신이 바로 가장 소중한 자산이
다. 당신의 삶과 잠재력, 그리고 가능성은 당신이 가진 그 어떤 것
보다 귀하다. 따라서 인생의 궁극적인 목표는 그 잠재력을 온전히
펼쳐 자신이 도달할 수 있는 최고의 경지에 이르는 것이어야 한다.

배우고 성장하며 잠재력을 실현하는 능력에는 한계가 없다. 오
늘날에도 일흔이 넘어 고등학교나 대학교를 졸업하고, 새로운 분
야를 배우고, 새로운 역량을 개발하는 사람들이 있다. 뇌를 활발
하고 민첩하게 움직이도록 최상의 컨디션으로 유지한다면 배우고
기억하는 능력은 평생 지속될 수 있다.

당신이 가진 가장 값진 재산은 돈을 벌 수 있는 능력, 즉 소득
창출 능력이다. 일할 수 있는 상태는 평생에 걸쳐 현금을 만들어내
는 가장 큰 원천이다. 설령 집이나 자동차, 은행 예금, 심지어 가진
모든 것을 잃더라도 그 능력만 있다면 앞으로 몇 달 혹은 몇 년 안
에 잃은 것을 모두 되찾고 그보다 더 많이 벌 수도 있다.

## 당신의 능력은
## 근육과 같다

대다수의 사람은 이 사실을 깨닫지 못한 채 자신의 소득 창출 능력을 당연하게 여긴다. 그러나 이 능력을 갖추기까지는 오랜 시간이 걸린다. 지금까지 받은 모든 교육과 경험, 그리고 기술을 익히고 역량을 발전시키기 위해 쏟아온 모든 노력이 바로 이 자산을 만드는 데 쓰였다.

소득 창출 능력은 근육과 같다. 규칙적으로 단련하면 해마다 더 강하고 탄탄해진다. 반대로 방치하거나 무시하면, 근육이 약해지듯 이 능력도 점점 약화하고 쇠퇴한다. 꾸준히 향상시키지 않으면 반드시 그렇게 된다.

다시 말해, 당신의 소득 창출 능력은 가치 상승 자산이 될 수도, 가치 하락 자산이 될 수도 있다. 가치 상승 자산은 지속적인 투자와 개선으로 해마다 가치와 현금 흐름이 증가하는 자산을 뜻한다. 반대로 가치 하락 자산은 시간이 지날수록 가치가 떨어지다가 결국 거의 또는 전혀 쓸모없는 수준에 이르러 '손실 처리'되는 자산이다. 당신의 소득 창출 능력이 달마다, 해마다 성장할지 쇠퇴할지는 오롯이 당신의 선택에 달려 있다.

# 발전하려면
# 변화가 있어야 한다

자신이 '개인 서비스 회사'의 사장이고 그 회사를 주식시장에 상장한다고 상상해보라. 당신은 이 회사를 해마다 가치와 수익 창출 능력이 꾸준히 향상되는 성장주로 추천할 수 있겠는가?

아니면 당신의 회사는 시장에서 성장이 멈추고, 가치나 매출의 측면에서 더 이상 발전하지 못하는 회사라고 말해야 할까? 당신은 'XXX(본인 이름) 주식회사'의 주식을 우량 투자 종목으로 추천할 수 있겠는가? 그렇다면, 혹은 그렇지 않다면, 그 이유는 무엇인가?

어떤 사람들은 해마다 가치가 떨어지고, 소득 창출 능력도 약해진다. 지식과 기술을 꾸준히 발전시키지 않기 때문이다. 현재 가진 지식과 기술이 빠른 속도로 시대에 뒤처지고 있다는 사실을 깨닫지 못하는 것이다. 기존의 지식과 기술을 대체하는 새로운 지식과 기술을 다른 누군가가 먼저 익힌다면, 당신은 경쟁에서 패배할 수밖에 없다.

# 상위 20퍼센트에 들어라

1장에서 언급했듯이, 소득에도 80/20 법칙이 적용된다. 우리 사회에서 상위 20퍼센트의 사람들이 전체 자산의 80퍼센트를 벌어들이고 통제한다. 〈포브스〉, 〈포천〉, 〈비즈니스 위크〉, 〈월스트리트 저널〉, 그리고 미국 국세청IRS의 여러 통계에 따르면, 상위 1퍼센트의 미국인이 전체 자산의 무려 33퍼센트를 보유하고 있다고 한다.

소득 불평능과 관련해 흥미로운 사실은, 미국의 백만상자와 억만장자 대부분이 1세대 부자라는 점이다. 그들은 거의 빈손으로 시작해 자기 세대 안에서 스스로 부를 일구었다.

미국은 소득 이동성이 매우 높다. 즉, 낮은 소득층에서 높은 소득층으로 올라갈 기회가 많다는 뜻이다. 현재 상위 20퍼센트에 속한 사람들 대부분도 하위 20퍼센트에서 출발했다. 그들은 시간과 삶을 바라보는 관점을 바꾸었고, 그 결과 경제적 성공으로 향하는 에스컬레이터에 올라탈 수 있었다.

# 잠재력에는 한계가 없다

미국에서 평균 소득 증가율은 연 3퍼센트 정도로, 물가상승률과 생활비 상승률과 거의 비슷하다. 연간 소득이 3퍼센트씩 오르는 사람들은 좀처럼 경제적으로 여유가 생기지 않는다. 직장(JOB)은 있지만, '간신히 파산을 면하는 상태(Just Over Broke)'에 불과한 것이다.

사실, 다른 사람들이 당신보다 우월하거나 더 똑똑한 것은 아니다. 오늘 어떤 사람이 당신보다 더 잘나간다면, 그건 단지 그가 '원인과 결과의 법칙'을 자기 일에 적용하는 법을 배웠기 때문이다. 그는 성공한 사람들이 하는 일을 배우고, 실제로 실행하기 시작했을 뿐이다. 이 법칙을 삶에 적용하는 방법은 '배우고 실행하는 것'이다.

자신의 역량을 극대화할지는 전적으로 당신의 결정에 달려 있다. 물론 아무 결정을 내리지 않을 수도 있다. 그러나 선택한 분야에서 탁월함을 추구하겠다는 확고한 의지가 없다면, 당신은 저절로 평범하거나 그 이하의 수준에 머물게 된다. 우연히, 혹은 매일 출근하는 것만으로 역량을 최대치로 끌어올릴 수 있는 사람은 없다. 탁월함에는 분명한 결심과 평생에 걸친 헌신이 필요하다.

# 배우는 사람이 정상에 오른다

지식과 기술은 21세기의 열쇠다. 자신이 도달할 수 있는 최고의 경지에 이르고, 선택한 분야의 정상에 오르기 위해서는 평생에 걸쳐 자기 절제를 실천해야 한다. 정신적 체력은 신체적 체력과 같다. 둘 다 꾸준한 노력이 뒷받침되어야 얻을 수 있으며, 한순간도 멈춰서는 안 된다. 상위 20퍼센트에 들어가 그 자리를 지키려면, 경력 전반은 물론 삶의 모든 영역에서 매일, 매주, 매달 끊임없이 배우고 성장해야 한다. 돈을 더 많이 벌고 싶다면 더 많이 배워야 한다.

에이브러햄 링컨은 이렇게 적었다. "어떤 사람들이 부자가 되었다는 사실은 다른 사람들도 그렇게 될 수 있다는 증거다."

다른 사람들이 해낸 일은 당신도 할 수 있다. 그 방법을 배우기만 한다면 말이다. 지금 정상에 있는 사람들도 한때는 밑바닥에 있었다. 평범하거나 가난한 가정에서 태어나 평균적인 소득 수준과 환경에서 자랐지만, 자신의 분야에서 가장 두드러진 인물이 되었다. 수십만, 아니 수백만의 사람들이 해낸 일이라면, 당신도 할 수 있다. 철학자 버트런드 러셀Bertrand Russell도 이렇게 적었다. "무언가가 가능하다는 최고의 증거는 이미 그것을 해낸 누군가가 있다는 사실이다."

우리는 자신보다 머리가 좋거나 재능이 뛰어나 보이지 않는 사
람들이 크게 성공한 것을 종종 본다. 나보다 나은 것 하나 없어 보
이는 사람이 나보다 더 잘 나가는 모습을 보면 배가 아프고 화가
치밀 것이다. 과연 그들은 어떻게 성공할 수 있었을까?

답은 간단하다. 인생의 어느 순간, 그들은 성공의 열쇠가 일과
삶에서의 성장에 있다는 사실을 깨달았다. 그들은 평생 학습에 자
신을 헌신했다. 다행스러운 점은 거의 모든 중요한 기술이 후천적
으로 학습 가능하다는 사실이다. 비즈니스 기술 역시 모두 배울
수 있다. 어떤 분야의 전문가라도 한때는 그 분야에 대해 전혀 알
지 못했다. 모든 영업 기술도 배울 수 있다. 최고의 영업 사원도 처
음에는 영업 전화를 걸거나 거래를 성사시키지 못하는 초보자였
다. 돈을 버는 모든 기술도 마찬가지다. 부자들도 대부분 한때는
가난했다. 어떤 목표를 세우든 당신은 그 목표를 이루는 데 필요
한 모든 것을 배울 수 있다.

## 결심하라

당신이 몸담은 분야에서 가장 유능하고, 가장 존경받으며, 가
장 높은 보수를 받는 사람으로 성장하기 위한 출발점은 간단하다.
결심하는 것이다!

인생의 모든 큰 변화는 기존의 생각을 뒤흔드는 새로운 아이디어와 부딪혀서 무언가 다르게 해보기로 결심하는 순간 시작된다. 학업을 마치거나, 기술을 향상시키거나, 좋은 대학에 진학하기로 결심한다. 새로운 사업을 시작하기로 결심한다. 어떤 직업을 선택하거나 어떤 진로를 추구하기로 결심한다. 돈을 어떤 방식으로 투자할지 결심한다. 그리고 무엇보다, 자신이 속한 분야에서 최고가 되기로 결심한다.

누구나 행복하고, 건강하고, 날씬하며, 부자가 되기를 원한다. 그러나 4장에서 말했듯이, 희망과 바람만으로는 충분하지 않다. 목표를 이루기 위해서라면 어떤 대가든 치르고, 끝까지 밀고 나가겠다는 확고하고 단호한 결심이 필요하다. 그 결심을 한 뒤에는 앞으로 어떤 일이 있어도 절대 물러서거나 포기하지 않겠다고 다짐해야 한다. 그 순간부터는 상위 20퍼센트, 혹은 그 이상에 도달할 때까지 자기 자신과 업무 기술을 발전시키는 일을 멈추지 않겠다고 마음속에 새겨야 한다.

자신이 속한 분야에서 최고가 되기로 결심했다면, 이미 정상에 오른 사람들을 찾아보자.

- 그들에게 공통으로 나타나는 특징은 무엇인가?
- 그들은 하루를 어떻게 계획하고 체계적으로 관리하는가?
- 그들은 어떻게 옷을 입는가?
- 그들은 어떻게 걷고, 말하며, 다른 사람들을 어떤 태도로 대

하는가?

- 그들은 어떤 책을 읽는가?
- 그들은 여가 시간을 어떻게 보내는가?
- 그들은 누구와 교류하는가?
- 그들은 어떤 교육을 받았는가?
- 그들은 자동차에서 어떤 오디오 프로그램을 듣는가?

성공한 사람들이 하는 일 가운데 당신도 반드시 해야 할 일이 무엇인지 찾기 위해 던져야 할 질문은 이것이 전부가 아니다. 보이지 않는 과녁은 절대로 맞출 수 없다.

올바른 역할 모델의 선택은 당신의 미래에 막대한 영향을 미칠 수 있다. 하버드대학교의 데이비드 매클렐런드David McClelland 박사는 저서《성취 사회The Achieving Society》에서, 개인이 선택한 '준거 집단'이 그 사람의 인생에서 이루는 성공과 성취의 최대 95퍼센트를 좌우할 수 있다고 결론지었다. '준거 집단'이란 자신과 비슷하다고 느끼는 사람들로 이루어진 집단을 말한다. 우리는 본능적으로 그들과 비슷한 태도, 옷차림, 생각, 생활 방식을 따라 하게 된다.

## 성과를 만드는 사람과 어울려라

몇 년 전, 내 세미나에 참석한 한 참가자가 자신의 이야기를 들려주었다. 그의 이름은 밥 바턴Bob Barton으로, 그는 20대에 한 대기업 지점에서 서른두 명가량의 동료와 함께 영업 사원으로 첫 직장 생활을 시작했다. 말 그대로 맨 밑바닥에서 출발한 셈이었다. '유유상종'이라는 말처럼 그는 다른 말단 영업 사원들과 어울렸다.

그러나 한두 달이 지나자, 밥은 가장 높은 실적을 내는 영업 사원들이 따로 어울린다는 사실을 눈치챘다. 그들은 말단 영업 사원들과는 시간을 거의 보내지 않았다. 시간을 쓰는 방식 자체가 달랐다. 밥이 출근했을 때, 상위권 영업 사원들은 이미 나와 일과를 계획하고 영업 전화를 걸어 약속을 잡고 있었다. 반면 말단 영업 사원늘은 늦게 출근해 커피를 마시고 신문을 읽으며, 어떻게든 변명을 만들어 전화 영업을 피하고 있었다.

## 최고에게서 배워라

밥은 사무실의 최고 영업 사원들을 본보기로 삼기로 결심했다. 그들이 어떻게 옷을 입고 외모를 가꾸는지를 살펴보고, 똑같이 따라 하기로 마음먹은 것이다. 매일 아침 거울 앞에 서서 스스로에게 물었다. '내가 우리 지점의 최고 영업 사원처럼 보이는가?'

대답이 '아니요'라면, 옷을 갈아입었다. '최고처럼 보인다'라고 느낄 때까지 말이다. 그는 오전 8시 30분 전에 출근해 일과를 정리하고, 고객을 만날 수 있는 시간이 되자마자 전화를 걸 준비를 마쳤다.

어느 날, 밥은 실적이 가장 높은 영업 사원에게 도움이 될 만한 책이나 오디오 프로그램을 추천해줄 수 있겠느냐고 물었다. 놀랍게도 최고의 성과를 올리는 사람은 다른 사람들의 발전을 기꺼이 돕는 경향이 있었다. 밥은 곧장 책을 구입하고 오디오 프로그램을 주문했다. 읽고 들은 뒤에는 이를 추천해준 영업 사원에게 알렸고, 그는 더 많은 자료를 추천해주었다. 밥은 그 조언을 하나도 빠짐없이 따랐다.

## 최고가 하는 대로 하라

밥은 또 다른 영업 사원에게는 하루를 어떻게 계획하는지 물었다. 그러자 그는 자신의 시간 관리 방법을 자세히 설명해주었다. 밥은 그날부터 최고 영업 사원들이 하는 방식대로 하루를 계획하고 정리하기 시작했다. 이렇게 최고들을 역할 모델로 삼아 철저히 따라 하면서, 밥은 더 많은 약속을 잡고 더 많은 잠재 고객을 만나며 더 많은 실적을 올리기 시작했다.

단 6개월 만에 밥은 지점 최고의 영업 사원 중 한 명이 되었다. 이제는 최고들이 먼저 다가와 커피를 마시자고, 점심 식사를 함께 하자고 제안했다. 그는 더 이상 말단 영업 사원이 아니라 높은 실적을 내는 영업 사원 무리에 속하게 된 것이다. 이듬해, 밥은 전국 영업 회의에 참석해 전국 각지에서 모인 최고의 영업 사원들을 만났다. 그는 일부러 그들을 찾아가 어떤 책을 추천하는지, 어떤 오디오 프로그램이 좋은지, 어떤 세미나에 참석하는지 물었으며, 비즈니스 능력을 향상하는 데 효과적이었던 전략은 무엇이었는지 조언을 구했다.

## 조언을 구하고 따라라

밥은 대부분의 사람이 하지 않는 일을 했다. 그는 조언을 받자마자 즉시 행동에 옮겼고, 조언해준 사람에게 그 결과를 빠짐없이 보고했다.

4년이 지나자, 밥은 전국에서 손꼽는 영업 사원이 되었다. 이제 그의 동료들은 각 지점의 최고 영업 사원들이었다. 소득은 몇 배로 늘었고, 멋진 옷을 입고 새 차를 몰았으며, 아름다운 집에서 살았고 훌륭한 아내도 만났다. 그는 이 모든 것이 최고에게 조언을 구하고, 그 조언을 자신의 영업 활동에 철저히 적용한 결과였다고 말했다.

하지만 뜻밖의 사실이 있었다. 해마다 영업왕을 휩쓸던 최고의 영업 사원들은 한결같이 밥에게 이렇게 말했다. 지금까지 자신들에게 다가와 조언을 구한 사람은 그가 처음이었다는 것이다. 그 누구도 그들에게 성공의 비결을 물어본 적이 없었다.

놀라운 사실은 바로 이것이다. 답은 이미 나와 있다는 것이다. 성공으로 가는 길은 이미 누군가 걸어본 길이다. 당신이 배워야 할 모든 것은 이미 수백, 수천 명의 사람들이 터득한 것이다. 그들에게 조언을 구하면, 그들은 기꺼이 알려줄 것이다. 성공한 사람들은 다른 사람의 성공을 돕기 위해 전화를 미루고, 약속을 취소하고, 심지어 하던 일을 제쳐두기도 한다. 그러나 반드시 먼저 다가가 조언을 구해야 하며, 조언을 받았다면 반드시 실천해야 한다.

만약 직접 물어볼 수 없다면, 그 사람이 쓴 책을 읽고 강연이나 세미나에 참석하라. 성공한 사람들이 만든 오디오 프로그램을 들어라. 이메일을 보내 조언을 구할 수도 있다. 방법이 무엇이든, 어떻게든 최고에게 배워라.

## 높은 소득을 목표로 설정하라

당신의 목표가 해당 분야에서 상위 20퍼센트의 소득을 올리는 것이라면, 가장 먼저 현재 상위 20퍼센트가 얼마나 버는지 알아봐야 한다. 이 정보는 얼마든지 찾을 수 있다. 주변에 물어보고, 업계 통계를 확인하고, 구글에 검색하라. 찾고자 하면 반드시 찾을 수 있다.

그 수치를 확인했다면, 그 금액을 정확히 써서 목표로 설정하라. 이를 달성하기 위한 계획을 세우고, 매일 실행하라. 목표에 도달할 때까지 멈추지 마라.

비즈니스와 판매 활동에서 높은 소득을 올리는 비결은 간단하다. 배우고 실행하면 된다. 마치 자동차를 잭으로 들어 올리듯, 한 번에 한 단계씩 차근차근 나아가라.

새로운 기술을 배우고 연습할 때마다 소득 창출 능력은 한 단계씩 올라가고 고정된다. 이렇게 계속 자신의 역량을 향상시키는 한, 당신의 소득은 계속해서 상승 곡선을 그리게 된다. 그리고 그 단계에서 다시 떨어질 일은 거의 없다.

## 소득의 3퍼센트를 자신에게 투자하라

평생의 성공을 보장하려면, 오늘부터 소득의 3퍼센트를 다시 자신에게 투자하겠다고 결심하라. 이것은 평생 학습을 위한 마법의 숫자다. 미국훈련개발협회American Society for Training and Development에 따르면, 각 산업에서 가장 높은 수익률을 내는 상위 20퍼센트 기업은 직원들의 교육과 개발에 수익의 3퍼센트를 투자한다. 오늘부터 소득의 3퍼센트를 투자해 자신을 가치 상승 자산으로 만들고 소득 창출 능력을 꾸준히 키워가겠다고 결심하라.

연간 소득 목표가 5만 달러라면 그 3퍼센트인 1,500달러를 매년 자신에게 투자해 지식과 기술을 유지하고 업그레이드하기로 결심하라. 소득 목표가 10만 달러라면 연간 3,000달러를 자기 계발에 투자해 반드시 그 소득 수준에 도달하도록 하라.

## 3퍼센트의 마법

몇 해 전, 디트로이트에서 진행한 세미나에서 서른 살쯤 되어 보이는 청년이 휴식 시간에 나를 찾아왔다. 그는 약 10년 전 처음 내 세미나에 참석해 '3퍼센트 법칙'에 대해 들었다고 말했다. 그 당시 그는 대학을 중퇴하고 부모 집에 얹혀살며 낡은 차를 몰고 사무실을 돌던 연간 약 2만 달러짜리 영업 사원이었다.

세미나에서 3퍼센트 법칙을 듣고 실행하기로 결심하고 곧바로 행동에 옮겼다. 그가 자신에게 투자할 금액은 연 소득 2만 달러의 3퍼센트인 600달러였다. 그는 영업 관련 서적을 사서 매일 읽기 시작했다. 영업과 시간 관리에 관한 오디오 학습 프로그램 두 개를 구입했고, 영업 세미나에도 한 번 참석했다. 그는 600달러를 온전히 자기 계발에 투자했다.

그해 그의 소득은 2만 달러에서 3만 달러로, 무려 50퍼센트 증가했다. 그는 소득이 늘어난 이유가 자신이 읽은 책과 들은 오디오 프로그램에서 배운 것을 실천으로 옮겼기 때문이라는 사실을 확신했다. 그래서 다음 해에는 3만 달러의 3퍼센트인 900달러를 자신에게 투자했다. 그해 그의 소득은 3만 달러에서 5만 달러로 늘어났다. 그러자 이런 생각이 들기 시작했다. '소득의 3퍼센트를 나에게 투자했더니 매년 소득이 50퍼센트씩 오르는데, 만약 5퍼센트를 투자하면 어떻게 될까?'

## 계속 기준을 높여라

그다음 해, 그는 소득의 5퍼센트인 2,500달러를 자기 계발에 투자했다. 더 많은 세미나에 참석하고, 먼 지역에서 열리는 콘퍼런스에도 다녀왔으며, 오디오와 비디오 학습 프로그램을 추가로 구입하고, 코치에게 개인 지도까지 받았다. 그해 그의 소득은 두 배인 10만 달러로 뛰었다.

그 후 그는 마치 텍사스 홀덤 게임에서 '올인'하듯, 자기 계발의 연간 투자 비율을 10퍼센트로 올리기로 결심했다. 그 이후로 지금까지 매년 그렇게 해왔다고 말했다. 내가 그에게 물었다. "소득의 10퍼센트를 자기 계발에 투자한 것이 당신의 소득에 어떤 영향을 주었나요?"

그는 미소 지으며 말했다. "작년에 제 소득이 100만 달러를 넘겼는데 저는 여전히 매년 소득의 10퍼센트를 자기 계발에 투자하고 있습니다."

내가 다시 물었다. "금액이 꽤 큰데요, 그렇게 많은 돈을 자기 계발에 쓰는 게 가능한가요?"

그가 말했다. "쉽지 않죠! 연말까지 전액을 다 쓰려면 1월부터 자기 계발에 돈을 쓰기 시작해야 하거든요. 우선 이미지 코치, 영업 코치, 스피치 코치를 고용했습니다. 집에는 영업과 성공 관련 서적, 오디오 프로그램, 비디오 프로그램을 전부 모아둔 큰 서재가 있고요. 국내외에서 열리는 업계 콘퍼런스에도 참석하죠. 그리고 제 소득은 해마다 계속 오르고 있습니다."

## 최고가 되기 위한<br>세 가지 간단한 방법

자신이 속한 분야에서 최고가 되려면 무엇보다 절제와 실행이 필요하다. 다음 세 가지 간단한 방법을 따르면 당신도 어느새 업계 정상에 설 수 있다.

**1. 매일 한 시간씩 공부하라.** 텔레비전과 라디오를 끄고, 신문을 치우고, 하루의 일과를 시작하기 전에 한 시간 동안 자신의 분야와 관련된 자료를 읽어라.

**2. 차 안에서 유익한 오디오 프로그램을 들어라.** 방금 들은 내용을 되짚어 보면서 그것을 일에 어떻게 적용할 수 있을지 생각해 본다.

**3. 자신의 분야와 관련된 강연과 세미나에 꾸준히 참여하라.** 망설이지 말고 적극적으로 찾아 나서라. 집에서 온라인 강의를 들어라. 기술을 향상시키고 더 큰 성공에 도움이 되는 중요한 아이디어를 제공해줄 수 있는 강의여야 한다.

복리 이자가 시간이 지날수록 불어나듯, 학습도 쌓일수록 효과가 커진다. 많이 배울수록 배우는 능력 자체가 향상된다. 배울수록 기억력과 정보 유지 능력도 향상된다. 배우면 배울수록, 서로 다른 시기에 배운 것 사이에서 더 많은 연관성을 발견하게 된다.

절대 멈추지 말고 배우고 성장하라.

## 숙련의 경지에 이르기까지

한 분야에서 숙련의 경지에 오르려면 얼마나 걸릴까? 전문가들에 따르면 '숙련도'를 갖추기까지 약 7년, 혹은 1만 시간의 노력이 필요하다. 뛰어난 영업 사원이 되는 데 7년이 걸리고, 성공적인 사업가가 되는 데도 7년이 걸린다. 뛰어난 자동차 정비사가 되는 데 7년이 걸리고, 훌륭한 뇌 외과의가 되는 데도 7년이 걸린다. 어떤 분야에서든 전문가가 되려면 7년, 혹은 1만 시간의 노력이 필요하다. 그렇다면 어차피 시간은 흐르니, 지금 바로 시작하는 편이 낫다.

숙련의 경지에 오르기 위한 출발점은 탁월함을 향한 결심이다. 나는 자신이 속한 분야에서 상위 20퍼센트에 들기로 결심한 사람이 결국 그 목표에 도달하지 못한 경우를 본 적이 없다. 그리고 그런 결심 없이 그 자리에 오른 사람도 보지 못했다. 먼저 결심하고, 그다음에 목표를 향해 꾸준하고 절제된 행동을 실천하는 것이 숙련의 핵심이다.

앞서 언급했듯, 제프 콜빈의 베스트셀러 《재능은 어떻게 단련되는가》에 따르면 대부분의 사람은 첫해에 업무를 익히고 나면 더 이상 발전하지 않는다. 그저 익숙함에 기대어 일할 뿐이다. 하지만 그런 식으로 나아갈 수 있는 길은 내리막밖에 없다.

많은 이들이 한 직장에서 수년간 일하면서도 평균 수준을 넘어서지 못한다. 아침 8시부터 오후 5시까지 주어진 업무만 할 뿐, 기술을 향상시키기 위해서는 손가락 하나 까딱하지 않는다. 회사가 따로 교육 비용을 부담하고, 교육받을 시간을 따로 주지 않는 한 말이다.

평범한 사람은 평범하게 일하고 그 결과 평범한 소득을 올리며 평생 돈 걱정에서 자유로워지지 못한다. 그러면서도 평범한 사람과 비범한 사람을 나누는 것은 종이 한 장이라는 사실을 깨닫지 못한다. "나아지지 않으면 뒤처지게 된다." 같은 자리에 오래 머무르는 사람은 없다.

## 하루 두 시간이면 정상에 오른다

하루에 두 시간만 자신에게 투자하면 평범한 수준에서 탁월함으로 올라설 수 있다. 매일 두 시간을 꾸준히 쌓아가면 평생 돈 걱정을 하는 삶에서 벗어나 자신이 속한 분야에서 가장 높은 수입을 올리는 사람이 될 수 있다.

사람들은 바로 이렇게 묻는다. "하루에 두 시간이 어디서 나온단 말인가?"

방법은 간단하다. 종이에 다음과 같은 간단한 계산을 해보라.

- 일주일의 총 시간을 계산한다: 7일에 하루 24시간을 곱하면 168시간이다.
- 여기에서 근무 시간 40시간과 수면 시간 56시간을 빼면 72시간이 남는다.

- 출퇴근과 준비 시간으로 하루 3시간(주 21시간)을 빼면, 원하는 대로 쓸 수 있는 여유 시간이 51시간 남는다.
- 하루에 두 시간, 즉 일주일에 14시간을 자신에게 투자하더라도 여전히 37시간이 남는다. 하루에 자유롭게 쓸 수 있는 시간이 평균 5시간이 넘는다는 뜻이다.

당신이 어떤 일을 하든, 평범한 성과에서 비범한 성과로 올라서는 데 필요한 것은 하루 두 시간을 투자하는 것뿐이다.

## 지속적으로 배우는 습관을 들여라

반가운 소식은 저녁이나 주말에 텔레비전을 보는 대신 자기 계발 서적을 읽고, 차 안에서 오디오 프로그램을 듣고, 강의를 수강하며 기술을 향상시키기 시작하면 곧 그것이 습관이 된다는 것이다. 조금만 지속하면 매일, 매주 배우고 성장하며 기술을 향상시키는 일이 지극히 자연스럽고 쉬워질 것이다.

성인의 하루 평균 텔레비전 시청 시간은 약 5시간이다. 어떤 사람들은 7~8시간이나 시청하기도 한다. 아침에 눈을 뜨자마자 텔레비전을 켜고 출근할 때까지 계속 본다. 퇴근하자마자 다시 텔레비전을 켜고, 밤 11시나 12시까지 보다가 늦게 잠자리에 든다. 숙

면을 취할 새도 없이 아침을 맞이하고, 커피를 마시며 또다시 출근 전까지 시간이 허락될 때까지 텔레비전을 본다.

텔레비전은 당신을 부유하게도, 가난하게도 만들 수 있다. 하루 종일 보면, 그것은 당신을 가난하게 만든다. 심리학자들의 연구에 따르면, 텔레비전 시청 시간이 길수록 에너지 수준과 자존감이 낮아지며, 자기 자신을 예전만큼 좋아하거나 존중하지 않게 된다. 또한 텔레비전을 지나치게 많이 보는 사람들은 오래 앉아 있는 생활 습관 때문에 체중이 늘고 건강도 나빠진다.

텔레비전은 당신을 부자로 만들어줄 수도 있다. 단, 꺼져 있어야만 그렇다. 텔레비전을 끄면, 지금보다 더 낫고 더 똑똑하고 유능한 사람이 되기 위해 투자할 시간이 생긴다. 가족과 함께 있을 때 텔레비전을 끄면 대화하고, 나누고, 소통하고, 웃는 시간이 훨씬 많아진다. 텔레비전을 장시간 꺼두면 텔레비전을 보는 습관이 깨지고 전혀 아쉬운 마음도 들지 않게 된다. 텔레비전은 훌륭한 하인이 될 수도, 형편없는 주인이 될 수도 있다. 선택은 당신에게 달려 있다.

# 소득을 1,000퍼센트 늘려라

앞으로 10년 동안 생산성과 업무 수행 능력, 결과물, 그리고 소득을 무려 1,000퍼센트 높일 수 있는 간단한 7단계 공식이 있다. 이 방법은 시도하기만 한다면 누구에게나 효과가 있다. 방법은 간단하다.

먼저 이 질문에 답해보자. "하루 근무 시간 동안 전체 생산성과 업무 수행 능력, 결과물을 0.1퍼센트(1/1000) 높일 수 있을까?" 아마 대답은 '그렇다'일 것이다. 시간을 조금 더 잘 관리하고, 더 가치 있는 일에 집중한다면 하루에 1/1000 정도 성과를 높이는 것은 그리 어렵지 않다.

첫째 날에 그렇게 했다면, 둘째 날에도 성과를 0.1퍼센트 더 높일 수 있을까? 물론 대답은 "그렇다"일 것이다.

월요일과 화요일에 성과를 각각 0.1퍼센트 높였다면 수요일, 목요일, 금요일에도 계속 그렇게 할 수 있을까? 역시 대답은 '그렇다'다.

하루에 0.1퍼센트씩, 주 5일을 더하면 주당 0.5퍼센트가 된다. 평범하고, 지적이며, 성실한 사람이 일주일 만에 생산성을 0.5퍼센트(즉, 200분의 1) 높일 수 있을까? 물론이다!

첫 주에 그렇게 했다면 둘째 주에도 같은 속도로 발전을 이어갈 수 있을까? 당연히 가능하다!

한 달 내내, 주 5일 동안 매일 0.1퍼센트씩 나아질 수 있을까? 그렇다면 주당 0.5퍼센트씩 네 번 누적되어, 한 달에 생산성이 2퍼센트 높아진다는 의미다.

1년은 네 주씩 묶어 계산했을 때 13개월(4 × 13 = 52주)로 나눌 수 있다. 한 달에 2퍼센트 더 나아졌다면, 둘째 달에도 같은 성과를 거둘 수 있을까? 셋째 달은? 넷째 달은? 그리고 그 이후에는?

물론 가능하다. 매일 조금씩 자신을 발전시키면, 즉 새로운 기술을 배우고, 핵심 업무 능력을 개선하고, 우선순위를 정하고, 더 가치 있는 활동에 집중하면 1년 동안 생산성을 무려 26퍼센트 끌어올릴 수 있다.

첫해에 이 목표를 달성했다면, 둘째 해에도, 그리고 셋째 해에도 성과를 이어갈 수 있을까? 10년 동안 계속할 수 있을까? 물론 가능하다. 더 반가운 소식은 자기 계발을 꾸준히 이어가면 시간이 지날수록 더 나아지는 일이 점점 더 쉬워진다는 것이다.

축적의 법칙, 혹은 점진적 향상의 법칙에 따라, 당신은 1년 후 26퍼센트 더 나아져 있을 것이다. 이 속도로 매년 26퍼센트씩 발전을 이어간다면, 복리 효과로 10년 후에는 생산성이 무려 1,004퍼센트나 향상된다. 소득도 같은 비율로 증가할 것이다. 이 공식은 실천하기만 하면 반드시 효과를 발휘한다.

# 정상에 오르는 7단계

1,000퍼센트 공식은 다음의 7단계로 실천할 수 있다.

**1단계: 출근 시간이나 고객과의 첫 약속 시간보다 두 시간 먼저 일어나라.** 우선 한 시간은 교육적이거나 동기 부여가 되거나, 정신적 성장을 돕는 책을 읽는다. 성직자 헨리 워드 비처Henry Ward Beecher가 말했듯이 "하루의 첫 한 시간이 하루 전체의 방향을 정한다."

아침에 일어나 첫 한 시간을 자신에게 투자하면, 하루가 달라진다. 당신은 더 긍정적이고, 창의적이며, 생산적인 하루를 보내게 된다.

하루에 한 시간씩 자신의 분야에 관한 책을 읽으면 대략 일주일에 한 권꼴로 읽을 수 있다. 일주일에 한 권이면 1년에 약 50권이다. 보통 성인은 1년에 논픽션 서적을 한 권도 채 읽지 않는다. 그렇다면 매년 자신의 직업 분야와 관련된 책을 50권 읽는다면? 당연히 일에 도움이 될 것이고, 남들보다 앞서 나갈 수 있지 않겠는가? 물론이다!

10년 동안 매년 50권씩 읽는다면, 그렇게 읽은 500권의 책이 당신의 생산성과 업무 수행 능력, 그리고 수입을 높이는 데 획기적인 도움을 줄 것이다. 그만큼의 책을 보관하려면 더 큰 집이 필요해질 것이고, 분명 그런 집을 살 만한 여유도 생길 것이다.

하루 한 시간씩 자신의 분야에 관한 책을 읽는다면, 3~5년 안에 그 분야에서 인정받는 전문가가 될 수 있다. 이것만으로도 경력 전반에 걸쳐 1,000퍼센트의 성장을 이룰 수 있다.

**2단계: 목표를 매일 다시 써라.** 노트를 하나 마련하라. 그리고 매일 아침 하루를 시작하기 전, 가장 중요한 목표를 현재형으로 다시 써라. 이때 전날 쓴 내용을 다시 보지 말고 새로 작성한다. 이렇게 목표를 쓰고 다시 쓰는 과정은 마음속 내비게이션에 목적지를 입력하는 것과 같다.

매일 아침 열 시 목표를 다시 쓰면, 하루 종일 그 목표를 이루기 위한 기회를 찾게 되고 실제로 눈에 더 잘 들어온다. 집중력이 커지고, 에너지가 한 방향으로 모이며, 방향성이 뚜렷해진다. 또한 더 분명한 목적의식과 굳은 결심으로 하루를 보내게 된다. 이렇게 하면 저 머릿속 어딘가에 떠다니는 소망으로만 남아 있을 때보다 훨씬 더 빠르게 목표를 달성할 수 있다.

매일 목표를 쓰고 다시 쓰는 단순한 습관만으로도 10년 동안 수입을 1,000퍼센트 늘릴 수 있다.

**3단계: 매일 사전에 계획하라.** 일을 시작하기 전에 할 일 목록을 만들고 우선순위를 정하라. 매 순간 자신이 할 수 있는 가장 중요한 일을 선택하는 능력은 삶을 체계적으로 정리하고 생산성을 두 배로 높이는 핵심 열쇠다(시간 관리 기법에 대해서는 12장에서 자세히 다룰 것이다).

가장 중요한 우선순위에 집중하면 10년 동안 수입을 1,000퍼센트 늘릴 수 있다. 이 습관 없이는 그 목표를 이루기가 거의 불가능하다.

**4단계: 한 가지에 전념하는 절제력을 발휘하라.** 매일 자신이 할 수 있는 가장 중요한 일을 선택하라. 그 일을 가장 먼저 시작하고 완전히 끝낼 때까지 계속하라. 한 가지에 집중하는 능력을 갈고닦아 습관으로 발전시키면, 그 습관 하나만으로 앞으로 한 달 안에 생산성과 업무 수행 능력, 결과물을 두 배로 높이고 10년 동안 1,000퍼센트의 성장을 이룰 수 있다.

**5단계: 운전할 때 유익한 오디오 프로그램을 들어라.** 사업가는 1년에 무려 500~1,000시간을 자동차에서 보낸다. 자동차를 '바퀴 달린 대학교' 또는 '이동식 교실'로 바꾸면 차를 타고 이동하는 동안에 대학 정규 1~2학기에 해당하는 교육 효과를 얻을 수 있다.

이동 중에 차 안에서 유익한 오디오 프로그램을 꾸준히 들었을 뿐인데, 무일푼에서 큰 부자가 된 사람이 많다. 당신도 가능하다. 이 습관 하나만으로도 1,000퍼센트의 성장을 달성할 수 있다.

**6단계: 통화나 어떤 일을 마친 뒤에는 두 가지 마법의 질문을 던져라.** 첫째, '내가 잘한 점은 무엇인가?' 둘째, '다시 한다면 무엇을 다르게 할 것인가?'

첫 번째 질문은 비록 결과가 만족스럽지 않더라도 방금 끝마친 업무 회의나 발표, 행사를 찬찬히 돌아보고 자신이 제대로 한 일을 떠올리게 한다. 잘한 일을 전부 기록하라.

두 번째 질문은 다음에 비슷한 상황이 주어졌을 때, 자신의 성과를 향상시킬 수 있는 방법을 찾도록 돕는다. 역시 떠오르는 아이디어를 전부 적는다.

이 두 가지 질문을 통해 자신이 잘한 부분과 다르게 했어야 할 부분을 돌아보며 성과를 점검하면, 다음번에는 더 뛰어난 성과를 내도록 자신을 준비시킬 수 있다. 이것은 내가 발견한 개인의 성장과 발전을 위한 가장 빠르고 효과적인 훈련법이다. 이 과정을 활용하면 상위 20퍼센트에 진입하는 속도가 놀라울 정도로 빨라진다.


**7단계: 만나는 모든 사람을 'VIP 고객'처럼 대하라.** 집에서든 직장에서든 마주치는 모든 사람을 세상에서 가장 중요한 존재처럼 대하라. 당신이 누군가를 진심으로 소중히 대하면, 그들도 같은 마음으로 당신을 존중하게 된다. 그들은 당신과 관계를 맺고 싶어 하고, 당신을 위해 일하고, 당신의 제품을 구매하고, 당신을 주변 사람들에게 소개하고 싶어 할 것이다.

사람들을 VIP 고객처럼 대하는 일은 가정에서, 가족에게서부터 시작해야 한다. 가족이야말로 당신 인생에서 가장 중요한 사람들이기 때문이다. 매일 아침, 가족에게 애정을 표현하고 그들이 중요한 존재임을 느끼게 해준다면, 당신은 더 긍정적이고 여유롭고 행복한 기분으로 하루를 보낼 수 있을 것이다.

특히 판매 활동과 비즈니스에서 성공의 85퍼센트는 사람들이 당신을 얼마나 좋아하고 존경하느냐에 달려 있다. 누군가를 존중하고 친절을 베풀 기회를 절대 놓치지 마라.

이 모든 단계를 한 달 동안 매일 실천하면, 당신의 삶과 일, 그리고 소득에서 자신도 놀랄 만큼의 변화와 발전이 나타날 것이다. 한 달 동안 꾸준히 실천하면 지속적인 자기 계발이라는 새로운 습관이 자리 잡고, 이 습관은 평생 당신을 앞으로 나아가고 성장하게 해줄 것이다.

## 최고가 되어라!

평생에 걸친 자기 계발과 탁월함을 향한 헌신에는 엄청난 노력과 절제, 그리고 의지가 필요하다. 가장 큰 보상은 새로운 것을 배우고 실천할 때마다 뇌에서 엔도르핀이 분비되어, 더 큰 행복을 느끼고 자신의 미래에 대해 더욱 큰 기대와 설렘을 품게 된다는 것이다.

새로운 것을 배우고 적용할 때마다 스스로 해낼 수 있다는 힘이 세진다. 자존감과 자기 존중, 자부심도 한층 커진다. 또한 삶에서 가장 중요한 소득 창출 능력을 스스로 확실히 통제하고 있다는 강한 확신을 갖게 된다.

다음 장에서는 용기의 중요성을 다룬다. 우리를 앞으로 나아가지 못하게 막는 두려움과 의심을 어떻게 극복할 수 있는지 이야기할 것이다. 우리는 무엇을 해야 하는지 알면서도, 새로운 시도에 따르는 위험을 감수할 용기가 부족해 행동을 미루고, 대신 변명만 늘어놓을 때가 많다.

1. 오늘부터 마치 당신의 미래가 전적으로 거기에 달린 것처럼 자신에게 투자하고 성장하겠다고 결심하라. 실제로 그렇기 때문이다.

2. 업무에서 성과의 질과 양을 좌우하는 가장 중요한 기술을 파악하고, 각 기술을 어떻게 향상시킬지 구체적인 계획을 세워라.

3. 만약 마법 지팡이를 휘둘러 단 한 가지 기술에서 완벽한 숙련의 경지에 이를 수 있다면, 당신의 소득 창출 능력에 가장 큰 영향을 미칠 기술은 무엇인가? 그 기술을 발전시키는 것을 목표로 삼고 계획을 세운 뒤, 매일 꾸준히 노력하라.

4. 업무에서 뛰어난 성과를 내는 것을 목표로 삼고, 자신이 몸담은 분야에서 상위 20퍼센트 안에 들기 위해 매일 무엇을 해야 하는지 구체적으로 정하라.

5. 앞으로 3~5년을 내다보고, 미래의 업계를 선도하는 데 필요한 새로운 지식과 기술이 무엇인지 파악하라. 그리고 오늘부터 그 지식과 기술을 습득하기 위한 노력을 시작하라.

6. 당신이 몸담은 분야에서 가장 존경하는 인물은 누구인가? 자기 계발의 여정에서 그 사람을 역할 모델로 삼아라.

7. 오늘부터 평생 배우겠다고 결심하고, 단 하루도 그냥 지나가지 말고, 매일 어떤 방식으로든 자신을 한 단계 성장시켜라.

# 자기 절제로
# 두려움을 넘어서다

"용기란 두려움이 없는 상태가 아니라,
두려움을 다스리고 극복하는 것이다."

— 마크 트웨인

인생에서 두려움을 불러일으키는 일에 용기 있게 맞서려면 강인한 자기 절제가 필요하다. 처칠도 이렇게 말했다. "용기는 모든 덕목 가운데 으뜸이다. 다른 모든 덕목이 그것에 달려 있기 때문이다."

사람은 누구나 두려움을 느끼며 두려움을 느끼는 대상도 다양하다. 이는 지극히 정상적이고 자연스러운 일이다. 두려움은 생명을 지키고 부상을 예방하며, 금전적 실수를 막는 역할을 하기도 한다.

누구나 두려움을 느낀다면 용감한 사람과 비겁한 사람의 차이는 무엇일까. 용감한 사람은 자기 절제로 두려움에 맞서 그것을 다스리고, 두려움 속에서도 행동한다. 반면 비겁한 사람은 두려움에 지배당해 휘둘린다.

이런 말이 있다. "영웅과 겁쟁이의 차이는, 영웅이 겁쟁이보다 5분 더 버틴다는 데 있다." 전쟁터의 교훈이지만, 어떤 상황에도 적용된다.

# 학습된 두려움은
# 없앨 수 있다

다행히 모든 두려움은 후천적으로 학습된 것이다. 태어날 때부터 두려움을 지닌 사람은 없다. 학습된 두려움은 사라질 때까지 자기 절제를 반복해 실천함으로써 극복할 수 있다.

가장 흔히 경험하는 두려움 가운데 성공에 대한 희망을 꺾는 것은 실패, 빈곤, 그리고 금전 손실에 대한 두려움이다. 이런 두려움은 위험이라면 무조건 피하게 만들고, 눈앞에 기회가 주어져도 거부하게 만든다. 실패에 대한 두려움이 지나치게 큰 나머지, 조금이라도 모험이 필요한 상황에서 몸이 굳어 아무것도 하지 못한다.

우리의 행복을 가로막는 두려움은 이것뿐만이 아니다. 우리는 사랑을 잃을까 두려워하고, 직업이나 경제적 안정을 잃을까 두려워한다. 창피를 당하거나 웃음거리가 될까 봐 두려워하고, 거절당하거나 어떤 형태로든 비판받을까 봐 두려워한다. 또 타인의 존경이나 존중을 잃을까 두려워하기도 한다. 이처럼 온갖 다양한 두려움은 평생 우리를 붙잡고 앞으로 나아가지 못하게 만든다.

# 두려움은
# 행동을 마비시킨다

두려운 상황에 부닥쳤을 때 가장 흔히 나타나는 반응은 "난 못해!"라는 태도다. 실패와 상실에 대한 두려움은 우리의 행동을 가로막는다. 두려움은 신체적으로도 나타나며, 그 감각은 명치 부근에서 시작된다. 심한 두려움이 몰려오면 입과 목이 바짝 마르고, 심장이 방망이질하듯 쿵쾅거린다. 숨이 가빠지고 속이 뒤틀리며, 당장이라도 자리에서 일어나 화장실로 달려가고 싶은 충동이 들기도 한다.

이 모든 것은 행동을 억누르는 부정적인 습관 패턴이 신체에 드러난 것으로, 우리가 가끔 경험하는 일이다. 두려움에 사로잡히면 우리는 마치 자동차 헤드라이트 불빛에 얼어붙은 사슴처럼 꼼짝 못 하게 된다. 두려움은 행동을 마비시키고, 사고를 멈추게 하며, '투쟁 또는 도피' 반응을 불러일으킨다. 이는 우리의 행복을 갉아먹고 평생 발목을 붙잡을 수 있는 위협적인 감정이다.

## 반대로 행동하라

아리스토텔레스는 용기를 비겁함과 무모함이라는 양극단 사이에 놓인 '중용'이라고 설명했다. 그는 '자신에게 부족한 자질을 기르고자 한다면, 그 자질이 요구되는 모든 상황에서 이미 그것을 지닌 것처럼 행동하라'고 가르쳤다. 현대적으로 표현하자면, '목표를 이룰 때까지 이미 이룬 사람처럼 행동하라'는 뜻이다.

스스로에게 긍정의 말을 되뇌고, 마음속에 그려보며, 원하는 자질을 이미 갖춘 사람처럼 행동함으로써 실제로 행동을 바꿀 수 있다. 어떤 이유에서든 두려움이 느껴질 때마다 '나는 할 수 있다!'라는 말을 힘주어 되풀이하면 '난 못해'라는 감정을 지워낼 수 있다.

확신을 담아 '나는 할 수 있다!'라고 반복할 때마다 두려움은 밀려나고 자신감은 커진다. 이렇게 긍정의 말을 거듭하다 보면 용기와 자신감이 차곡차곡 쌓여 마침내 두려움에 휘둘리지 않는 상태에 이르게 된다.

## 두려움 없는 모습을 그려라

두려움을 느끼는 영역에서 자신감 있고 능숙하게 행동하는 모습을 마음속에 그려보라. 이 이미지는 결국 잠재의식에 각인되어 실제 행동의 지침이 된다. 최고의 기량을 발휘하는 자신을 그린 긍정적인 심상을 계속 마음에 주입하면, 자기 이미지, 즉 자신에 대해 품은 생각과 마음속 이미지가 마침내 변화하게 된다.

'이미 된 것처럼 행동하기' 방법을 쓰면, 특정 상황에서 전혀 두렵지 않은 사람처럼 걷고, 말하고, 행동할 수 있다. 당당하게 서서 미소 짓고, 민첩하고 자신감 있게 움직여라. 모든 면에서 이미 원하는 용기를 지닌 사람처럼 행동하라.

가역성의 법칙에 따르면, "감정이 그와 일치하는 행동을 만들어내듯, 행동도 그와 일치하는 감정을 만들어낸다." 즉, 실제로 그 감정을 느끼지 않더라도, 그 감정과 일치하는 행동을 하면 가역성의 법칙이 작동해 행동에 맞는 감정을 불러온다.

이것은 성공 심리학에서 위대한 발견 중 하나다. 두려움이 완전히 사라질 때까지 자기 절제를 발휘해 두려운 일을 반복하면 원하는 용기를 기를 수 있다. 그렇게 하면 마침내 정말로 두려움이 사라진다.

## 두려움을 날려버려라

영업팀과 함께 일할 때마다 자주 받는 질문이 있다. 특히 경기가 좋지 않을 때, 부진에 빠진 영업 사원을 어떻게 도와야 하느냐는 것이다. 그럴 때 나는 100퍼센트 효과가 보장되는 간단한 공식을 알려준다. 바로 '100번 전화 전략'이다. 나는 영업 사원들에게 이 전략을 실행할 때는 성사 여부에 신경 쓰지 말고, 가능한 한 빨리 잠재 고객 100명을 찾아가 접촉하라고 조언한다.

판매 성사에 집착하지 않으면 거절에 대한 두려움이 눈에 띄게 줄어든다. 상대방이 흥미가 있든 없든 신경 쓰지 않게 되고, 오직 한 가지 목표만 남는다. 가능한 한 빨리 100번의 접촉을 완료하는 것이다.

내가 함께 일하는 한 영업팀은 매일 오전, 가장 먼저 10번 거절당한 영업 사원에게 상을 준다. 아침 8시 30분이 되면 모든 영업 사원이 책상에 앉아 전화를 걸기 시작하며, 그 상을 차지하기 위해 경쟁한다. 대개 오전 10시쯤이면 결과가 나오는데, 그 시점이면 모두 거절에 대한 두려움이 완전히 사라진 상태다. 이제 그늘은 어떤 반응이 오든 개의치 않고, 하루 종일 잠재 고객에게 전화를 걸 준비가 되어 있다.

## 즉석에서 말하는 법을 익혀라

1923년에 설립된 토스트마스터스Toastmasters International는 사람들 앞에서 바로 말하는 것을 두려워하는 이들에게 자신감과 말하기 능력을 길러주는 것을 목표로 한다.

《목록의 모든 것The Book of Lists》에 따르면 성인의 54퍼센트가 사람들 앞에서 말하는 것을 죽음보다 더 두려워한다고 한다. 토스트마스터스는 해결책을 내놓았다. 심리학자들이 '체계적 둔감화 systematic desensitization'라고 부르는 방법을 기반으로 한 체계를 고안한 것이다.

회원들은 주 1회 점심이나 저녁에 모인다. 모두가 정해진 주제로 짧은 연설을 해야 한다. 발표가 끝나면 다른 회원들로부터 박수와 긍정적인 피드백을 받는다. 발표 시간이 30초나 60초에 불과했더라도 모두의 연설에 대한 평가가 주어지는 것이다.

토스트마스터스 모임에 6개월 동안 참석하면 스물여섯 번이나 무대에 서서 다른 사람들 앞에서 말하게 되며 그때마다 박수와 긍정적인 피드백을 받는다. 이렇게 긍정적인 격려가 계속되면 자신감이 눈에 띄게 커진다. 수많은 회원들이 이 과정을 거쳐 사람들 앞에서 자신 있게 말할 수 있게 되었고 비즈니스나 조직, 지역사회에서 중요한 역할을 맡게 되었다. 그들은 말하기에 대한 두려움을 완전히 이겨냈다.

## 두 가지 두려움을 한꺼번에 없애라

심리학자들에 따르면, 어떤 두려움들은 잠재의식 속에서 마치 같은 회로에 연결된 전선처럼 서로 얽혀 있다. 그래서 한 영역에서 두려움을 극복하면, 같은 회로에 연결된 다른 두려움도 함께 사라진다.

영업 전화를 꺼리는 이유인 거절에 대한 두려움은 사람들 앞에서 말하는 두려움과 함께 묶여 있는 경우가 많다. 토스트마스터스에 가입하거나 데일 카네기 과정을 통해 자신 있게 말하는 능력을 키우면, 거절에 대한 두려움도 자연스레 사라진다. 그러면 다른 사람들과의 모든 상호작용에서 자신감이 크게 높아지고, 삶 전체가 긍정적으로 변한다.

## 두려움에 맞서라

두려움에 맞서고 그것을 다스리고, 두려움 속에서도 행동할 수 있는 능력이야말로 행복과 성공의 열쇠다. 이를 위한 가장 좋은 훈련은 삶에서 두려움을 불러일으키는 사람이나 상황을 찾아 즉시 맞서기로 결심하는 것이다. 더 이상 그것이 당신을 단 1분도 불행하게 만들도록 두지 말라. 그 상황이나 사람과 정면으로 마주하고, 두려움을 뒤로 하고 나아가겠다고 마음속으로 굳게 다짐하라.

내가 진행한 세미나에서 한 여성이 자신의 사연을 이야기했다. 그녀의 상사는 매우 부정적인 사람이었고, 그녀가 조직에서 손꼽히는 인재임에도 사사건건 비난하고 몰아세웠다. 그녀의 일상은 점점 더 비참해졌다. 그녀는 직장을 그만두고 싶지는 않았지만, 상사에게 맞서는 것이 두려웠다. 그래서 나에게 어떻게 해야 하느냐고 물었다.

나는 그녀에게, 그리고 이후 많은 사람에게도 같은 조언을 해주었다. 한 사람이 다른 사람을 괴롭히는 유일한 이유는 그렇게 해도 아무 문제가 없을 거라 생각하기 때문이다. 괴롭힘에 대처하는 방법은 정면으로 맞서는 것뿐이다. 괴롭히는 사람은 사실 속으로는 비겁한 존재이며, 상대가 단호하게 맞서면 꼬리를 내리게 마련이다.

나는 그녀에게 이렇게 말하라고 조언했다. 다음번에 상사가 어떤 이유로든 비난하면 단호한 목소리로 이렇게 말하라고. "다시는 그런 식으로 말씀하지 않으셨으면 합니다. 그런 말은 제 기분을 상하게 하고, 업무에도 지장을 줍니다."

그리고 그 말을 다 하고 나면 상사의 눈을 똑바로 바라보라고 했다. 그녀는 대단한 용기를 지닌 여성이었다. 더는 참지 않기로 결심한 그녀는 다음번에 상사가 심하게 나무라기 시작하자, 곧장 맞서서 그 말을 했다.

얼마 후 그녀는 무슨 일이 있었는지 편지로 전해왔다. 내가 예상한 대로 상사는 그대로 얼어붙었다. 곧바로 중얼거리듯 사과하고 서둘러 자기 사무실로 돌아갔다. 그리고 다시는 그녀를 비난하지 않았다. 그녀는 처음 그런 일이 벌어졌을 때 용기를 내어 정면으로 맞섰더라면, 몇 달 동안이나 부당한 대우를 견디지 않아도 되었을 것이라고 말했다.

엘리너 루스벨트Eleanor Roosevelt가 말했듯이 "당신의 동의 없이는 그 누구도 당신을 열등하게 만들 수 없다."

## 두려움을 향해 나아가라

두려움을 인식하고 절제를 통해 자신을 다잡아 그쪽으로 나아가면, 두려움은 점점 작아지고 다루기 쉬워진다. 두려움이 작아질수록 자신감은 커진다. 머지않아 두려움은 당신을 지배하는 힘을 잃게 된다.

반대로, 두려움을 불러일으키는 상황이나 사람을 피하면 그 두려움은 점점 더 커진다. 머지않아 두려움이 당신의 생각과 감정을 지배하며, 낮 동안 내내 온 정신을 붙잡아두고 밤에도 잠 못 이루게 할 것이다.

# 리더의 두 가지 용기

리더의 가장 두드러지는 자질은 비전이다. 리더는 조직을 어디로 이끌지 명확한 비전을 갖고 있으며, 자신의 삶에서도 미래 어느 시점에 어디에 있기를 바라는지도 선명하게 그린다.

그다음 자질은 용기다. 리더는 비전을 실현하기 위해서라면 무엇이든 실행할 용기를 지니고 있으며, 맨 앞에서 사람들을 이끌고 두려움을 무릅쓰고 앞으로 나아간다.

당신이 갖춰야 할 용기는 두 가지다.

첫째, 시작할 용기다. 행동으로 옮기고 믿음을 가지고 도약할 용기다. 성공이 보장되지 않고 단기적으로는 실패할 가능성이 높더라도 '전력'을 다해 뛰어들 용기가 필요하다. 대부분의 사람을 가로막는 가장 큰 장애물은 아무리 마음을 굳게 먹고 좋은 뜻을 품었더라도 첫걸음을 내디딜 용기가 없다는 점이다.

당신에게 필요한 두 번째 용기는 '담대한 인내'다. 이것은 전력을 다해 뛰어든 뒤, 아직 아무런 결과나 보상이 보이지 않는 상황에서도 버티며 계속 노력하고 싸우는 힘을 뜻한다. 많은 사람이 새로운 목표를 위해 행동에 나설 용기까지는 낼 수 있지만, 즉각적인 성과가 보이지 않으면 금세 의욕을 잃고 안전지대로 물러난다. 그들에게는 끝까지 밀어붙이는 힘이 없다.

# 정면으로 마주하라

두려움을 다루는 유일한 방법은 그것을 정면으로 마주하는 것이다. 현실을 부정하는 건 문제 해결이 아니라 회피일 뿐이다. 우리는 두려움에서 비롯된 문제를 부정하려는 경향이 있다. 그 두려움과 맞서는 것이 두렵기 때문이다. 하지만 그것은 심각한 스트레스와 불행, 그리고 심리적·신체적 질환을 불러온다.

두려움을 일으키는 상황이나 사람을 직접 마주할 각오를 하라. 셰익스피어도 "무기를 들고 고난의 바다와 맞서서 끝장을 보라"고 말했다.

두려움에는 걱정이라는 동반자가 있다. 두려움과 걱정은 쌍둥이처럼 늘 함께 다닌다. 마크 트웨인은 이렇게 적었다. "나는 살면서 많은 걱정을 했지만, 그중 대부분은 실제로 일어나지 않았다."

통계에 따르면 우리가 걱정하는 일의 99퍼센트는 실제로 일어나지 않는다고 한다. 그리고 실제로 일어나는 일의 대부분은 너무 순식간에 벌어져서 애초에 걱정할 시간조차 없었던 일들이다.

# 재난 보고서

무언가에 대한 걱정에 사로잡혀 있다면 그 상황에 대한 '재난 보고서'를 작성해보라. 이렇게 하면 두려움과 걱정이 거의 즉시 사라질 것이다. 걱정을 '무너뜨리는' 재난 보고서는 다음의 네 부분으로 이루어진다.

**첫째, 걱정스러운 상황을 명확히 정의하라.** 당신은 정확히 무엇을 걱정하는가? 대부분, 문제를 구체적으로 명확히 정의하기만 해도 그 상황을 해결할 방법이 즉시 눈앞에 드러난다.

**둘째, 걱정하는 일이 현실이 될 때 벌어질 수 있는 최악의 상황을 정확히 짚어라.** 직장을 잃게 될까? 관계가 깨질까? 돈을 잃게 될까? 벌어질 수 있는 최악의 일이 무엇인지 분명히 찾아라. 웬만한 경우라면, 설령 최악의 상황이 닥친다 해도 그것이 당신을 완전히 무너뜨리진 않을 것이다. 불편하거나 괴로운 상황이 닥칠 수는 있지만 결국에는 회복할 수 있다. 그 순간, 걱정에 모든 에너지를 쏟을 가치가 없다는 사실을 깨달을 것이다.

**셋째, 최악의 상황을 받아들이겠다고 결심하라.** 자신에게 이렇게 말하자. "그래, 그런 일이 일어난다 해도 나를 죽이진 못해. 어떻게든 살아갈 방법을 찾을 거야." 걱정에서 비롯된 스트레스는 대부분 부정, 즉 벌어질 수 있는 최악의 상황과 마주하려 하지 않는 데서 온다. 그러나 마음을 다잡고 최악의 상황을 받아들이기로 결심하면(설령 실제로 일어난다 해도) 걱정과 스트레스는 힘을 잃는다.

**넷째, 최악의 상황을 개선하기 위한 행동을 즉시 시작하라.** 최악의 상황이 현실로 일어나지 않도록 할 수 있는 모든 조치를 취하라. 곧바로 행동하라. 무언가를 하라. 계속 나아가라. 민첩하게 움직여라. 최악의 상황이 일어나지 않도록 바쁘게 움직이다 보면 걱정할 틈조차 없어질 것이다.

## 두려움의 진정한 해독제

결국 두려움이나 걱정을 근본적으로 없애는 방법은 목표를 향한 절제 있고 의도적인 행동뿐이다. 목표를 이루거나 문제를 해결하는 일에 몰두해, 두려움이나 그 어떤 걱정에도 빠져들 틈이 없을 만큼 바쁘게 움직여라.

용기를 위한 자기 절제를 실천함으로써 두려움을 불러일으키는 상황을 정면으로 마주하면 자존감과 자기 존중, 자부심이 커진다. 결국 어떤 상황에서도 두려움에 지배되지 않는 단계에 이르게 된다.

두려워도 믿음을 갖고 과감하게 나아갈 수 있는 용기를 길렀다면 이제는 끈기의 자기 절제를 길러야 한다. 다음 장에서 살펴보자.

**Exercise**

1. 지금 당신이 인생에서 가장 크게 느끼는 두려움 세 가지를 적어보라. 가장 두려운 것은 무엇인가?

2. 만약 완전한 성공이 보장된다면, 각각의 두려움에 대해 어떤 행동을 취하겠는가?

3. 늘 해보고 싶었지만 두려워서 시도하지 못했던 일은 무엇인가? 성공이 보장된다면 무엇을 다르게 하겠는가?

4. 일과 삶에서 실패나 상실에 대한 두려움을 가장 크게 느끼는 세 가지 영역은 무엇인가? 그 두려움에 맞서기 위해 지금 당장 시작할 수 있는 일은 무엇인가?

5. 삶에서 비난, 거절, 창피함에 대한 두려움이 가장 크게 느껴지는 세 가지 영역은 무엇인가? 이 두려움을 극복하기 위해 지금 당장 무엇을 할 수 있는가?

6. 실패할 수 없다는 전제 아래, 단 하나의 위대한 목표를 세운다면 그것은 무엇인가?

7. 은행 계좌에 2천만 달러가 있지만 앞으로 살날이 단 10년뿐이라면, 남은 시간을 어떻게 살아가겠는가?

# 7장

# 포기하지 않는 절제가
# 운명을 바꾼다

"서둘러 위대한 사람이 되려는 시도는 경계하라.
만 명 중 한 명이 성공할까 말까다. 성공률은 무서울 정도로 낮다."

— 벤저민 디즈레일리

끈기는 자기 절제가 행동으로 드러난 형태다. 수많은 좌절과 일시적인 실패 앞에서도 굴하지 않고 끝까지 포기하지 않는 힘, 그것이야말로 성공하는 데 필요한 능력이다.

나폴레온 힐은 "끈기는 인간에게 있어서 강철에 들어 있는 탄소와 같다"라고 말했다. 성공을 결정짓는 가장 큰 요인은 끈기이며, 반대로 실패를 부르는 가장 큰 요인은 끈기의 부족, 곧 지나치게 빠른 포기다.

자기 절제와 자존감은 긴밀하게 연결되어 있다. 해야 할 일을 해야 할 때, 하고 싶은 마음이 들지 않더라도 스스로 절제하며 해낼 때마다 자존감은 높아진다. 그렇기에 자존감과 끈기 사이에도 직접적인 연결고리가 존재한다. 포기하고 싶은 순간에도 끈기 있게 버티며 자신을 밀어붙일 때마다 자존감은 더 단단해진다.

모든 자기 절제의 실천은 또 다른 자기 절제를 강화한다. 끈기 역시 마찬가지여서, 한 번 끝까지 버티면 다음에는 더 강하게 버틸 수 있다. 스스로 절제하며 끝까지 버티는 과정을 반복할수록 자신을 더 존중하고 좋아하게 된다. 그만큼 강인해지고 자신감도 커진다. 마침내 당신은 절대 꺾이지 않는 사람이 된다.

# 끈기의 보상

끈기에는 그 자체로 보상이 따른다. 크든 작든 어떤 일을 끝까지 해내면 더 행복해지고 자신에 대한 만족감이 커진다.

기대치와 보수를 넘어 더 많은 일을 해낼 때 자존감은 더욱 높아진다. 스스로 강인하다는 확신이 생기고, 삶을 더 주도적으로 이끌어 간다는 감각이 자리 잡는다. 특히 직장에서 주어진 기대치를 훌쩍 뛰어넘어 노력하는 모습을 보여주면 누구에게나 인정받을 수 있다. 인생에서 승자와 패자를 가르는 가장 단순한 차이는 이것이다. 승자는 포기하지 않고, 포기하는 자는 승리하지 못한다.

끈기를 키우는 방법은 긍정적인 자기 암시다. 자신에게 이렇게 말하자. "나는 꺾이지 않는다!" 중요한 일을 시작하기에 앞서 "나는 절대 포기하지 않는다"라는 다짐을 마음속에 새겨 넣어라.

무언가 가치 있는 일을 이루기 전에는 반드시 '끈기의 시험'을 통과해야 한다. 이 시험은 아무런 예고 없이 불시에 찾아오는 '돌발 퀴즈'와 같다. 갑작스럽게 커다란 좌절이나 문제, 일시적인 실패, 심지어 심각한 재난에 직면하게 될 수 있다. 바로 그 순간 자신이 '시험대'에 올랐다는 사실을 알아차려야 한다. 자신의 진가를 발휘해야 하는 순간이다. 그 순간을 이겨내면, 당신은 자신과 세상 모두에게 자신의 강인함과 성공에 대한 확고한 의지를 증명하게 된다.

# 다시 일어서는 힘이
# 당신을 만든다

좌절이 닥쳤을 때 이에 효과적으로 '대응'하는 능력은, 당신이 성공할 준비가 얼마나 되어 있는지를 가늠하는 척도다. 큰 좌절이나 문제를 겪으면, 아마 잠깐 멍해질 것이다. 그 감정은 마치 명치를 주먹으로 강하게 맞은 듯한 느낌과 같다. 몇 초에서 몇 분 동안 제자리에 멈춰 서고, 그 순간 실의에 빠지거나 자신을 불쌍히 여길 수도 있다. '왜 하필 나야?'라는 생각이 들 것이다.

그러나 중요한 것은 얼마나 깊이 추락했느냐가 아니라, 얼마나 높이 다시 튀어 오르느냐다. 목표는 가능한 한 빨리 다시 일어서는 것이다. 예기치 못한 역경이 닥쳤을 때 다시 일어나는 회복탄력성은 장기적인 성공을 위해 필요하다. 전사의 신조를 기억하라. "잠시 피를 흘리며 쓰러지더라도 다시 일어나 싸울 것이다."

계획이 무너질 때 놀라거나 충격을 받거나 주저앉지 마라. 아무리 완벽한 계획이라도 무너질 수 있다. 실망과 좌절을 삶의 일부로 받아들여야 한다. 심호흡을 하고, 무너진 조각들을 추스른 뒤, 다시 전진하라.

# 낙관주의는
# 회복탄력성의 원천이다

성공과 끈기를 위해 필요한 가장 중요한 자질은 낙관주의다. 낙관주의는 결국 자신이라는 사람과 자신의 성공 가능성에 대한 무한한 확신이다.

낙관주의를 유지하려면, 일이 잘못되었을 때 생각을 통제하고 절제해야 한다. 자기 연민에 빠지지 말라. 기억하라, 당신은 피해자가 아니다. 당신은 성인이며, 자신의 삶을 책임지고 있다. 지금 당신이 하고 있는 일은 스스로 선택한 것이다. 좌절은 성공으로 가는 길에서 피할 수 없는 과정이며, 그저 길 위의 과속 방지턱에 불과하다.

다른 사람을 탓하거나 변명하지 말라. 불평하거나 남을 탓하면 자신을 작고 보잘것없는 사람으로 만드는 것이다. 설상가상으로 자기 안의 힘을 잃는다. 비판하거나 불평할 때마다 당신은 더 약해지고 상황에 효과적으로 대처할 능력도 사라진다. 대신 좌절을 마주할 때마다 "책임은 나에게 있다"라고 되뇌어라.

일어난 일에 대해 다른 사람에게 책임을 떠넘기려 하지 말고 자신이 책임져야 할 이유를 찾아라. 변명은 금물이다.

# 반응하지 말고
# 주도하라

무엇이 잘못되었는지와 누가 잘못했는지를 따지기보다, 지금 무엇을 할 수 있고 어떤 해결책이 있는지에 집중하겠다고 결심하라. 문제에 대한 책임 소재를 묻기보다, 문제를 해결하기 위해 지금 할 수 있는 행동을 생각하라.

낙관주의를 유지하려면, 모든 상황에서 좋은 점을 찾아야 한다. 좋은 것을 찾으려 하면, 반드시 좋은 것을 발견하게 된다. 게다가 우리의 의식은 한 번에 하나의 생각만 담을 수 있기에 좋은 점을 찾는 동안에는 자연스럽게 긍정적이고 낙관적인 상태가 되며, 다시 통제력을 되찾게 된다.

모든 문제와 어려움 속에서 값진 교훈을 찾아라. 당신이 마주하는 모든 좌절에는 미래의 성공을 위해 필요한 교훈이 담겨 있다. 성공한 사람과 실패한 사람의 차이는 아주 단순하다. 실패한 사람은 일이 잘못되면 자기 연민에 빠지지만 성공한 사람은 미래에 도움이 될 값진 교훈을 찾는다.

# 선물을 찾아라

노먼 빈센트 필Norman Vincent Peale은 이렇게 말했다. "하나님이 우리에게 주는 선물은 문제라는 포장지에 싸여 온다. 선물이 클수록 포장도 더 크다."

문제에 사로잡히지 말고 그 안에 숨겨진 선물을 찾아라. 놀랍게도 언제나 그 선물을 발견할 수 있다.

때로는 그 교훈 하나가 문제 자체의 대가보다 훨씬 더 큰 가치를 지닌다. 어떤 경우에는 문제를 해결하는 과정에서 얻은 교훈이 장기적인 성공의 열쇠가 되기도 한다. 나폴레온 힐은 이렇게 썼다. "모든 문제나 장애물 속에는 그것과 맞먹거나 더 큰 기회와 이익의 씨앗이 숨어 있다. 당신의 임무는 그 씨앗을 찾는 것이다."

역경 앞에서도 자신이 굳건하고 당당하며 결의에 찬 사람이라고 끊임없이 상상하라. 제1차 세계대전 당시, 한 영국 장군은 상관에게 이렇게 묘사되었다. "그는 얼어붙은 땅에 깊이 박힌 쇠못처럼 흔들림 없이 서 있다."

어떤 어려움이 닥치더라도 이렇게 굳건한 사람이 되어야 한다. 얼어붙은 땅에 박힌 쇠못처럼 흔들림 없이 서라.

# 미리 결심하라

절대 포기하지 않겠다고 미리 결심한다면, 당신의 성공은 사실상 보장된 것이나 다름없다. 결국 당신을 멈출 수 있는 것은 오직 당신 자신뿐이다.

인생에서 중요한 것은 몇 번이나 쓰러졌는지가 아니라, 몇 번 다시 일어서는가이다. 넘어져도 계속해서 다시 일어나 앞으로 나아간다면, 결국에는 틀림없이 목표를 이루게 된다.

역경 속에서도 자기 절제를 발휘해 끈기 있게 버틸 때마다 자존감과 자신감도 함께 커진다. 자존감이 높아질수록 당신은 더 굳건하고 당당하고 꺾이지 않는 사람이 된다. 자신에 대한 만족도 커져서 다음에도, 그다음에도 끈기 있게 버틸 수 있다.

역경 속에서도 끈기 있게 버티도록 자신을 단련하면, 자존감과 자기 절제, 그리고 끈기가 서로 맞물려 끊임없이 발전하고 성장하는 선순환에 들어선다. 그리고 마침내 당신은 어떤 시련에도 흔들리지 않는 존재가 된다. 끈기는 자기 절제가 행동으로 나타난 것이다.

이제 2부에서는 이 원칙을 실제 삶의 영역에 적용하는 방법을 구체적으로 살펴볼 것이다. 이를 통해 직장과 경력에서 더 큰 성공을 거두고, 앞으로 살아가는 동안 당신이 가진 잠재력을 온전히 발휘하게 될 것이다.

1. 목표를 이루기 위해 더 큰 끈기를 발휘해야 할 삶의 영역을 정하고, 즉시 행동에 옮겨라.

2. 끝까지 밀어붙이지 못해 이루지 못한 목표를 떠올려 보라. 오늘 당장 그 분야의 성공을 위해 할 수 있는 일은 무엇인가?

3. 포기하지 않고 끝까지 버틴 덕분에 해낼 수 있었던 중요한 목표를 떠올려 보라.

4. 이루었을 때 당신의 삶에 가장 큰 긍정적 변화를 불러올 수 있는 확고한 인생 목표를 정하라.

5. 그 목표를 분명하게 글로 적고, 달성하기 위한 구체적인 실행 계획을 세운 뒤, '실패는 선택지가 아니다'라고 다짐하라.

6. 오늘 결심하라. 어떤 일이 있어도 성공할 때까지 끈기 있게 버티겠다고. 왜냐하면 '나는 꺾이지 않는 사람이기 때문이다.'

7. 중요한 목표 하나를 세워라. 그 목표를 이루는 과정에서 수많은 어려움과 문제가 있더라도 절대 포기하지 않고, 끈기를 습관으로 만들겠다고 다짐하라.

자신이 속한 분야에서 상위 10퍼센트 안에 드는 데 필요한 자기 절제를 어떻게 기를 수 있는지 살펴본다. 또한 생산성과 업무 수행 능력, 결과와 성과를 높이는 방법을 익히고, 나아가 속한 조직과 업계에서 신뢰와 인정을 동시에 받는 사람이 되는 길을 배우게 될 것이다.

2부

# 일과 리더십, 재정의 절제

# 8장

# 가장 중요한 일에 집중하라

"리더는 타고나는 것이 아니라 만들어지는 것이다.
다른 모든 것과 마찬가지로, 노력을 통해 만들어진다.
리더가 되는 것뿐 아니라 세상의 어떤 목표든 달성하려면
반드시 노력이라는 대가를 치러야 한다."

– 빈스 롬바르디

아마도 자기 절제가 가장 큰 영향을 미치는 삶의 영역은 '일'일 것이다. 하지만 우리는 아침에 일을 시작하는 순간부터, 하루 종일 가장 중요한 일을 방해하는 사람들과 사건들에 둘러싸이게 된다. 그러나 빠르고 확실하게 성장하고 도약하는 길은 가장 중요한 과업을 끝까지 해내는 데 있다.

한 그룹의 고위 임원들에게 "당신의 회사에서 승진하기 위해 가장 필요한 자질은 무엇입니까?"라는 질문을 했다. 그들 가운데 85퍼센트가 가장 중요한 자질로 다음 두 가지를 꼽았다.

1. 우선순위를 정하고 핵심 업무에 집중하는 능력

2. 일을 빠르고 정확하게 마무리하는 자기 절제력

이 두 가지 자질은 성공적인 경력을 쌓는 데 어떤 것보다도 결정적인 역할을 한다. 성실하고 절제력 있으며 업무에 집중하는 사람은 경력 전반에 걸쳐 평균적인 사람보다 더 많은 성과를 올리고 더 높은 보수를 받으며, 더 빠르게 승진할 수 있다.

# 중요한 것과
# 중요하지 않은 것을 구분하라

앞에서 여러 번 언급한 파레토 법칙, 즉 80/20 원칙은 여기서도 똑같이 적용된다. 당신이 이루는 성과의 80퍼센트는 당신이 하는 일의 20퍼센트에서 나온다. 따라서 당신의 성과를 좌우하는 20퍼센트의 핵심 업무를 찾아내고, 그것을 빠르고 정확하게 해내는 데 온전히 집중해야 한다.

13장에서 시간 관리에 대해 자세히 다루겠지만, 여기서는 우선 효율적인 시간 관리의 반대 개념, 즉 비효율적인 시간 관리를 살펴보자. 컨설팅 기업 로버트 하프 인터내셔널Robert Half International의 조사에 따르면, 평균적으로 직장인은 업무와 무관한 활동에 전체 근무 시간의 약 50퍼센트를 낭비한다고 한다.

- 근무 시간의 37퍼센트는 동료와의 개인적인 잡담, 즉 업무와 전혀 관련 없는 대화에 쓰인다.
- 근무 시간의 나머지 13퍼센트는 지각이나 조퇴, 지나치게 긴 점심시간과 커피 타임, 인터넷 서핑, 신문 읽기, 개인적인 일 처리에 낭비된다.

더 심각한 점은, 시간을 허비하는 사람들이 마음을 가다듬고 일을 시작하더라도 중요도가 낮은 업무와 활동에 지나치게 많은

# BOOK21

경제경영-인문

21세기북스는 급변하는 시대의 흐름 속에서 독자의 요구를 먼저 읽어내는 예리한 시각으로 〈칭찬은 고래도 춤추게 한다〉, 〈설득의 심리학〉 등 밀리언셀러를 출간하며 경제 경영 자기계발 분야의 독보적인 브랜드로서 자리매김했습니다.

 21cbooks　　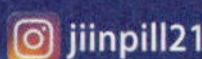 jiinpill21　　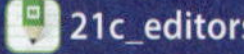 21c_editors

북이십일의 문학 브랜드 아르테는 세계와 호흡하며 세계의 우수한 작가들을 만납니다. 국내에 소개되지 않은 혹은 잊혀서는 안 되는 작품들에, 새로운 가치를 담아 재창조하여 '깊고 아름다운 책'을 만들고자 합니다.

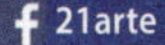 21arte　　 21_arte　　 staubin

## 원 페이지 인문학

### 하루 5분이면 충분한 실천 인문학

김익한 지음 ┃ 값 19,900원

하루 한 장의 생각으로 단단해지는 내일 '아는 것'이 아니라 '사는 것'을 제안하는 365일 실천 인문학 하루 한 페이지, 5분이면 충분한 성장의 시간!

## 김형석, 백 년의 유산

### 106세 철학자가 길어 올린 최후의 인간학

김형석 지음 ┃ 값 22,000원

"백 년의 사유가 담긴 우리 시대 마지막 유산"
기네스 공식 인증, 현존 인류 최고령 저자
김형석 교수가 전하는 '만년(萬年)의 교양'

## 법의학자 유성호의 유언 노트

### 후회 없는 삶을 위한 지침서

유성호 지음 ┃ 값 19,900원

"죽음을 떠올릴 때 삶은 더 선명해진다"
매주 죽음을 만나는 서울대 유성호 교수가 일 년에 한 번 '유언'을 쓰며 발견한 인생의 진정한 가치와 의미, 어떻게 살아가야 할 것인가에 관한 고민과 성찰!

Philos 038

## 신을 찾는 뇌

### 종교는 어떻게 진화했는가

로빈 던바 지음 ┃ 구형찬 옮김 ┃ 값 30,000원

'던바의 수' '사회적 뇌' 사회성 연구의 대가 로빈 던바,
종교에 대한 과학적 연구 20년의 결정판
다학제간연구로 종교의 기원과 진화 목적을 밝히다

그레이트 하모니 001, 002

## 아우구스투스, 알렉산드로스

### 리더를 위한 정치와 사상의 교양

에이드리언 골즈워디, 필립 프리먼 지음 ┃ 각권 55,000원, 39,800원

혼돈의 시대, 리더십의 본질을 되묻다
세상을 바꾼 두 제국의 리더

### 설득자

**부, 성공, 행복이 따르는 설득 비법**

정흥수 지음 | 값 22,000원

"듣게 하고, 믿게 하고, 움직이게 하라!"
인간관계부터 리더십·협상·사업까지,
사람의 마음을 움직이는 실전 설득법

### 80/20 법칙 · 80/20 법칙(행동편)

**적은 노력으로 크게 성취하는 불변의 진리**

리처드 코치 지음 | 각권 24,000원

"사소한 것에 매달리지 마라, 모든 것을 결정 짓는 20%에 몰두하라"
당신의 일상을 완전히 바꾸어 줄 간단한 효율의 과학
최소 노력으로 최대 성과를 내는 똑똑한 일상 설계법

### 직감의 힘

**촉은 거짓말을 하지 않는다**

로라 후앙 지음 | 값 19,900원

"성공한 리더들은 왜 직감을 단련하는가?"
조직행동학 권위자가 수천 명의 리더 인터뷰로 밝혀낸
무의식의 신호를 포착해 더 빠르고 좋은 결정을 내리는 법

### 관계가 술술 풀리는 감정 치트키

**흔들리는 연애·일·우정을 단단하게 리셋하는 감정관리술**

비치키 지음 | 값 16,900원

"감정 하나 바꿨을 뿐인데 인생이 편해졌다!"
감정의 혼란을 통찰로, 관계의 피로를 회복으로 바꾸는
누적 1억 뷰 심리 채널 비치키의 첫 감정 매뉴얼

### 기획의 감각

**국내 1세대 A&R 프로듀서 정병기가 써내려간 기획의 세계**

정병기(Jaden Jeong) 지음 | 값 18,900원

"남들이 미쳤다고 말할 때 기획은 완성된다!"
원더걸스에서 2PM, 러블리즈, 이달의 소녀, tripleS까지
K-POP 업계를 뒤바꾼 기획자의 시선, 그 혁신적 감각에 대하여

## 2026 한국경제 대전망

### 2026 ECONOMIC ISSUES & TRENDS

오철·이근 외 경제추격연구소 지음 | 값 24,000원

"경제전문가 35인이 진단한 2026 한국경제의 미래!"
기존 질서가 무너지고 새로운 판이 짜이는 신 춘추전국시대! 경제 대전환의 시기에 꼭 읽어야 할 대한민국 최고 경제전문가 35인의 미래 인사이트

## 정서적 연봉

### 월급쟁이에게 돈보다 중요한 것

신재용 지음 | 값 22,000원

"인재가 구글에 가는 건 못 막더라도
경쟁사에 뺏겨서는 안 되지 않겠는가?"
국내 최초, 조직문화에 값을 매기다.
일 잘하는 직원을 잡으려면 감정 급여를 챙겨라!

Philos 040

## 자유의 길

### 경제학은 어떻게 좋은 사회를 만들 수 있는가

조지프 스티글리츠 지음 | 이강국 옮김 | 값 34,000원

자칭 '자유의 수호자'들은 어떻게 자유를 억압해 왔는가?
오늘날 가장 오남용되는 문제적 개념, 노벨상 수상 경제학자의 눈으로 바라본 자유

## 대한민국, 넥스트 레벨 2

### 철학·정치·사회·경제·통섭 최고 전문가 17인의 국가 재설계 제안

코리아다이나미즘포럼 편저 | 값 28,000원

"분열의 시대에 다시 함께 사는 법을 묻다!"
한국 사회 대전환의 5대 실천 코드 새롭게 일어설 대한민국을 위한 전문가 17인의 제언

## 초연결 지구에서 무역하라

### 무역은 사라지고, 연결만 남는다

양송이·최건식 지음 | 값 17,000원

"이 시대 수출은 '보내는 것'이 아니라 '보이게 하는 것'!"
수출에 대한 고정관념에서 탈피하고 전통적 수출 방식에서 벗어나
디지털 생태계 속 새로운 무역의 길을 제시한다.

## 행복의 기원

### 인간의 행복은 어디서 오는가

서은국 지음 | 값 22,000원

인간은 행복하기 위해 사는 게 아니라, 살기 위해 행복을 느낀
뇌 속에 설계된 행복의 진실
진화생물학으로 추적하는 인간 행복의 기원

## 집단 망상

### 잘못된 믿음은 어떻게 만들어지는가

조 피에르 지음 | 값 24,000원

"잘못된 믿음은 어떻게 탄생하는가!"
과학 불신론, 허위 정보, 종교적 맹신에 대한 통렬한 심리
'인지적 겸손'과 공동체적 감각을 회복하는 심리학적 해

Philos 019

## 현대사상 입문

### 데리다, 들뢰즈, 푸코에서 메이야수, 하먼, 라뤼엘까

지바 마사야 지음 | 김상운 옮김 | 값 24,000원

인생의 '다양성'을 지키기 위한 현대사상의 진수
이해하기 쉽고, 삶에 적용할 수 있으며, 무엇보다
하는 궁극의 철학 입문서

## 착하고 섬세하고 독특하고 완벽주의
## 당신을 위한 문장들

### 심리학자의 아포리즘 큐레이션

황준선 지음 | 값 17,000원

"짧은 문장 안에 스며든 다정함과 이해의 흔
본, 시대를 건너 우리의 마음을 울리는 지식인

## 손으로 읽는 명상록

### 치열한 삶의 전선에서 새기는 의지의 문장

마르쿠스 아우렐리우스 원작, 박찬국 편역 | 값 24
서울대 박찬국 교수의 시선으로 읽고 쓰는
불완전하고 불안한 한 인간을 철학가로
가장 오래된 잠언을 필사로 삶에 옮기다

## 인재 전쟁

### 공대에 미친 중국, 의대에 미친 한국

KBS 다큐 인사이트 <인재전쟁> 제작팀 지음

"우리의 인재는 지금 어디를 향하고 있
미래 기술 패권을 향한 '인재전쟁'의 시
한국 사회에 던져진 거대한 물음, 그 치

## 마쓰시타 고노스케 컬렉션 (전

『길을 열다』, 『어떻게 살 것인가』, 『경영

마쓰시타 고노스케 지음 | 값 74,400원

"하버드는 왜 반세기 동안 마쓰시타 리더
손욱, 손정의, 이나모리 가즈오 등 국내외
'경영의 신' 마쓰시타 고노스케, 삶과 경영

## 필립 코틀러 마케팅 트랜스포메이

### 세계적 마케팅 구루가 직접 들여다본
### 마케팅X테크놀로지 메가트렌드

필립 코틀러·V.쿠마르 지음 | 값 28,800원

"당신의 마케팅은 여전히 아날로그인가?"
인간 중심 마케팅과 기술의 교차점에서 세
여다본 8가지 뉴에이지 기술과 마케팅 메가

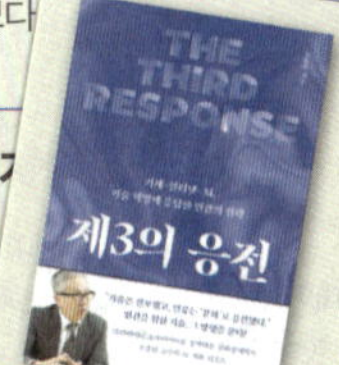

## 제3의 응전

### 기계·인터넷·AI, 기술 혁명에 응답한 인간의

모종린 지음 | 값 19,800원

"기술은 진보했고, 인류는 '문화'로 응전했다."
인간을 위한 기술, 그 방향을 묻다!
문화경제학자 모종린 교수의 AI 사회 리포트

서가명강 43

## 일터를 뒤흔드는 신인류의 등장

### 의미와 보상을 동력 삼아 성장하는 밀레니얼 리

이찬(서울대 경력개발센터장) 지음 | 값 18,900원

90년생, 그들이 리더가 되어 돌아왔다! 한국의
가 된 밀레니얼 리더들이 놓인 현실을 분석하고
는 실무자이자 리더로서 무엇에 주목해야 하는지

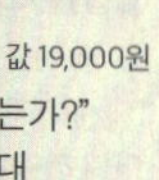

값 19,000원

는가?"

대

열한 응답의 기록

---

권, 양장)

명이란 무엇인가』

십에 주목했는가?"

기업인 강력 추천!

의 정수를 담다.

---

이션

계적 마케팅 석학 2인이 직접 들

트렌드!

---

전략

---

더

조직문화에서 중간관리자

미래를 앞서 나아가야 하

설명한다.

---

### 인플레이션의 습격

**급변하는 돈의 가치 속에서 부를 지켜라**

마크 블라이스·니콜로 프라카롤리 지음 | 값 22,000원

"월급은 그대로인데, 장바구니 물가는 왜 2배가 되었을까?"
관세 폭탄, 무역 전쟁, 지정학적 갈등… 기존의 해법이 통하지 않는
인플레이션 2.0 시대, 급변하는 돈의 가치 속에서 부를 지켜라!

---

### 진보를 위한 주식투자

**광수네 복덕방, 모두의 투자 이야기**

이광수 지음 | 값 22,000원

대한민국은 지금 '주식하는 국민'의 시대,
"여러분은 왜 아직 주주가 아닙니까?"
〈뉴스공장〉 '주식아가방' 투자전략 총정리! 정책·시장·철학을 꿰뚫는 이광
수의 주식투자 수업

---

### 일론 머스크

**일론 머스크가 공개적으로 언급한 유일한 공식 전기**

월터 아이작슨 지음 | 값 38,000원

"그가 상상하면 모두 현실이 된다!"
1%의 가능성에 모든 걸 걸며 인류의 미래를 바꾸는
이 시대 최고의 혁신가, 일론 머스크의 모든 것!

---

### 미국투자 메가 사이클

**불확실성을 뛰어넘는 트럼프 2.0시대 부의 시그널**

성상현 지음 | 값 24,000원

"미국발 경제 격변기, 승자의 투자 타이밍이 온다!"
주목받는 거시경제 전문가 성상현의 시대를 이기는 투자 인사이트
불확실성을 뛰어넘어 시대를 이기는 법을 알려주는 단 한 권의 책!

---

심플리어 3

### 삶의 무기가 되는 회계 입문

**숫자로 꿰뚫어 보는 일의 본질**

가네코 도모아키 지음 | 값 26,000원

"회계의 기본을 알면 일머리가 잡힌다"어려운 개념을 쉽게 풀어주는
시각 자료와 생생한 실제 기업 사례 그리고 구체적 에피소드를 담은
회계 기본기를 탄탄하게 다져주는 입문서

시간을 쏟는다는 것이다. 그 결과 성과는 거의 내지 못한 채 밀린 일을 따라잡아야 한다는 지속적인 압박감에 시달리게 된다.

직장에서 시간을 허비한다고 해서 일이 줄어드는 것은 아니다. 일은 눈사태처럼 쌓여만 간다. 마감일은 코앞으로 다가오고, 스트레스는 점점 커진다. 결국 억지로 자신을 몰아붙여 일을 하게 되지만, 이미 너무 늦었을 때 손을 대기 시작하며 그 과정에서 큰 손해를 감수하는 실수를 저지르기 쉽다.

## 좋은 평판을 쌓아라

당신을 도와줄 수 있는 사람들의 눈에 띄는 가장 효과적인 방법은, 근무 시간 내내 성실하고 절제된 태도로 일하는 사람이라는 평판을 쌓는 것이다.

평균적으로 직장인의 소득은 연간 약 3퍼센트 정도 오르는데, 이는 물가 상승률이나 생활비 상승률과 거의 비슷한 수준에 불과하다. 다시 말해, 당신이 보통 직장인이라면 해마다 더 많은 돈을 버는 것이 아니라 그저 오른 물가를 따라가기에 급급할 뿐이다. 그러나 대부분의 분야에서 상위 20퍼센트에 속하는 사람들은 연간 10~25퍼센트까지 소득이 증가하며, 상승분이 해마다 복리로 누적된다.

직장에서 상위 20퍼센트에 속하는 사람들이 전체 소득의 80퍼센트를 차지한다. 하위 80퍼센트의 직원들은 남은 20퍼센트를 나눠 가질 수밖에 없다. 그들은 생산성이 높은 사람들의 식탁에서 떨어지는 부스러기를 놓고 다투어야 한다.

## 소득을 두 배로 늘릴 수 있다!

세미나에서 앞으로 '소득을 두 배로 늘리는' 목표를 세워야 한다고 말하면, 사람들의 반응은 제각각이다. 쉬는 시간에 누군가 다가와 이렇게 말한다. "그건 선생님이 우리 회사를 몰라서 하시는 말씀입니다. 제가 다니는 회사에서 제 소득을 두 배로 늘릴 방법은 없습니다. 회사에서 절대 그만한 돈을 줄 리 없으니까요."

나는 웃으며 질문한다. "당신 회사에 당신보다 두 배를 버는 사람이 있습니까?"

그러면 상대방은 늘 이렇게 인정한다. "네, 있습니다."

그러면 나는 핵심을 짚어준다. "그러니까 당신의 회사는 '누군가에게는' 당신의 두 배를 기꺼이 지급하지만, 당신에게는 두 배를 지급하지 않는다는 거죠. 왜일까요?"

그제야 상대방은 깨닫는다. 문제가 회사의 지급 의지가 아니라, 자신이 그만한 보상을 받을 만큼의 가치를 아직 만들어내지 못했다는 사실을. 책임은 회사가 아니라 바로 자신에게 있다는 것을 말이다.

## 우선순위를 정하는
## 3의 법칙

내가 기업가, 임원, 그리고 자영업자들을 코칭할 때 자주 진행하는 훈련이 있다. 제대로만 하면 생산성, 업무 수행 능력, 결과물을 12개월 안에, 심지어 30일 만에도 끌어올릴 수 있다. 방법은 간단하다.

먼저, 일주일이나 한 달 동안 당신이 하는 모든 일을 목록으로 작성하라. 월요일 아침에 일을 시작하는 순간부터 한 주가 끝나기 전까지, 이메일 확인과 전화 회신처럼 사소한 업무부터 중요한 업무까지 크고 작은 일을 모두 빠짐없이 적어라.

그다음, 이 목록을 보면서 다음과 같은 중요한 질문을 던져라.

"만약 오늘 하루 종일 이 목록에서 단 한 가지만 할 수 있다면, 우리 회사에 가장 큰 가치를 더할 업무나 활동은 무엇인가?"

목록을 살펴보다 보면, 분명 답이 보일 것이다. 그 일에 동그라미를 쳐라.

그다음 두 번째 질문을 던져라.

"만약 오늘 하루 종일 이 목록에서 두 가지만 할 수 있다면, 회사에 두 번째로 가치 있는 업무나 활동은 무엇인가?"

목록을 다시 살펴보고 기여도 측면에서 두 번째로 중요한 업무를 찾는다.

마지막으로 한 번 더 질문하라.

"만약 오늘 하루 종일 이 목록에서 세 가지 일만 할 수 있다면, 세 번째는 무엇인가?"

이것이 바로 '3의 법칙'이다. 당신이 회사나 조직에 기여하는 가치의 90퍼센트 이상은 세 가지 핵심 업무에서 나온다. 당신이 해야 할 일은 이 세 가지 핵심 업무를 찾아 하루 종일 그것을 수행하는 절제력을 기르는 것이다. 나머지 일들은 지원·보조 업무이거나, 즐겁지만 부차적인 일, 혹은 무의미한 일에 불과하다. 아마도 당신은 지금까지, 업무와 경력에 큰 변화를 불러올 수 있는 크고 어렵고 중요한 일을 피하려는 무의식적인 이유로, 이런 사소한 일들을 습관처럼 해왔을 것이다.

## 시간당 가치를 계산하라

소득을 두 배로 늘리는 또 다른 방법은 '시간당 단가' 방식을 활용해 자신의 가치를 계산하고 시간을 배분하는 것이다. 먼저, 당신이 한 시간에 얼마를 버는지 계산하라. 연간 소득을 2,000으로 나누면 된다(여기서 2,000은 보통 우리 사회에서 기업가나 임원이 1년에 일하는 시간, 즉 주 40시간 × 연 50주를 나타낸다).

예를 들어, 연간 5만 달러를 번다면 이를 2,000으로 나누었을 때 시간당 단가는 25달러가 된다. 연간 10만 달러를 번다면 같은 방식으로 계산해 시간당 단가는 50달러가 된다.

앞으로는 오직 자신의 시간당 단가에 맞거나 그 이상을 벌게 해주는 일만 하겠다고 결심하라. 누군가 더 낮은 단가로 대신할 수 있다면 맡지 마라. 가치가 낮거나 전혀 없는 일에 시간을 낭비하며 중요한 업무가 밀리는 일은 절대 없도록 한다.

## 무엇이 가장 중요한 업무인지 합의하라

당신이 맡은 업무라고 생각되는 일을 전부 목록으로 작성한 후 자신의 시간당 단가를 정당화해줄 세 가지 가장 중요한 업무를 찾는다. 그 핵심 활동 목록을 상사에게 가져가라. 그리고 상사의 우선순위에 따라 당신의 업무를 재구성하라. 그래야 하는 이유는 핵심 업무가 무엇인지 확실히 알기 위해서다.

캠너-트리고 컨설팅 회사의 공동 창립자이자 《합리적 관리자

The Rational Manager》의 저자인 벤저민 트리고Benjamin Tregoe는 이렇게 말했다. "전혀 할 필요가 없는 일을 아주 잘하는 것이야말로 최악의 시간 낭비다."

하지만 실제로 상사에게 거의 또는 전혀 가치가 없는 일에 열심히 매달리는 사람이 놀라울 정도로 많다. 중요하지 않은 일을 아무리 잘해도 당신에게 도움이 되지 않는다. 설상가상으로 가치가 없는 업무에 매달리면 정작 해야 할 가장 중요한 일을 할 수 없게 된다. 엉뚱한 일을 열심히 하는 것은 경력을 망치는 지름길이다.

직장에서 가장 만족스러운 순간은 상사가 가장 중요하다고 여기는 업무에 매진할 때다. 반대로 가장 힘든 순간은 당신과 상사의 방향이 어긋나거나, 그의 경력에 결정적인 과업을 제대로 수행하지 못해 관계가 불편해질 때다.

당신의 목표는 더 많은 보수를 받고 더 빠르게 승진하는 것이다. 자신의 분야에서 인정받고 높은 수준의 대우를 받는 사람이 되는 것이다. 이 목표를 이루려면 먼저 자신을 가치 있는 인재로 만들고, 나아가 회사에 없어서는 안 될 존재로 자리매김해야 한다. 핵심은 하나다. 언제나 상사가 가장 중요하다고 여기는 업무를 완수하는 것이다.

# 일하는 시간에는 일만 하라

업무 효율을 두 배로 높이고, 궁극적으로는 소득까지 두 배로 늘리는 열쇠는 근무 시간 내내 일에 집중하는 것이다. 간단히 말해, 일할 때는 오직 일만 하라. 시간을 낭비하지 말고, 미루지 말고, 동료와 잡담하거나 커피를 마시며 빈둥거리지 마라. 신문을 읽거나 인터넷 서핑에 빠지는 것도 피하라. 아침에 출근하면 고개를 숙이고 하루 종일 일에 몰두하라.

직장에서 시간을 가장 많이 빼앗는 존재는 바로 다른 사람들이다. 그들은 잡담을 걸고 주의를 산만하게 하며, 일을 시언시키고 핵심 업무에 써야 할 시간을 빼앗는다. 누군가 다가와 "잠깐 이야기 좀 할까?"라고 묻는다면 이렇게 답하라. "지금은 안 됩니다. 점심시간이나 퇴근 후에 이야기하죠. 지금은 이 일을 끝내야 해서 집중해야 하거든요."

상사를 위해 마감이 촉박한 업무를 끝내야 한다고 말하면, 더 이상 방해하지 않고 물러날 것이다. 이렇게 대응하다 보면, 동료들은 차츰 당신을 방해하지 않는 습관을 들이고, 시간을 함께 낭비할 다른 대상을 찾게 될 것이다.

긍정적인 자기 대화를 통해 스스로 동기를 부여하고 집중을 유지하라. 이제부터 당신의 주문은 "다시 일하자! 다시 일하자! 다시 일하자!"가 되어야 한다.

중요한 일을 하다 속도가 느려질 때, 이 마법의 주문을 읊어보자. "다시 일하자!"

# 누가 가장 열심히 일하는가? 비밀 설문 조사

당신이 속한 조직의 모든 구성원을 대상으로 외부 업체가 설문 조사를 진행한다고 상상해보라. 모든 직원이 명단을 보고 누가 가장 열심히 일하는지, 그다음은 누군지 동료들의 근무 태도에 대한 순위를 매기는 것이다.

가장 열심히 일하는 사람부터 가장 게으른 사람까지의 순위가 매겨진 이 목록은 상사에게 전달되어 누가 더 많은 보수를 받고, 누가 더 빨리 승진할지를 결정하는 데 사용된다.

지금 이 설문 조사가 비밀리에 진행 중이라고 상상해보라. 사실 어떤 조직에서든, 누가 누구보다 더 열심히 일하는지 모두가 알고 있다. 누가 일을 덜 하고, 맡은 몫을 다하지 않는지도 모두가 안다. 이것은 비밀이 아니다.

오늘 결심하라. 만약 이 조사가 1년 뒤에 실시된다면 그 경쟁에서 반드시 '1등'을 차지하겠다고. 오늘 결심하라. 직장에서 가장 성실하게 일하는 사람이라는 평판을 얻겠다고. 이런 평판은 그 어떤 것보다도 당신에게 큰 도움이 될 것이다.

주변에 시간을 낭비하게 하는 사람과 상황이 가득한 가운데, 근무 시간 내내 일만 하는 것은 강력한 자기 절제가 필요하다. 방해와 중단 요소에 끊임없이 맞서 싸우며 다시 일로 돌아가야 한다.

## 성공 공식

대기업에 처음 입사했을 때, 나는 서열에서 가장 아래였다. 모든 직원이 나보다 오래 근무했고, 회사에서의 위치도 높았다. 서른을 갓 넘긴 나는 직장인들의 치열한 경쟁 속에서 어떻게 처신해야 하는지, 어떻게 해야 남보다 앞서나갈 수 있는지 전혀 알지 못했다.

그런데 어느 날, 우연히 나를 성공으로 이끈 공식을 발견하게 되었다. 방법은 간단했다. 상사가 업무를 지시하면 나는 즉시 그 일에 착수했다. 마치 던져진 막대를 쫓는 개처럼, 지시를 받자마자 곧장 그 일에 달려들어 끝마친 뒤, 완성된 결과물을 서둘러 상사에게 가져갔다.

처음에 상사는 미소를 지으며 "당장 필요한 건 아니었는데, 그래도 빨리 끝내줘서 고맙네"라고 말하곤 했다.

## 더 많은 일을 자청하라

업무를 모두 마치면 나는 곧장 상사에게 가서 이렇게 말했다. "업무를 다 끝냈습니다. 더 할 일을 주십시오. 더 많은 책임을 맡고 싶습니다." 이 말이 내 주문이 되었다. "더 많은 책임을 맡고 싶습니다."

수많은 프로젝트로 늘 바쁜 상사는 "알았네, 일단 가보게. 맡길 업무가 있는지 생각해보지"라고 말하곤 했다.

나는 마치 고장 난 레코드처럼 매일 하루가 끝날 때면 상사에게 가서 말했다. "업무를 다 마쳤습니다. 더 많은 책임을 맡고 싶습니다." 그러자 그는 조금씩 나에게 '일거리'를 던지기 시작했다. 내가 계속 바쁘게 움직이도록 작은 업무를 하나씩 맡겼다. 그 일이 무엇이든, 나는 곧바로 착수해 끝내고 결과를 가져왔다. 그리고 다시 말했다. "업무를 다 마쳤습니다. 더 많은 책임을 맡고 싶습니다."

6개월이 채 지나기 전에, 상사는 나를 언제든 '믿고 부탁할 수 있는' 사람으로 보기 시작했다. 그는 급하게 처리해야 할 일이 생기면 다른 모든 사람을 제치고 나에게 맡겼다. 어떤 일을 맡기더라도 내가 신속하게 처리할 것이라는 사실을 알고 있었기 때문이다.

## 시간이 핵심이다

한 번은 상사가 내게 리노로 가서 회사가 매입하려는 부동산 개발 프로젝트를 시작하라고 지시했다. 앞으로 2주 안에 아무 때나 가면 된다고 말했다. 그러나 나는 다음 날 아침 곧바로 출발했다. 도착하자마자 거래를 담당하던 변호사를 바로 만났고, 이어서 개발 업무를 맡은 엔지니어를 만나러 갔다. 그런데 이상한 느낌을 받았다. 무언가 심각한 문제가 있는 듯했다. 무엇이 문제인지 정확히 알 수는 없었지만, 사람들을 찾아다니며 질문을 던지고 정보를 수집했다.

하루가 다 지나가기 전, 그러니까 2백만 달러 규모의 계약이 체결되기 불과 몇 시간 전에, 나는 우리가 매입하려는 땅에 물이 전혀 없어 개발할 수 없다는 사실을 알아냈다. 복잡한 법률과 제한된 수리권(수자원 사용권) 때문에 그 부지는 앞으로 100년 안에는 개발이 전혀 불가능한, 사실상 가치 없는 땅이었다. 만약 그대로 매입을 진행했다면 2백만 달러를 날릴 뻔한 것이었다!

나는 즉시 거래를 중단시키고, 변호사에게 그의 신탁 계좌에 있던 25만 달러 계약금을 보증수표로 발급해 달라고 요구했다. 그리고 곧장 비행기를 타고 돌아와 상사에게 상황을 보고했다. 당연히 상사는 내가 한 일을 무척 만족스러워했다.

**큰 보상**

그날 이후 나는 점점 더 많은 책임을 맡게 되었다. 1년이 채 지나기 전에 회사의 세 개 부서를 운영하며 세 도시에서 42명의 직원을 관리하는 위치에 올랐다. 나중에 알게 된 사실이지만, 상사는 나에게 이전에 자신 밑에서 일했던 누구보다도 많은 급여를 지급했다. 전적으로 성과와 수익성을 기준으로 한 결정이었다.

누군가 진정으로 노력해 성공하려면 어떻게 해야 하느냐고 물을 때마다 나는 항상 같은 조언을 한다. 상사가 무슨 일을 맡기든 빠르고 잘 처리하라. 그러고 나서 더 많은 책임을 맡게 해 달라고 요청하라. 새로운 일을 맡게 되면, 그것 역시 신속하고 훌륭하게 처리해 일을 빠르게 처리하는 사람이라는 평판을 얻어라. 이런 평판은 다른 어떤 평판보다도 당신의 경력을 빠르게 성장시키는 데 큰 도움이 될 것이다.

## 대가를 치러라

성공하기 위해 지켜야 할 아주 간단한 3단계 공식이 있다. 더 일찍 출근하고, 더 열심히 일하며, 더 늦게 퇴근하라. 이렇게 하면 경쟁자들이 따라잡을 수 없을 만큼 앞서 나갈 수 있다.

첫째, 다른 사람들보다 한 시간 먼저 출근하라. 그 시간을 활용해 일과를 계획하고 정리하며, 가장 중요한 업무부터 시작하라. 상사가 출근하기 전에 항상 자리에 앉아 일해야 한다.

둘째, 더 열심히 일하라. 시간을 낭비하지 말고, 동료와 잡담하지 말라. 점심시간을 아껴서 핵심 업무와 주요 책임을 주도적으로 관리하고, 그 흐름을 이어가라.

셋째, 동료들보다 한 시간 늦게 퇴근하라. 그들이 다섯 시에 퇴근한다면, 당신은 여섯 시에 퇴근하라. 그 시간을 활용해 중요한 업무를 마무리하고, 다음 날을 차질 없이 시작할 수 있도록 준비하라.

이 세 가지를 실천하면 하루에 세 시간이나 더 효율적으로 일할 수 있게 된다. 모두가 방해받을 일이 없는 시간대이므로 평상시와 달리 업무의 흐름이 끊기지 않아 두세 배 더 많은 일을 해낼 수 있다.

이렇게 하루에 세 시간을 추가하기만 해도 생산성, 업무 수행 능력, 결과물을 두 배, 심지어 세 배까지 늘릴 수 있다. 게다가 대부분의 직장인이 출퇴근길에 겪는 교통 체증과 북적거림을 피할 수 있으니 일찍 출근하고 늦게 퇴근한다고 해서 잃는 것은 아무것도 없다.

# 40 플러스 공식

직장에서 더 빠르게 성공하려면 '40 플러스 공식'을 활용하라. 이 공식은, 매주 40시간보다 얼마나 더 많이 일하느냐가 5년 뒤 당신의 위치를 결정한다고 말한다.

다른 사람과 마찬가지로 주 40시간만 일한다면, 당신의 결과도 다른 사람과 똑같이 현상 유지 수준에 머무를 것이다. 연봉 인상률은 3~4퍼센트에 머물 것이며 '직장'은 있지만 소득 증가 속도는 다른 사람과 똑같을 것이다.

반대로 주 40시간을 넘어서는 순간부터 당신은 회사와 업계에서 대부분의 사람보다 앞서 나가게 된다. 자신이 받는 보수 이상의 일을 하는 것을 습관으로 만들어라. 받는 것보다 더 많이 기여하라. 주 40시간을 넘어 일하는 모든 시간은 미래의 성공을 위한 투자다.

미국에서 가장 높은 보수를 받는 사람들은 분야를 막론하고 주당 50~60시간을 일한다. 자수성가한 부자들은 평균적으로 주당 59시간을 일한다. 이는 하루 12시간씩 5일을 일하거나, 하루 10시간씩 6일을 일하는 것과 같다. 대부분의 성공한 사람들은 경력 초기에는 주 6일, 때로는 7일 동안 일했다. 게다가 그들은 근무 시간 동안 시간을 낭비하지 않고 일에만 몰두했다. 경력 초기에 부지런히 씨앗을 뿌려야만, 훗날 커다란 성과를 수확할 수 있다는 사실을 그들은 잘 알고 있었다.

## 성공을 위한 옷차림

마지막으로, 자신의 위치에 걸맞은 모습으로 보이는 것도 중요하다는 사실을 명심하라. '유유상종'이라는 말을 기억하라. 겉모습으로만 보더라도, 사람들은 자기와 비슷한 이미지를 가진 사람을 승진시키고 싶어 한다. 상사는 직원의 외모와 옷차림에 매우 민감하다. 상사는 자신의 친구나 동료에게 자랑스럽게 소개할 수 있는 사람을 승진시키고 싶어 한다. 그러므로 상사가 당신을 회사의 대표로 데리고 나가 다른 사람들에게 소개해도 자랑스러워할 만큼, 옷차림과 외모를 신경 써야 한다.

매일 아침 출근하기 전에 거울을 보며 스스로에게 물어보자. "나는 내 분야의 전문가처럼 보이는가?" 만약 그렇지 않다면 그렇게 보이도록 옷차림을 바꾸자.

성공을 끌어당기는 옷차림을 익혀라. 관련 책이나 기사를 읽고, 다른 사람에게 조언을 구하라. 업계에서 가장 성공한 사람들이 옷을 어떻게 입는지 살펴보고 참고하라. 현재보다 두 단계 높은 직급에 어울리는 옷차림을 하라. 첫인상의 95퍼센트는 옷차림과 외모로 결정된다는 사실을 기억하자. 첫인상뿐 아니라 두 번째,

세 번째 인상까지도 당신이 전달하고자 하는 메시지와 일치하도록 하라.

주어진 것보다 좀 더 많이, 좀 더 열심히 일하고 더 높은 가치의 업무에 집중하면 조직에서 가장 가치 있는 인재가 될 수 있다. 많은 직장인이 이 사실을 깨닫지 못한 채 살아간다. 자기 절제를 통해 회사에 대한 기여 가치를 꾸준히 높이면, 당신의 경력은 빠르게 성장 궤도에 오르고 성공적인 미래가 거의 확실하게 보장된다.

다음 장에서는 당신의 업무 태도가 어떻게 자연스럽게 리더의 위치로 이끄는지, 그리고 리더로서의 잠재력을 완전히 발휘하기 위해 자기 절제가 얼마나 필수적인지 살펴볼 것이다.

1. 오늘부터 회사와 업계에서 상위 20퍼센트 안에 들겠다고 결심하라. 그러기 위해 무엇을, 혹은 어떻게 다르게 해야 할지를 정하라.

2. 현재 직장에서 맡은 모든 업무를 목록으로 작성하고, 그중에서 회사와 일에 가장 큰 가치를 더하는 세 가지를 골라라.

3. 새로운 근무 일정을 세워라. 더 일찍 출근하고, 더 집중해서 일하며, 더 늦게까지 일하는 습관이 완전히 자리 잡을 때까지 실천하라.

4. 지금 맡은 업무 가운데 반드시 달성해야 하는 가장 중요한 성과를 찾고, 하루 종일 그 성과를 내는 데 집중하라.

5. 회사에서 가장 단정하고 세련된 이미지를 지닌 사람을 찾아 외모와 자기 이미지 관리의 역할 모델로 삼아라.

6. 오늘 결심하라. 근무 시간에는 오직 일에만 몰두해, 회사에서 가장 성실하게 일하는 사람이라는 평판을 얻겠다고.

7. 긴박감을 가져라. 일이나 기회를 부여받으면 지체하지 말고 신속히 움직여라. 그것이 당신의 인생을 바꿀 수 있다.

# 9장

# 리더는 먼저
# 자신을 다스린다

"군대에서 가장 해로운 것은 절제를 소홀히 하는 것이다.
군대의 우위를 결정짓는 것은 병력의 수가 아니라 바로 절제이기 때문이다."

— 조지 워싱턴

리더십과 자기 절제는 언제나 함께한다. 자기 절제, 의지력, 자기 통제, 자기 통달이 없는 유능한 리더는 상상할 수 없다. 리더의 가장 중요한 특징은 자신과 모든 상황을 완전히 통제할 수 있다는 점이다. 역사적으로 오늘날만큼 리더의 필요성이 절박하고 수요가 높을 때는 드물었다. 사회 전반, 기업과 비영리 조직을 막론하고 모든 영역에서, 가정과 기업, 종교 기관, 지역 사회단체, 그리고 무엇보다도 정치에서 리더가 필요하다. 우리는 책임을 진지하게 받아들이고 기꺼이 앞장서서 상황을 통솔할 수 있는 사람을 필요로 한다.

다행히 리더십은 학습할 수 있다. 리더는 절제를 통해 자신을 단련함으로써 노력과 경험, 훈련을 통해 차츰차츰 길러진다. 피터 드러커가 말했듯이, "타고난 리더도 있을 수는 있지만 그 수가 워낙 적어 전체적인 흐름에는 아무런 영향을 주지 못한다."

# 성장의 네 단계

경력을 쌓는 과정에서 누구나 네 가지 활동과 성취 단계를 거쳐 발전한다. 첫째, 제한된 지식과 경험을 가진 신입 직원으로 출발한다. 둘째, 성장하고 배우며 성과를 내면, 위로 올라가 다른 사람들의 성과와 결과에 책임을 지는 감독자가 된다.

셋째, 관리 단계에서 점차 위로 올라가면, 직원들의 일을 직접 감독하는 수준을 넘어선다. 다른 사람들을 통해 성과를 내는 능력이 요구되며, 특정 분야에서 역량이 입증된 이들에게 일을 맡기는 관리자가 된다. 이 단계에서 시야는 더 넓어지고, 책임은 훨씬 더 커진다.

넷째, 여기서 더 성장해 지식과 역량을 넓히고, 더 많은 사람과 다양한 방식으로 더 크고 나은 성과를 이끌어내면 마침내 최고 단계인 리더의 자리에 오른다. 이 단계에서는 어떻게 할 것인가가 아니라 무엇을 할 것인가를 결정하는 책임을 맡는다.

"리더는 만들어지기도 하고, 태어나기도 하며, 혹은 리더십이 요구되는 상황에서 떠밀려 맡게 되기도 한다"라는 말이 있다. 리더는 리더십이 필요할 때 자연스럽게 앞으로 나서거나, 누군가에 의해 발탁된다. 단순히 말하면, 리더의 역할은 '결과에 대한 책임을 지는 것'이다.

사람들이 점점 더 높은 리더십 단계로 승진하는 가장 큰 이유는 각 단계에서 요구되는 성과를 내는 능력을 증명했기 때문이다. 따라서 리더라면 끊임없이 '나에게 기대되는 성과는 무엇인가?'를 물어야 한다. 이 질문에 대한 답을 분명히 아는 것이 무엇보다 중요하다.

반대로 더 높은 리더십 단계로 승진하지 못하거나, 심지어 해고되는 가장 큰 이유는 바로 '실행의 실패'다. 자신에게 기대되는 가장 중요한 일을 해내지 못하고, 요구되는 성과를 보여주지 못하기 때문이다.

## 리더는 비전이 있다

리더십 전문가 제임스 맥퍼슨James MacPherson이 리더들을 대상으로 한 3,300건의 연구에 따르면, 리더십의 첫 번째 자질은 비전이다. 리더는 비전이 있다. 미래를 내다보고 자신이 이끄는 조직이 나아가야 할 방향에 대해 선명한 그림을 그릴 줄 안다. 또한 이 비전을 다른 사람들과 나누고 그들에게서 비전을 현실로 이루는 데 필요한 헌신을 끌어낸다.

리더는 성과에 대한 책임을 받아들일 때 비로소 리더가 된다. 리더처럼 사고하고, 행동하며, 말하기 시작할 때 리더가 된다. 자신과 자신의 회사, 자신의 삶, 혹은 자신의 책임 영역에 대한 비전을 세울 때 리더가 된다.

리더십에 관한 수많은 책이 있지만, 그 모든 내용을 단 하나의 원칙으로 요약할 수 있다. 군대의 지도자는 절대 흔들리지 않는 승리의 비전을 품고 있다. 비즈니스 리더는 뛰어난 성과를 바탕으로 기업을 성공시키려는 비전을 세우고 그 비전에 전적으로 헌신한다.

## 리더는
## 기준을 세우는 사람이다

리더는 조직의 기준을 세운다. 조직 안에서 리더보다 더 선명한 비전을 그리거나 리더보다 더 높은 수준의 탁월함을 추구하는 사람은 없다. 이러한 이유로 리더는 조직의 역할 모델이 되며, 모든 구성원의 분위기와 사기를 형성하는 사람이다. 리더의 성격과 영향력은 회사와 조직, 부서 내 모든 이들에게 스며든다.

기업에서 사기를 끌어올리는 일은 아래에서 시작할 수 없다. 사기는 위에서 아래로, 즉 리더로부터 조직 전체에 스며든다. 리더의 행동은 다른 모든 사람의 행동에 영향을 미친다. 리더가 긍정적이고 자신감 있고 활력이 넘친다면, 조직의 모든 구성원은 그 영향을 받아 더 긍정적이고 자신감 있고 활기찬 태도를 가지게 된다.

## 말과 행동을 일치시켜라

리더가 되었다면 자신을 절제하여 '리더답게' 행동해야 한다. 말과 행동, 태도 모두가 리더의 품격을 드러내야 한다. 맡은 책임도 다르고 전혀 다른 사람이 되는 것이다.

승진 전에는 당신이 '팀의 일원'이었다면, 승진 후에는 경영진의 일부가 된다. 직원일 때는 관심의 방향이 위(상사)와 옆(동료)을 향하지만, 리더가 되면 그 방향이 아래로 향해 자신이 책임지는 모든 사람에게 맞추어진다는 뜻이다.

리더의 가장 중요한 행동은 자신을 절제하여 역할 모델이 되는 것이다. 조직의 모든 사람이 당신을 지켜보고 있으며, 당신을 본보기로 삼아 말과 행동을 따라 한다고 상상해야 한다.

리더가 된 이후에는 '마음 내키는 대로' 행동할 여유가 없다. 당신은 특별한 책임을 진다. 자신의 말과 행동을 절제하고 통제하여 조직과 구성원들을 위한 가장 바람직한 결과를 이끌어내야 하는 책임이다.

## 기준, 가치, 원칙을 세워라

리더는 조직의 행동, 업무의 질, 자기 관리, 시간 관리, 그리고 외적인 모습까지 모든 것의 기준을 세운다. 탁월한 조직일수록 모든 구성원이 리더를 존경하고 본받고자 한다.

대부분의 리더는 조직에서 가장 열심히 일하고 그 누구보다 커다란 헌신과 용기, 비전, 결단력, 끈기를 지닌다. 리더는 모두가 본받고 싶어 하는 태도와 분위기를 풍긴다.

또한 리더는 조직의 구성원들이 어떻게 대우받아야 하는지에 대한 기준을 세운다. 리더가 사람들을 예의와 배려, 관심으로 대하면, 이는 곧 모두가 따라야 할 기준으로 자리 잡는다.

리더는 조직에 대한 명확한 비전을 세울 뿐 아니라 행동과 의사결정을 이끄는 가치와 원칙도 세워야 한다. 리더와 조직의 가치와 신념을 조직 구성원 모두가 알아야 한다. 따라서 리더의 임무는 언제나 높은 윤리적 기준 안에서 뛰어난 성과의 비전을 분명히 제시하는 것이다. 리더는 자신이 가르치는 가치와 행동을 직접 실천하는 모습을 보여야 한다.

리더에게 가장 중요한 기준은 황금률이다. "남에게 대접받고자 하는 그대로 남을 대접하라."

예를 들어, 제너럴 일렉트릭의 사장이었던 잭 웰치Jack Welch는 관리자들에게 이렇게 조언했다. 현재 자신 밑에서 일하는 직원이 언젠가 승진하여 오히려 자신 위의 상사가 될 수도 있다고 생각하고 대하라는 것이었다. 이런 사고방식은 관리자가 부하 직원들을 존중과 예의를 가지고 대하도록 만들었다.

# 리더십의
# 일곱 가지 원칙

유능한 리더가 되기 위해 리더십 행동과 활동에 반드시 포함해야 할 일곱 가지 원칙은 다음과 같다.

**1. 명확성:** 이것이 리더의 가장 중요한 책임이다. 당신은 자신이 누구이며, 어떤 가치와 신념을 지녔는지 명확히 알아야 한다. 자신의 비전이 무엇이고, 사람들을 어디로 이끌고자 하는지도 분명히 해야 한다. 조직의 목표와 목적이 무엇이며, 그것을 어떻게 달성할 것인지 역시 마찬가지다.

특히 조직의 가치와 사명, 존재 이유가 무엇인지 분명히 해야 한다. 그래야 주변 사람들과 부하 직원들이 자신들이 왜 그 일을 하는지, 그리고 자신이 속한 회사가 무엇을 이루기 위해 존재하는지를 정확히 이해할 수 있다.

**2. 역량:** 리더는 조직 전체는 물론 회사의 모든 구성원과 각 부문에 대해 탁월한 성과의 기준을 세워야 한다. 당신의 목표는 회사를 가장 강력한 경쟁자와 맞먹거나 그보다 더 뛰어난 수준으로 이끄는 것이어야 한다. 당신은 고객에게 제공하는 제품과 서비스의 품질을 끊임없이 개선할 방법을 찾아야 한다.

**3. 헌신:** 리더는 조직의 성공에 절대적으로 헌신하며, 자신이 속한 조직이 업계에서 가장 뛰어나거나 앞으로 반드시 그렇게 될 것이라고 굳게 믿는다. 조직, 그리고 조직의 성공과 성취에 대한 열정적인 헌신은 구성원들이 최선을 다해 일하게 하고, 자신이 맡은 일에 온 마음을 쏟도록 동기를 부여하며 영감을 준다.

**4. 제약 요인:** 리더의 역할 중 하나는 조직이 매출과 수익성을 달성하는 속도를 제한하는 걸림돌을 찾아내는 것이다. 그다음에는 사람과 자원을 적절히 배치해 제약을 완화하고 장애물을 제거함으로써 회사를 업계 최고 수준으로 이끌어야 한다.

**5. 창의성:** 리더는 어떤 형태이든, 어디에서 나오든 새로운 아이디어에 항상 열려 있어야 한다. 또한 리더는 구성원들이 좋은 제품과 서비스를 더 빠르고, 더 좋고, 더 저렴하며, 더 쉽게 생산하고 고객을 더 잘 지원할 방법을 끊임없이 찾도록 격려한다.

**6. 지속적 학습:** 리더는 경영자로서 끊임없이 읽고 듣고 자신의 지식과 기술을 발전시키는 일에 헌신해야 한다. 또한 리더는 세미나와 강좌에 꾸준히 참여해 자신의 기술과 역량을 넓혀가야 한다.

동시에 리더는 조직의 모든 구성원이 학습과 성장을 일상적인 업무의 일부분으로 받아들이도록 격려한다. 리더는 교육과 개발을 위한 시간과 자원을 제공한다. 리더는 최고의 기업이란 곧 가장 잘 훈련된 인재를 보유한 기업임을 잘 알고 있다. 기업의 수준이 한 단계 낮아질수록 직원들의 훈련 수준도 그만큼 떨어진다. 가장 뒤처진 기업은 결국 제대로 훈련받지 못한 인재들만 보유하고 있으며, 이런 기업은 결국 시장에서 퇴출당할 수밖에 없다.

**7. 일관성:** 리더는 어떤 상황에서도 한결같고 믿을 수 있으며, 침착하고 예측할 수 있는 모습을 보여주는 자기 절제를 지녀야 한다. 리더가 언제나 한결같고 믿을 수 있는 사람이라는 사실은 직원들에게 큰 위안이 된다. 유능한 리더는 날마다 태도가 달라지지 않는다. 돌발 상황이나 위기, 문제에 따라 흔들리는 '갈대 같은' 사람이 아니다. 오히려 리더는 심한 압박 속에서도 침착하고 긍정적이며, 자신감 있는 모습을 보여준다.

## 피할 수 없는 위기

리더의 삶에는 위기가 찾아오기 마련이다. 이 사실만큼은 절대로 피할 수 없다. 리더의 자리에 오르면 예측할 수 없고, 불시에 닥치며, 조직에 심각한 손해를 끼칠 수도 있는 위기를 반복적으로 겪게 된다.

위기 속에서 리더는 자신의 역량을 증명한다. 위기의 순간에 리더는 침착하고, 냉정하고, 객관적이며 상황을 완전히 통제한다. 질문을 던지고 정보를 수집하며, 상황을 정확히 평가한 뒤 피해를 최소화하고 손실을 줄이는 결정을 내린다.

위대한 리더는 자기 절제를 통해 두려움과 불안을 드러내지 않는다. 우려를 드러내면 직원들이 혼란에 빠지고 사기가 떨어질 수 있다는 사실을 잘 알기 때문이다. 대신 리더는 많은 질문을 던지고 상황을 깊이 파고들어 철저하게 이해하려 하며, 개인적인 감정을 밖으로 드러내지 않는다.

조직 구성원의 눈에 비친 리더는 언제나 침착하고, 긍정적이며, 여유롭고, 상황을 완전히 통제하는 사람이다.

## 자기 통제와 리더십

자신과 자신의 행동을 절제할 수 있는 능력은 당신이 리더가 될 준비가 되었는지 가장 명확하게 보여준다. 당신이 자신을 다스릴 수 있다는 것을 증명할 때, 사람들은 안심하고 당신을 리더의 자리에 세우고, 그 자리를 계속 맡길 수 있다고 믿는다.

리더는 자신이 누군가에게 직접 건네는 말이든, 그 사람에 관해 제삼자에게 언급한 말이든 모두 크게 확대되어 전달된다는 사실을 잘 알고 있다. 그래서 리더는 당사자가 옆에 있을 때뿐 아니라 옆에 없을 때도 칭찬하고 격려한다. 오해를 불러일으키거나 의욕을 꺾거나 불쾌하게 만들 수 있는 부정적인 말을 하지 않는다. 누군가와 문제가 있을 때는 절대로 공개적으로 드러내지 않고 조용히 따로 불러 해결한다.

## 리더의 자질

리더는 계획하고, 준비하며, 조직하고, 모든 세부 사항을 점검한다. 그들은 어떤 것도 당연하게 여기지 않는다. 상황이나 문제, 어려움을 완전히 이해했는지 자신에게 끊임없이 질문하여 확인한다.

탁월한 리더는 자신이 회사 전체를 책임지는 주인이라는 마음가짐으로 행동한다. 그들은 자신의 책임을 무겁게 받아들인다. 리더는 문제에 대해 절대 불평하거나 변명하지 않으며, 다른 사람을 탓하지 않는다.

리더는 행동 지향적이다. 신중하게 정보를 수집하고 필요한 결정을 내린다. 또한 기준과 척도를 세우고, 다른 사람들이 그것을 지키도록 한다. 업무가 신속하고 철저하게 처리되도록 단호하게 요구한다.

# 리더는 정상에 오른다

리더의 자질을 갖추면 저절로 빛을 발하고 조직의 정상으로 올라선다. 성과에 대해 전적인 책임을 지고, 가장 중요한 업무에 집중하며, 끊임없이 지식과 기술을 향상시키고 회사에 기여할 수 있는 능력을 키울 때, 그리고 다른 사람들을 친절과 배려로 대할 때 당신은 자연스럽게 리더로 부상하게 된다.

당신이 조직에 점점 더 큰 가치를 보태는 능력을 보여줄수록, 위로는 상사, 아래로는 부하 직원, 그리고 양옆의 동료들까지 모두가 당신이 리더가 되길 바라게 될 것이며, 실제로 그 자리에 올랐을 때 기꺼이 지지할 것이다. 걸음걸이, 말투, 행동, 발언, 그리고 타인을 대하는 태도까지 리더답게 갖추는 것을 인생의 목표로 삼아라. 그러면 결국 성과와 일치하는 지위로 올라가게 될 것이다.

다음 장에서는 업무와 경영에서 더 큰 성공을 거두기 위해 반드시 실천해야 할 자기 절제의 방법을 배울 것이다.

1. "나에게 기대되는 성과는 무엇인가?" 스스로에게 묻고 매일 그 성과를 달성하는 데 전념하라.

2. 자신이 조직의 리더라고 상상하고 질문을 던져보라. "이곳의 모두가 나와 같다면 이 조직은 어떤 모습으로 변할까?"

3. 성공과 탁월한 성과를 바탕으로 자신과 조직을 위한 분명하고도 가슴 뛰는 비전을 세워라.

4. 당신의 업무 환경에서 가장 중요한 사람들이 누구인지 파악하고, 그들이 최고의 성과를 낼 수 있도록 당신이 어떤 태도를 보여줘야 할지 결정하라.

5. 피할 수 없는 위기가 닥쳤을 때, 침착하고 흔들림 없이 현명하게 대응하겠다고 미리 결심하라.

6. 자신의 가치와 신념을 명확히 알고 주변 사람들과 나누어라.

7. 주변의 모든 사람을 유능하고, 가치 있고, 중요한 존재로 대하라. 이것이야말로 리더에게 필요한 충성과 헌신을 얻는 중요한 열쇠다.

# 10장

# 비즈니스는
# 절제된 판단 위에서 성장한다

"장기적인 목표를 추구하는 과정에서
자신을 절제하고 그 절제를 지속할 수 있는 힘은
기업을 이끄는 리더에게 꼭 필요한 훈련이다."

– 존 바이니

대부분의 사람은 평생 기업에 소속되어 기업을 위해 일하거나, 혹은 직접 사업체를 운영한다. 비즈니스에서 성공하려면 사업 운영에 따른 모든 활동에서 높은 수준의 절제가 요구된다. 자기 절제와 자기 통제가 없다면 비즈니스에서 절대 성공할 수 없다.

오늘날의 경제 환경에서 사업을 시작하고 성공적으로 운영하는 일만큼 강력한 자기 절제를 요구하는 활동은 없다.

경제학의 첫 번째 법칙은 희소성이다. 일반적으로 세상에는 언제나 모든 사람이 원하는 만큼의 자원이 존재하지 않는다. 구체적으로 말하면, 비즈니스 세계에서는 다음과 같은 것들이 늘 부족하다. 당신이 팔고자 하는 모든 것을 다 사줄 만큼의 고객은 언제나 부족하다. 재정적 목표를 모두 이루기에는 매출이 늘 부족하다. 원하는 만큼 사업을 확장하기에는 이익이 충분하지 않다. 무엇보다도, 당신이 비즈니스 목표를 달성하기 위해 함께 일할 유능한 인재는 언제나 부족하다.

# 성공하는 비즈니스의 핵심은 절제다

경제학의 첫 번째 법칙이 희소성이라면, 비즈니스의 첫 번째 법칙은 경쟁이다. 고객이 한정된 돈으로 당신의 제품이나 서비스를 선택하게 만들려면, 강력한 집중력과 절제가 필요하다.

고객은 당신이 책정한 상품이나 서비스의 가격만큼의 돈을 언제든 다른 곳에 쓸 수 있다. 따라서 시장에서 단순히 살아남는 것을 넘어 성장하려면, 고객의 모든 다른 소비 선택지와 경쟁해야 한다.

비즈니스 성공에 필요한 첫 번째 절제는, 사람들이 원하고 필요로 하며, 기꺼이 값을 지불할 제품이나 서비스를 제공하는 것이다. 그 가격은 사람들이 받아들일 수 있는 수준이어야 하며, 동시에 같은 고객의 지갑을 노리는 다른 모든 업체와도 경쟁할 수 있어야 한다.

자사 제품과 서비스가 현재의 시장에 적합한가를 생각할 때는 무엇보다 솔직해야 한다. 잘못된 가정이나 그릇된 결론은 사업 실패로 이어질 수 있기 때문이다. 게다가 경쟁 환경과 고객의 취향이 끊임없이 변하기 때문에, 그 해답 역시 늘 달라질 수밖에 없다.

# 고객은 언제나 옳다

나는 매주 매출과 수익성의 수준에 만족하지 못하는 사업가들을 만난다. 그들은 하나같이 자기들의 제품이나 서비스가 훌륭하며, 사람들이 훨씬 더 많이 구매해야 마땅하다고 주장한다. 그럴 때마다 나는 조심스럽게 지적한다. 그들의 제품이나 서비스가 정말로 매력적이고 가치 있다는 사실을 입증하는 유일한 증거는 사람들이 그것을 기꺼이 구매하고 다시 구매하며, 친구들에게도 추천해 사도록 만든다는 점뿐이라고.

전문가들에 따르면, 당신의 비즈니스 관련 결성 가운데 무려 70퍼센트가 잘못된 것으로 드러난다. 이는 평균적인 수치다. 새로운 비즈니스를 시작했거나 이제 막 사업가가 된 경우라면, 이 비율은 더욱 높아진다. 창업 초기에는 이 비율이 무려 90퍼센트에 달하는 것도 드문 일이 아니다.

자신이 가장 확신하는 전제와 믿음조차 틀릴 수 있다는 가능성을 똑바로 마주하기 위해서는 엄청난 자기 절제와 인격이 필요하다. 이러한 절제는 실수를 최소화하고 손실을 줄이며, 자원을 재배분해 고객이 지금 진정으로 원하고 필요로 하며 기꺼이 구매하려는 것들을 더 많이 제공하기 위해 꼭 필요하다.

모든 사업에는 강한 낙관적 태도가 필요하다. 자신의 새로운 제품과 서비스, 그리고 사업의 미래 잠재력을 굳게 믿어야 한다.

그것들이 시장에서 성공할 수 있다고 강하게 확신해야 한다. 그래야 재정적 위험을 감수하고 수많은 시간과 몇 달, 심지어는 몇 해를 투자해 비즈니스 목표를 달성하겠다는 결심을 할 수 있다. 그리고 이 모든 일을 성공에 대한 어떤 확실한 보장도 없이 해내야 한다.

동시에 지나친 자신감을 억누르고 객관적이며 현실적인 태도를 유지하는 절제도 필요하다. 비즈니스에서 과도한 자신감은 실수와 재정적 손실, 심지어 파산으로 이어질 수 있다.

## 더 나아져야 한다

경쟁은 언제나 치열하고 집요한 법이다. 따라서 그저 살아남기 위해서라도 자신을 절제해 경쟁자와 같은 수준이거나 그들보다 나은 수준에 도달해야만 한다. 경쟁자들은 매일 아침 눈을 뜨자마자 어떻게 하면 당신을 시장에서 밀어낼 수 있을지 고민한다. 그들은 당신의 고객, 매출, 이익을 모두 가져가려 한다. 이렇게 치열한 경쟁 속에서 성공 가능성을 높이려면, 반드시 전력을 다해 그들보다 한발 앞서 사고해야 한다.

사업을 시작하거나 기존 사업에서 새로운 시도를 할 때는, 무엇보다 철저히 사전 준비를 하는 절제가 필요하다. 운영을 시작하기 전에 완전한 사업 계획을 세우고, 이후에는 해마다 그것을 수정 및 보완해야 한다. 이렇게 앞을 내다보고 계획하는 절제가 성공과 실패를 가르는 결정적 요인으로 작용한다.

## 가정을 점검하라

대부분의 사업 아이디어는, 적어도 처음 구상한 형태 그대로는 성공하지 못한다. 피터 드러커도 "모든 실패의 근원은 잘못된 가정이다"라고 말했다. 사업 실패의 주요 원인 가운데 하나는 사업주나 경영자가 검증되지 않은 가정에 의존하는 것이다. 예를 들어, 자사의 제품이나 서비스가 다른 것들에 비해 훌륭하다고 가정해 버리는 것이다. 자사의 제품이나 서비스를 충분히 많이 판매할 수 있다고 가정하며, 충분한 수익을 낼 것이라고 믿는다. 더 나아가, 그 수익이 동일한 시간과 자금을 들였을 때 다른 어떤 선택보다도 더 매력적인 투자 결과를 가져올 만큼이라고 가정한다. 이 모든 가정은 돌이킬 수 없는 결정을 내리기 전에 반드시 신중하게 검증되어야 한다.

카우프만 재단Kauffman Foundation의 기업가 정신 연구에 따르면, 미국의 기업가와 소규모 사업주 가운데 95퍼센트가 연간 5만 달러 미만의 수익을 올린다. 그 이유는 무엇일까? 열정이나 지능, 혹은 더 큰 수익을 낼 능력이 부족해서는 아니다. 새로운 사업을 시작할 용기와 실행력을 지닌 것만으로, 평균 이상의 재능을 타고났다는 뜻이니까 말이다.

그럼에도 많은 기업가가 기대 이하의 성과를 내거나 실패하는 가장 큰 이유는 결국 절제가 부족하기 때문이다. 절제가 부족해 사업의 여러 요소를 충분히 조사하고 검토하기 전에 성급히 뛰어든다. 먼저 자신의 가정을 차분히 검증해야 했지만 절제하지 못해 근거 없는 낙관에 기대어 서둘러 결론을 내리는 것이다. 이런 일이 당신에게 일어나지 않도록 하라.

## 이상적인 고객을 찾아라

자신의 이상적인 고객을 찾고 규정하기 위해서도 절제가 필요하다. 당신이 진출하려는 사업 분야에 뛰어드는 것을 정당화할 만큼 충분한 양으로, 그리고 당신이 필요로 하는 가격에 맞춰 당신의 제품이나 서비스를 실제로 구매할 수 있고, 구매할 의지가 있는 고객이 누구인지 정확히 알아야 한다.

시행착오와 끈기를 바탕으로 꾸준하고 예측할 수 있는 방식으로 새로운 잠재 고객을 끌어들이는 마케팅 계획을 세우는 절제가 필요하다. 효과적인 마케팅을 위해서는 자신의 경쟁 우위와 독자적인 판매 제안을 명확히 해야 한다. 오늘날 시장에 나와 있는 유사한 제품이나 서비스와 비교했을 때, 당신의 제품이나 서비스는 어떻게 더 뛰어나며 고객에게 어떤 차별화된 가치를 제공하는가?

잠재 고객을 확실한 고객으로 전환시키는, 처음부터 끝까지 완비된 영업 시스템을 구축하는 절제가 필요하다. 놀라운 사실은, 실제로 많은 기업들이 제품이나 서비스가 저절로 팔릴 것이라고 가정한다는 점이다. 뛰어난 영업 시스템을 갖추고 있든 말든!

## 정확한 비용을 파악하라

제품과 서비스의 정확한 원가를 계산하고 적절한 가격을 책정하는 절제가 필요하다. 월마트가 역사상 가장 큰 소매업체로 성장할 수 있었던 데는 이 분야에서의 전문성 덕분이었다. 놀랍게도 많은 기업이 제품이나 서비스를 시장에 내놓는 데 드는 모든 비용을 제대로 계산해 본 적이 없어서 손해를 보며 판매하고 있다. "모든 품목을 손해 보는 가격에 팔지만 물량으로 만회한다"라는 말을 들어본 적 있을 것이다. 하지만 그것은 애초에 불가능한 일이다.

수익을 내기 위해서는 철저한 품질 관리 시스템이 필요하다. 판매하는 모든 제품과 서비스가 매우 높은 품질을 갖추어 고객이 이에 만족해 기꺼이 다시 찾아 구매하며, 친구들에게도 추천하게 만들 수 있다.

고객 서비스 방침을 세울 때도 흔들리지 않는 절제가 필요하다. 고객을 진심으로 대하면, 그들은 충성 고객이 되어 어떤 경쟁자보다도 당신을 먼저 선택하게 된다.

## 기업의 목적은 고객 만족이다

기업의 목적은 무엇일까? 기업의 목적은 비용 효율적인 방식으로 고객을 창출하고 유지하는 데 있다. 이윤은 기업의 목적 자체가 아니다. 이윤은 모든 비용을 제하고도 충분한 수익을 남겨주는 고객을 충분히 확보하고 유지했을 때의 결과물일 뿐이다.

비즈니스의 핵심적인 성공 지표는 무엇일까? 그 답은 고객 만족이다. 당신의 모든 노력과 활동은 경쟁자들보다 더 나은 방식으로 고객을 만족시키는 데 집중되어야 한다. 그렇다면 고객 만족의 척도는 무엇일까? 바로 재구매다. 고객이 당신의 제품과 서비스를 다시 구매할 때 비로소 처음 구매할 때 받은 약속이 지켜졌음을 증명하게 된다. 만족한 고객에게 다시 판매하는 데 드는 시간과 비용은, 신규 고객을 설득해 구매하게 만드는 데 드는 것의 10분의 1에 불과하다. 모든 성공적인 비즈니스는 재구매에 의존한다. 그리고 재구매는 높은 수준의 고객 만족이 있을 때만 가능하다. 이것이야말로 진정한 절제다.

장기적인 수익성의 열쇠는 무엇일까? 그 답은 추천과 소개다.

사업의 장기적인 성공과 실패를 가르는 궁극적인 질문은 이것이다. "우리 제품과 서비스를 이용해본 당신의 경험을 바탕으로, 다른 사람에게 추천하시겠습니까?"

대부분의 고객이 당신의 제품과 서비스에 크게 만족해 친구와 지인에게도 권할 때, 당신의 사업은 살아남을 뿐 아니라 성장할 수 있다. 만족한 고객의 추천은 일면식도 없는 사람에게 전화를 걸어 설득하는 것보다 판매 성사 확률이 열다섯 배나 높다(비용도 15분의 1밖에 들지 않는다). 따라서 추천을 통한 영업이야말로 사업의 미래를 결정짓는 열쇠다. 사람들이 한 번 사게 만들고, 다시 사게 하고, 나아가 친구들에게까지 추천하게 하려면, 그에 걸맞은 고객 서비스 정책을 세우고 유지하는 데 엄청난 집중력과 철저한 자기 절제가 필요하다.

## 높은 기준을 세워라

비즈니스의 모든 영역에서 탁월한 성과 기준을 세우고, 그 기준을 끊임없이 높이려 노력해야 한다. 이를 위해 '끊임없는, 끝없는 개선Continuous and Never-Ending Improvement, CANEI’의 원칙을 실천해야 한다. 현재 품질 수준이 아무리 높더라도 만족해서는 안 된다. 스스로에게, 그리고 당신의 책임 아래 있는 모든 이들에게 끊임없이 더 높은 기준을 요구해야 한다.

정상에 오르기 위해서는 수개월, 때로는 수년에 걸쳐 꾸준히 치열하게 일하는 자기 절제가 필요하다. 미국의 기업가, 사업주, 혹은 자수성가한 백만장자는 일주일에 평균 59시간을 일한다. 사업을 시작하고 처음 몇 년 동안은 무려 70~80시간을 일하는 기업가들도 있다. 자기 분야에서 최고가 되고 싶다면, 이 정도의 시간과 노력을 쏟을 수 있도록 자기 절제를 발휘할 각오가 되어 있어야 한다.

## 해결책을 생각하라

사업에서 성공하려면 수동적으로 반응하기보다 주도적으로 움직이는 자기 절제가 필요하다. 문제 자체에 매달리지 말고 해결책에 집중해야 한다. 또 가치가 낮거나 전혀 없는 일에 빠지지 말고, 하루하루 매시간 자신이 할 수 있는 가장 중요한 일에 몰두해야 한다.

무엇보다 장기적인 관점을 키우는 자기 절제가 필요하다. 자기 사업이든 남을 위해 일하는 것이든, 치열한 경쟁 속에서 성공을 이루려면 수년에 걸친 꾸준한 노력이 필요하다. 지름길은 없다. 정상에 이르는 쉬운 길은 없다. 길은 오직 하나, 바로 노력과 절제, 그리고 의지력을 통해 나아가는 것뿐이다.

평균적으로 새롭게 시작한 사업이 손익분기점에 도달하기까지 약 2년이 걸린다. 그 후 2년 동안은 첫 2년 동안 빌린 돈을 갚기 위해 흑자 흐름을 유지해야 한다. 그다음에 3년은 지나야 비로소 제대로 된 성공을 거둘 수 있다. 게다가 모든 일에는 예상보다 두 배의 비용이 들고, 세 배의 시간이 걸린다.

이런 통계를 놓고 본다면, 사업을 시작하거나 새로운 사업에 뛰어들어야 할 이유가 과연 있을까? 있다. 시간은 어차피 흘러가게 마련이다! 5년 뒤면 당신은 지금보다 다섯 살 더 나이를 먹고 10년 뒤면 열 살 더 나이를 먹는다. 그때쯤이면 자기 분야의 정상에 올라 있을 수도 있고, 아니면 여전히 겨우 입에 풀칠할 정도만 벌며 힘들게 살아가는 80퍼센트 속에 머물러 있을 수도 있다. 선택은 당신에게 달려 있다. 열쇠는 절제다.

다음 장에서는 사업의 생명줄, 즉 판매를 다스리는 자기 절제에 대해 배울 것이다. 결국, 피터 드러커의 말처럼 "기업의 목적은 고객을 만들고, 그 고객을 지키는 것이다".

1. 당신의 사업 전반을 외부 컨설턴트의 시선으로 바라보라. 어떤 변화를 권하겠는가?

2. 오늘 다시 사업을 시작한다고 상상해보라. 지금의 시장에는 내놓지 않을 제품이나 서비스가 있는가?

3. 전체 매출과 이익의 80퍼센트를 차지하는 상위 20퍼센트의 제품과 서비스가 무엇인지 파악하라. 어떻게 하면 그것들을 더 많이 판매할 수 있을까?

4. 앞으로 1년, 2년, 5년 뒤의 사업을 내다보라. 어떤 흐름이 보이는가? 고객들은 무엇을 사게 될까?

5. 고객이 재구매하고 친구들에게도 추천하도록 만들기 위해, 고객 서비스를 개선할 수 있는 방법 세 가지를 적어라.

6. 마케팅과 광고 활동을 통해 더 적합한 잠재 고객을 더 많이 확보하는 방법 세 가지를 적어라.

7. 확보한 잠재 고객에게 더 많은 판매를 성사시키거나, 구매 확률이 높은 잠재 고객을 더 많이 확보하는 방법 세 가지를 적어라.

# 11장

# 판매의 본질은 집중과 절제다

"판매가 일어나기 전까지는 아무 일도 시작되지 않는다."

— 레드 모틀리

사업의 성공에서 가장 중요한 요소는 판매 활동이다. 판매가 일어나기 전까지는 아무 일도 일어나지 않는다. 모든 공장, 회사, 사무실, 상품과 서비스 생산자들은 누군가 어딘가에서 다른 누군가에게 무언가를 팔아야만 비로소 움직이기 시작한다.

판매는 미국에서 가장 어려운 직종 가운데 하나다. 그러나 동시에 특별한 기술 없이도 가장 높은 소득을 얻을 수 있는 유일한 직업이기도 하다. 판매의 세계에는 속도 제한이 없다. 독일의 아우토반처럼. 당신의 야망과 굳은 결심이라는 가속 페달을 밟는 만큼 얼마든지 더 높이, 더 멀리 나아갈 수 있다.

## 판매가
## 사업의 성공과 실패를 가른다

수많은 파산 기업과 지급 불능 상태에 빠진 회사를 수년에 걸쳐 분석한 연구 결과, 그들이 실패한 이유는 단 하나, 바로 '판매

부진'이었다. 반대로 기업이 성공하고 성장하며 수익을 올리고, 주가가 오르고, 점점 더 많은 사람에게 기회를 제공할 수 있는 이유도 하나였다. 바로 '판매 호조'였다. 그 외의 모든 요소는 부차적인 것이었다.

사업에서 당신이 하는 거의 모든 활동은 매출을 늘리거나 줄인다. 무엇이든 도움이 되거나 해가 되거나 둘 중 하나다. 더 많은 고객을 끌어오고 유지하거나, 혹은 그들을 떠나게 만든다. 매출과 관련해서는 그 어떤 것도 사소하지 않다.

## 매출 창출을 위한 절제

영업 사원이든 사업가이든, 누구나 영업의 매 순간 매출을 창출하는 데 집중하고 몰입할 수 있는 절제가 필요하다.

한 연구진이 수백 명의 고위 임원과 사업주를 인터뷰하며 "귀사의 사업에서 영업과 마케팅은 얼마나 중요합니까?"라고 물었다.

예외 없이 모두가 "영업과 마케팅은 우리의 생존과 성장을 위해 절대적으로 필요하다"라고 대답했다.

그 후 연구진은 같은 사업주와 임원들을 대상으로 시간 및 동작 연구time-and-motion study를 실시했다. 한 달 동안 그들의 일정을 따라다니며 시간을 어떻게 사용하는지를 추적한 것이다. 한 달이 지난 뒤 연구진의 계산 결과가 나왔다. 생존과 성장을 위해 영업이 "절대적으로 필요하다"라고 말했던 사업주나 임원들이 실제로 영업과 마케팅에 쓰는 시간은 고작 전체의 11퍼센트에 불과했다. 나머지 시간은 회의, 서류 처리, 행정 업무, 오찬, 그리고 매출에 아무런 기여도 하지 않는 일에 쓰였다.

영업 관리자나 경영자라면 시간과 에너지 대부분을 영업 사원들이 회사의 생존을 좌우하는 매출을 올리도록 이끄는 데 쏟아야 한다. 당신은 업무 시간의 75퍼센트를 영업 사원들과 함께 보내며, 그들이 고객을 찾아가 프레젠테이션하고 거래를 성사시키는 자리에 동행해야 한다. 서류 작업은 출근 전이나 퇴근 후에 처리하라. 근무 시간에는 고객을 만날 수 있는 시간이므로, 전적으로 매출 창출에 집중해야 한다.

## 망하는 법

몇 해 전, 나는 새로운 사업을 시작했다. 제품을 개발한 뒤 광고 우편물, 라디오, 텔레비전, 신문 광고를 통해 홍보를 시작했다. 그러나 나는 계획, 서류 업무, 광고 활동에만 정신을 빼앗기고 말았다. 연말이 되자 자금이 바닥났고, 사업은 거의 파산 지경에 이르렀다.

비로소 나는 판매라는 핵심을 완전히 놓치고 있었다는 사실을 깨달았다. 그래서 크리스마스 연휴 동안 종합적인 영업 프로세스를 설계했다. 그리고 1월 2일, 전화를 집어 들고 약속을 잡기 시작했다. 그 뒤 두 달 동안 공격적이고 집중적인 영업 활동을 이어간 결과, 이전 한 해 전체 매출보다 더 큰 성과를 올렸다. 덕분에 회사도, 집도 지킬 수 있었다. 그리고 나는 다시는 그 초점에서 벗어나지 않았다.

영업 사원이든, 기업가든, 경영자든 자신에게 던져야 할 가장 중요한 질문은 다음과 같다. "지금 내가 하고 있는 일이 판매로 이어지는가?"라는 질문이다. 이 질문을 하루 동안 몇 번이고 물어보라. '아니다'라는 답이 나올 때마다 가치가 낮은 일은 즉시 멈추고 곧바로 매출 창출에 집중해야 한다. 회사에서 판매를 맡은 모든 사람이 하루 종일 이 질문을 스스로에게 던져 '그렇다'라고 대답할 수 있는 상태를 유지해야 한다.

## 거절에 대한 두려움 극복하기

당신의 제품과 서비스가 가격도 합리적이고 현재 시장에도 적합해서 매우 매력적이라고 가정해보자. 그럼에도 불구하고 전화 영업 사원이나 현장 영업 사원이 맞닥뜨리는 가장 큰 문제는 거절이다. 거절에 대한 두려움은 영업 경력을 망치고 영업 활동을 약화시키는 가장 큰 요인이다.

영업 사원이 매일 아침, 하루 종일 거절을 감수해야 한다는 사실을 알면서도 현장에 나서려면 강력한 자기 절제가 필요하다. 그러나 대부분은 그 부담을 견디지 못하고, 거절의 고통을 피하기 위해 '대체 활동'에 몰두한다.

그 첫 번째가 바로 전화를 덜 거는 것이다. 컬럼비아대학교의 조사에 따르면, 평균적으로 영업 사원이 하루에 실제로 일하는 시간은 여덟 시간 가운데 고작 90분, 즉 한 시간 반에 불과하다. 나머지 시간은 몸을 풀거나 준비한다는 명목으로 서류를 뒤적이고, 인터넷을 확인하고, 신문을 읽고, 동료와 잡담을 나누고, 늦게 출근하거나 일찍 퇴근하거나, 느긋하게 점심을 먹고 커피를 마시는 데 쓰인다. 그 결과, 하루가 끝나고 평균적으로 영업 사원이 실제로 일한 시간은 고작 90분에 지나지 않는다.

## 고객 및 잠재 고객과의 대면 시간 늘리기

영업 사원이 일한다고 할 수 있는 때는 언제일까? 영업 사원이 일하는 순간은 전화기를 귀에 대고 있거나, 합리적인 기간 안에 구매할 수 있고 또 실제로 구매할 의사가 있는 사람과 직접 대면할 때뿐이다.

영업의 성공 법칙은 이 한 문장으로 요약할 수 있다. "가능성이 높은 고객과 더 많은 시간을 보내라." 이것 말고 꾸준하고 예측할 수 있는 높은 수준의 매출을 올리는 다른 길은 없다.

하지만 거절에 대한 두려움 때문에 영업 사원들은 하루 종일 미루며 자신에게 '거절'의 말을 할 수 있는 사람과 마주하는 일을 어떻게든 피하려 한다.

내가 영업 사원으로 일하던 젊은 시절에 배운 영업의 성공 열쇠는 거절을 개인적인 문제로 받아들이지 않는다는 데 있었다. 잠재 고객은 언제나 이런 말을 한다. "아니요, 관심 없습니다", "원하지 않습니다", "필요하지 않습니다", "쓸데가 없습니다", "살 여유가 없습니다", "지금은 구매할 시기가 아닙니다", "지금 사용하는 업체에 만족합니다" 등.

프로 영업 사원은 이런 말이 경쟁이 치열한 시장에서 누구나 듣게 되는 지극히 정상적이고 자연스러운 반응임을 안다. 다시 말해, 이 거절은 당신과는 상관이 없다. 그러니 절대 개인적으로 받아들이지 마라.

## 긍정적이고 낙관적인 태도를
## 유지하라

영업에서 성공의 핵심은 거절에 대한 두려움을 없애고 자신감 넘치고 낙관적인 태도를 유지하는 것이다. 하루 종일 영업 전화를 걸면서도 긍정적이고 활기찬 상태가 이어질 수 있도록 말이다. 윈스턴 처칠이 말했듯이 "성공이란 열정을 잃지 않고 실패에서 실패로 나아가는 능력이다".

새로운 고객과 접촉한 횟수와 매출 규모 사이에는 직접적인 상관관계가 있다. 매출을 늘리고 싶다면 그 답은 간단하다. 더 많은 잠재 고객을 찾으면 된다.

영업 활동을 더 부지런히 펼치면 확률의 법칙이 당신을 도와주기 시작한다. 이것이 평균의 법칙이다. '충분히 많은 시도'를 거듭하면, 결국 성공에 이를 수 있다.

## 매출 소득을
## 두 배로 늘리는 법

영업 활동에서 '분(分)의 원칙'을 실천하라. 지금 당신이 올리는 소득은 오늘 고객과 얼굴을 맞대고 보내는 시간(분)에 의해 결정된다. 그 시간을 늘리기만 하면 매출 역시 늘어날 수 있다.

나는 외근 영업 사원들에게 고객과 직접 대면하는 시간을 두 배로 늘리라고 권한다. 또 잠재 고객과 직접 대화하는 시간을 늘리기 위해 모든 지혜와 창의력을 활용하라고도 가르친다. 저항이 가장 작은 길을 선택하고 직접 시장으로 나가는 것을 미루기만 해서는 안 된다.

영업 사원이 고객과 직접 대면하거나 전화로 대화하는 시간을 두 배로 늘리면, 그의 매출도 십중팔구 두 배로 늘어난다. 이는 우연이 아니다. 확률의 법칙에 따른 필연적인 결과다.

## 영업 활동을 통제하라

다음 매출이 어디서 생길지는 예측하기 어렵다. 따라서 '그물을 넓게 치듯' 최대한 많은 잠재 고객에게 다가가야 한다.

실제 성사되는 매출 자체는 당신이 직접 통제할 수 있는 영역이 아니다. 그것은 당신이 손쓸 수 없는 여러 가지 요인에 의해 좌우된다. 하지만 매출로 이어지는 활동 자체는 전적으로 당신이 통제할 수 있다. 그 법칙은 이렇다. "지금 있는 자리에서, 지금 가진 것을 가지고, 할 수 있는 일을 하라."

높은 수준의 영업 성과를 이루려면, 하루와 일주일을 미리 계획하는 자기 절제가 필요하다. 특히 잠재 고객을 발굴하는 활동을 포함해 매일의 영업 활동을 계획하고, 세운 계획과 결심을 끝까지 실행하도록 자신을 단련해야 한다.

## 비율 개선하기

판매에는 성과를 크게 좌우하는 일정한 비율이 존재한다. 이 비율은 당신의 경험과 역량, 경쟁 상황, 제품이나 서비스의 가격, 그리고 전반적인 시장 여건에 따라 달라진다. 그럼에도 불구하고, 이런 비율은 항상 존재한다.

- 당신이 거는 콜드 콜*의 횟수와 실제로 잠재 고객과 통화하거나 직접 만날 수 있는 횟수 사이에는 직접적인 비례 관계가 있다.

- 잠재 고객을 만나거나 통화한 횟수와, 그 가운데 다시 연락하거나 관계를 이어갈 수 있는 고객의 수 사이에는 직접적인 비례 관계가 있다.

- 제안서나 프레젠테이션으로 구체적인 상담을 진행한 사람의 수와 실제로 성사되는 판매 건수 사이에도 직접적인 비례 관계가 있다.

---

* 미래의 고객에게 상품 구입을 권하기 위해 전화를 하거나 방문하는 일

이것을 '세일즈 퍼널_sales funnel_'이라고 생각할 수도 있다.

- 퍼널의 입구, 즉 넓은 부분에는 잠재 고객이 들어간다.
- 퍼널의 두 번째 단계는 프레젠테이션이다.
- 세 번째는 후속 조치를 통해 거래를 성사시키는 단계다.

## 판매의 성공 열쇠

판매를 성공시키려면 당신에게 두 가지 책임이 따른다.

**첫째, 퍼널을 항상 가득 채워두어라.** 하루 동안 다 전화하지 못할 정도로 많은 잠재 고객을 확보하라. 절대로 퍼널이 비면 안 된다. 절대로 잠재 고객이 끊어지지 않게 하라.

**둘째, 판매의 각 단계에서 실력을 더 키워야 한다.** 공부하고, 책을 읽고, 오디오 프로그램을 들으며 잠재 고객 발굴, 프레젠테이션, 거래 성사에 필요한 기술을 꾸준히 갈고닦아라. 실력이 향상될수록, 퍼널의 위쪽에 필요한 잠재 고객의 수는 줄어들고, 아래쪽에서는 더 많은 판매가 이루어진다.

## 일찍 시작하라

아침 7시나 8시쯤, 하루의 첫 영업 전화를 걸도록 자신을 단련하라. 하루를 대면 영업으로 시작하면 온종일 더 큰 활력과 동기를 가지고 판매 활동을 이어갈 수 있다.

짧은 시간 안에 더 많은 잠재 고객과의 대면이 이루어질 수 있도록 전화를 특정 지역에 집중하라. 보통 영업 사원은 거절에 대한 두려움 때문에 전화를 넓은 지역에 분산시켜 걸곤 한다. 실제로는 단순히 이곳저곳을 이동하며 전화를 돌릴 뿐인데도 열심히 일하고 있다고 자신을 속이는 것이다.

기억하라. 당신이 실제로 일하는 순간은, 합리적인 기간 안에 구매할 여건이 되고 실제로 구매 의사가 있는 사람과 통화하거나 직접 마주 앉아 있을 때뿐이다. 그 외의 시간은 모두 '실직 상태'나 다름없다.

## 더 높은 기준을
## 세워라

하루의 모든 순간, 많은 사람이 당신을 지켜보고 있다는 생각으로 행동하라. 모두의 눈에 띄는 사무실 환경에서 일하는 사람들과 달리, 외근 영업 사원은 훨씬 더 높은 수준의 자기 절제가 필요하다. 영업 사원은 영업 활동이라는 정글 속의 게릴라 전사처럼 홀로 활동하기 때문에, 긴장을 풀고 느긋하게 시간을 보내거나 영업 전화를 거는 대신 커피를 마시거나 점심을 즐기려는 유혹이 끊이지 않는다.

최고의 성과를 내려면 영업 관리자가 옆에서 '동행'하며 지켜보고 있다는 생각으로 하루 종일 자신을 다잡는 절제가 필요하다. 관리자가 하루 종일 곁에 앉아 있다고 상상해보라. 누군가가 하루 내내 당신과 함께 다니며 모든 행동을 지켜본다면, 당신은 어떻게 다르게 일하겠는가? 그 답이 곧, 옆에 아무도 없을 때조차 당신이 일해야 하는 방식이다.

## 모든 영업 기술은 배울 수 있다

당신이 속한 업계에서 최고 수준의 소득을 올리는 영업 사원이 되려면, 일과 삶 모두에서 끊임없는 성장을 이루는 자기 절제가 필요하다. 매일 관련 책을 읽고, 운전할 때는 유익한 오디오 프로그램을 들으며 공부하라. 회사가 주최한 것이 아니더라도, 참석할 수 있는 모든 영업 세미나에 가능한 한 많이 참여하라. 미래가 달려 있다는 마음으로 끊임없는 배움에 전념하라. 정말로 그러니까.

영업 사원으로 일하던 젊은 시절, 좌절과 불만 속에 제자리만 맴돌며 간신히 생계를 이어가던 때가 있었다. 내 인생을 바꿔놓은 전환점은 인과율의 법칙을 깨달았을 때 찾아왔다.

"가장 성공한 영업 사원들이 하는 일을 꾸준히 반복하기만 하면, 결국 나도 그들과 같은 성과와 보상을 얻을 수 있다. 그것을 막을 것은 아무것도 없다."

나는 상위 10퍼센트에 속한 모든 영업 사원도 처음에는 하위 10퍼센트에서 출발했다는 사실을 알게 되었다. 지금 잘나가는 사람들도 한때는 볼품없었다. 지금 업계 정상에 있는 사람들조차도 처음에는 그 업계에 속해 있지도 않았고, 존재조차 알지 못했던 때가 있었다.

나는 모든 영업 기술은 배울 수 있다는 사실을 깨달았다. 스스로 세운 판매 목표를 이루는 데 필요한 영업 기술은 얼마든지 배울 수 있다. 한계는 없다. 오직 당신의 생각이 한계를 만들 뿐이다.

자기 절제와 함께 업계 최고의 영업 사원이 되겠다고 마음먹는 순간, 당신의 경력은 중요한 전환점을 맞이하게 될 것이다. 대부분의 영업 사원은 그저 직장을 유지할 만큼만 일한다. 그러나 자기 분야에서 최고가 되겠다고 결심한 사람은 누구보다도 더 큰 성취를 이룬다. 당신도 그런 사람이 되어야 한다.

다음 장에서 다룰 주제는 돈이다. 돈의 영역에서 자기 절제를

실천할 때 재정 목표를 달성할 가능성이 얼마나 커지는지 살펴볼
것이다.



1. 자신이 기업의 사장이고 판매 실적에 대해 전적으로 책임을 진다고 생각
해보라. 이것이 최고의 소득을 올리는 영업 사원의 태도다.

2. 앞으로 12개월 동안의 소득 목표와 매달 달성해야 할 월별 목표를 구체
적으로 세우고 반드시 글로 적어라.

3. 원하는 소득을 얻기 위해 당신이 판매해야 할 제품이나 서비스의 정확
한 양을 계산하라.

4. 평균 거래 규모와 수수료율을 기준으로, 성사시켜야 할 판매 건수가 몇
건인지 정확히 계산하라.

5. 현재 자신의 경험을 기준으로, 목표한 판매 건수를 달성하기 위해 접촉
해야 할 잠재 고객의 수를 계산하라.

6. 매일 독서하고, 운전할 때는 오디오 프로그램을 듣고, 판매 관련 세미나
에 참석하며 영업 능력을 향상하기 위한 노력을 계속 기울여라.

7. 근무 시간의 모든 순간을, 가까운 미래에 실제로 당신에게서 구매할 수
있고 구매할 의사가 있는 잠재 고객을 만나는 데 사용하라.

【 12장 】

# 부는
# 절제된 습관에서 자란다

"위대한 인물들의 삶에 대해 읽어보니,

그들이 거둔 첫 번째 승리는 자기 자신을 이긴 것이었다.

모두 자기 절제가 먼저였다."

― 해리 S. 트루먼

보험 업계의 통계에 따르면, 스물한 살에 일을 시작한 사람이 예순다섯 살이 되었을 때 결과는 다음과 같다. 100명 중 한 명은 부자가 되고, 네 명은 경제적으로 안정된 삶을 살며, 열다섯 명은 약간의 저축이 있는 상태가 된다. 그러나 나머지 여든 명은 여전히 일하거나, 무일푼이거나, 연금에 의존하거나, 이미 세상을 떠났다.

오늘날 대부분의 베이비붐 세대는 일흔 살이 넘어서까지 일할 계획을 세운다. 왜일까? 일을 그만둘 만큼 충분한 노후 자금을 마련하지 못했기 때문이다. 인생에서 경제적인 문제가 생기는 가장 큰 이유는 자기 절제, 자기 통제, 자기 숙달의 부족이다. 한마디로 즉각적인 만족을 미루지 못하는 데서 비롯된다. 버는 돈보다도 더 많이 쓰고 대출이나 신용카드 빚으로 그 부족분을 메우려는 경향 때문이다.

오늘날 미국인의 저축률은 경제적 자립을 이루기에는 턱없이 낮다. 사람들은 마치 내일이 없는 것처럼 돈을 무분별하게 쓰고 빚을 지며 살아간다.

그나마 다행스러운 사실은 우리가 인류 역사상 가장 풍요로운 시대에 살고 있다는 사실이다. 오늘날에는 그 어느 시대보다 더 많은 사람이, 더 다양한 방법으로 부와 번영을 이룰 기회를 얻을 수 있다. 과거 어느 시대보다도 경제적 독립을 달성할 가능성이 높다. 그러나 그것을 이루려면 반드시 굳은 결심이 필요하고 그 결심을 끝까지 실천해야 한다.

## 재정적 실패의 이유

대부분의 성인이 경제적 문제를 겪는 가장 큰 이유는 낮은 소득 때문이 아니다. 토머스 스탠리와 윌리엄 댄코가 쓴 《이웃집 백만장자》에 따르면, 같은 동네에서 같은 크기의 집에 살며, 같은 일을 하는 두 가정이 전혀 다른 재정 상태를 보일 수 있다. 마흔다섯이나 쉰 살 무렵, 어느 집 부부는 경제적으로 안정된 반면, 이웃집 부부는 빚더미에 올라 매달 신용카드 빚을 겨우 갚으며 살아가는 처지에 놓인다.

문제는 돈을 얼마나 버느냐가 아니다. 절제의 부족과 만족을 미루지 못하는 성향이 문제다. 왜 오늘날 이런 성격적 약점이 대부분 성인에게 널리 퍼져 있는 것일까? 그 근본적인 원인은 어린 시절로 거슬러 올라간다.

어린 시절, 우리가 돈이 생겼을 때(부모나 친척에게 받은 용돈) 가장 먼저 떠올린 일은 그 돈으로 사탕을 사 먹는 것이었다. 사탕은 달콤하고 맛있고, 입안을 환상적인 단맛으로 가득 채워준다. 어렸을 때 당신은 사탕을 좋아했고, 늘 더 먹고 싶어 했을 것이다. 실제로 많은 아이들이 그 단맛에 빠져 배가 아플 때까지 사탕을 먹곤 한다.

그렇게 나이를 먹은 뒤에는 돈을 어떤 경로로 받든 그것에 대해 심리학자들이 말하는 '조건 반사'가 형성되었다. 파블로프의 개처럼, 돈을 손에 넣는 순간 당신은 그것을 당장 자신을 행복하게 (적어도 잠시라도) 만들어줄 무언가에 쓰고 싶다는 생각에 군침을 흘리게 되는 것이다.

## 소비는 행복을 준다

성인이 되어 돈을 벌거나 돈이 생기게 되면, 이런 자동 반응이 계속된다. "이 돈으로 즉각적인 즐거움을 얻으려면 무엇을 사야 하지?"라는 생각을 가장 먼저 떠올린다.

첫 직장을 얻었을 때, 가장 먼저 드는 생각은 번 돈뿐 아니라 신용카드로 빌릴 수 있는 돈까지 몽땅 써서 옷, 자동차, 화장품, 사교 활동, 오락, 여행, 그 밖의 모든 것을 사고 싶다는 것이다. 당신의 머릿속에는 돈 = 즐거움이라는 공식이 자리한다.

휴양지로 휴가를 가면, 호텔과 거리마다 평소라면 사지 않을 쓸모없는 잡동사니와 옷과 그림, 각종 물건을 파는 가게들이 줄지어 늘어서 있다. 왜일까? 답은 간단하다. 사람들은 휴가 중에 행복감을 느끼기 때문이다. 지출은 곧 행복이라는 조건 반사 때문에 기분이 좋을 때면 자동으로 돈을 쓰게 되는 것이다. 사람은 행복할수록 무의식적으로 무언가, 아무것이나 사고 싶다는 충동을 강하게 느낀다.

사람들이 어떤 이유로든 불행하거나 좌절감을 느낄 때 쇼핑을 하러 가는 것도 흔한 일이다. 무언가를 사는 행위를 행복과 무의식적으로 연결하기 때문이다. 하지만 기대한 만큼 기분이 나아지지 않으면, 또 다른 것을 산다. 불행한 사람들은 필요하지도 않은 물건을 잔뜩 사들이는 충동구매에 빠지기도 한다. 역시나 무의식적으로 소비를 행복과 연결하는 탓이다.

월급이나 보너스, 수수료, 세금 환급금, 상금, 혹은 상속금을 받을 때, 대부분의 사람은 제일 먼저 '이 돈으로 무엇을 빨리, 그리고 즐겁게 쓸 수 있을까'를 생각한다.

# 돈에 대한 반응을
# 리셋하라

경제적 자립을 이루는 출발점은 돈에 대한 태도를 새롭게 훈련하는 것이다. 무의식 속에 자리 잡은 '소비 = 행복'이라는 연결 고리를 끊어내야 한다. 그리고 "저축과 투자 = 행복"으로 바꾸어야 한다.

그러기 위해서는 '돈을 쓸 때 행복하다'가 아니라 '돈을 저축할 때 행복하다'라고 생각해야 한다.

이 생각의 전환을 촉진하기 위해, 가까운 은행에 경제적 자립을 위한 계좌를 하나 개설하라. 장기적인 목적을 위해 돈을 넣는 통장이다. 일단 이 계좌에 넣은 돈은 오로지 경제적 자립을 이루는 목적 말고는 절대로 꺼내 쓰지 않겠다고 다짐해야 한다.

만약 자동차 구입이나 여행처럼 특정 목적을 위해 돈을 모으고 싶다면, 그 목적만을 위한 별도의 계좌를 개설하면 된다. 그러나 '경제적 자립 계좌'는 무슨 일이 있어도 절대 건드려서는 안 된다. 그 돈은 더 높은 수익을 올릴 수 있는 투자에 사용할 때만 사용해야 한다.

# 저축을 행복과 연결하라

이런 방식으로 저축을 시작하면, 내면에서 놀라운 변화가 일어난다. 은행에 돈이 쌓여간다는 사실만으로도 행복을 느끼기 시작하는 것이다. 처음에 10달러만 넣더라도, 그 행동 자체가 당신에게 자기 통제력과 자신감을 안겨준다. 자신에 대한 만족감도 커진다. 저축을 위해 자신을 절제하는 행위만으로 더 강해진 느낌이 들고 삶을 스스로 통제하고 있다는 확신이 든다.

여윳돈이 생길 때마다 경제적 자립 계좌에 넣어라. 언젠가는 그 계좌가 점점 불어나기 시작할 것이다. 금액이 커질수록 두 가지 법칙이 작용한다. 바로 끌어당김의 법칙과 축적의 법칙이다.

이 계좌에 있는 돈은 당신의 생각과 감정이 담겨 있어서 그 돈 주변에 힘의 장이 생겨나 더 많은 돈을 끌어들이기 시작한다. 한 달에 10달러씩 1년 동안 저축한다고 해도, 가끔 더 넣은 돈까지 합쳐보면 120달러가 아니라 200달러가 넘는 금액이 모여 있을 것이다. 한 달에 100달러씩 저축한다면 2,000달러 이상이 될 가능성이 크다.

축적의 법칙은 "위대한 성취는 수많은 작은 성취가 쌓여 이루어진 것이다"라고 말한다. 끌어당김의 법칙은 "자신이 주로 하는 생각에 어울리는 것들을 삶으로 끌어당긴다"라고 말한다. 이 두 법칙 덕분에 경제적 자립 계좌는 복리의 기적과 함께 점점 불어나기 시작한다.

계좌에 돈이 많아질수록 더 큰 에너지가 생겨나고, 그만큼 더 많은 돈을 당신의 삶으로 끌어당긴다. "돈이 돈을 번다"라는 말을 들어봤을 것이다. 사실이다. 저축을 시작하고 돈을 모으기 시작하면, 우주는 당신이 더 많이 저축하고 모을 수 있도록 점점 더 많은 돈을 끌어당기기 시작한다.

이 꾸준한 저축의 원칙을 실행에 옮겨본 사람이라면 누구나 경제적 형편이 빠르게 나아지는 모습에 놀라게 된다.

돈에 대한 태도를 새롭게 리셋한 후 경제적 자립의 원칙은 "먼저 자신에게 지불하라"가 된다. 대부분의 사람은 한 달 생활비를 다 쓰고 나서 남는 돈이 있을 때만 저축한다. 하지만 어떤 식으로든 수입이 생기면 무조건 가장 먼저 자신에게 지불해야 한다.

## 평생 저축하라

예전에는 첫 월급을 받는 순간부터 은퇴할 때까지 소득의 10퍼센트만 저축해도 부자까지는 아니더라도 경제적 안정을 이룰 수 있었다. 하지만 오늘날 재정 전문가들은 모든 재정적 목표를 이루려면 소득의 15~20퍼센트를 저축해야 한다고 조언한다. 그보다 적게 저축하면, 노후 자금을 마련하기가 어렵다고 말이다.

사람들에게 소득의 10퍼센트를 저축해야 한다고 하면 대부분 고개를 젓는다. 대다수는 돈을 버는 대로 다 써버린다. 남는 돈이 전혀 없다. 이미 큰 빚을 진 사람도 많다. 그러니 소득의 10퍼센트를 맨 먼저 떼어 저축한다는 발상 자체가 불가능해 보일 것이다. 그러나 해결책은 있다.

## 1퍼센트 공식을 실천하라

오늘부터 소득의 1퍼센트를 저축하고 나머지 99퍼센트로 생활하라. 이 정도라면 감당하기 어렵지 않다. 누구나 마음먹고 실천할 수 있는 수준이다. 매달 소득의 1퍼센트를 저축하는 데 필요한 것은 아주 약간의 자기 절제와 만족을 뒤로 미루는 마음가짐뿐이다. 한 달에 3,000달러를 번다면 1퍼센트는 30달러, 하루로 계산하면 고작 1달러밖에 안 된다.

매일 집에 돌아오면 하루치에 해당하는 금액을 상자나 병에 넣어둔다. 한 달 동안 그렇게 모인 돈을 은행에 가져가 경제적 자립 계좌에 입금한다. 하찮게 느껴질 수도 있지만 "천 리 길도 한 걸음부터"라는 말을 기억하라.

소득의 99퍼센트로 생활하는 데 금방 익숙해질 것이다. 그 시점이 오면, 저축 비율을 소득의 2퍼센트로 높여라. 그러면 생활 방식을 약간 조정해 나머지 98퍼센트로 살아가면 된다. 머지않아 습관이 자리 잡혀서 소득의 98퍼센트로 생활하는 일이 쉽고도 자연스럽게 느껴질 것이다.

매달 저축 비율을 1퍼센트씩 늘려가다 보면, 연말쯤에는 아마 소득의 10퍼센트를 저축하고 있을 것이다. 그러면 놀라운 일이 또 일어난다. 빚이 줄어들기 시작하는 것이다. 경제적 자립을 향해 의식적으로 저축을 실천하다 보면, 지출 하나하나에 좀 더 현명하고 신중해진다. 자연스럽게 소비가 줄고, 매달 조금씩 빚을 갚아나가게 될 것이다.

## 성과는 엄청나다

저축과 투자의 대가로 얻는 보상은 막대하다. "행복이란 가치 있는 이상을 점진적으로 실현해 나가는 것이다"라는 말이 있다. 1달러를 저축하거나 빚 1달러를 갚을 때마다 마음속에 행복이 차오른다. 삶에 대한 주도권과 긍정적인 감각이 커지고, 뇌에서는 엔도르핀이 분비되어 평온함과 만족감을 느끼게 된다.

이 과정을 시작한 지 불과 2년 안에, 당신은 빚에서 벗어나기 시작하고 경제적 자립 계좌에는 점점 더 많은 돈이 쌓이기 시작할 것이다. 금액이 커질수록 당신의 삶은 더 많은 돈과 더 많은 기회를 끌어당겨 그 돈을 현명하게 운용해 더 높은 수익을 낼 수 있게 된다.

동시에 돈과 소비에 대한 태도도 서서히 달라질 것이다. 절제되고 꼼꼼하며, 투자하기 전에 신중하게 살펴보는 사람이 된다. 새로운 사업이나 기회를 접할 때마다 모든 면을 철저히 검토하게 될 것이다. 힘들게 모은 돈을 가볍게 쓰고 싶은 마음이 들지 않을 것이다. 이 과정에서 결국은 돈에 대한 태도와 성향 자체가 매우 긍정적으로 바뀌기 시작한다.

## 소득 증가만으로는 충분하지 않다

나는 종종 청중에게 이렇게 묻는다. "경제적인 자립을 원하는 사람 있습니까?" 그러면 거의 모두가 손을 든다. 다시 묻는다. "제가 마법 지팡이를 휘둘러 여기 있는 모두의 소득을 두 배로 늘어나게 해준다면 여러분은 경제적인 자립을 이룰 수 있을까요?"

모두 웃으며 환호하고 고개를 끄덕인다. 소득이 기적처럼 두 배가 된다면 경제적 자립을 이룰 수 있다고 생각하는 것이다.

그러면 나는 다시 질문을 던진다. "여기 계신 분 중에 현재의 소득이 처음 취직했을 때보다 두 배로 늘어난 분이 있습니까?"

모두가 주저하지 않고 손을 든다.

나는 다시 묻는다. "처음 취직한 이후로 지금까지 소득이 세 배로 늘어난 분? 다섯 배 늘어난 분? 열 배 늘어난 분?"

여기저기에서 손이 올라간다. 모든 사람이 첫 직장을 얻었을 때보다 소득이 두 배, 세 배, 혹은 다섯 배, 열 배까지 늘어난 것이다.

이때 나는 요점을 이야기한다. "여기 있는 모두가 이미 소득이 크게 늘어났지만, 그것이 아무런 도움도 되지 않았습니다. 단순히 소득이 늘어난다고 경제적 자립이 보장되는 것은 아닙니다. 그 이유는 파킨슨의 법칙 때문입니다. '지출은 소득에 맞춰 늘어난다'라는 법칙이죠. 아무리 많이 벌어도 다 쓰기 마련이고 심지어 그 이상을 쓰게 되기도 합니다."

## 쐐기 원칙을 실천하라

경제적 자립을 이루는 길은 파킨슨의 법칙을 깨뜨리는 것이다. 이를 위해서는 평생 '쐐기 원칙Wedge Principle'을 실천해야 한다. 방법은 이렇다. 앞으로 몇 달, 몇 년에 걸쳐 소득이 늘어날 때마다, 늘어나는 소득과 늘어나는 지출 사이에 쐐기를 박아 넣는 것이다. 늘어난 소득이 전부 지출로 빠져나가지 않도록, 늘어난 만큼의 50퍼센트를 반드시 저축하겠다고 결심하라.

예를 들어, 한 달 소득이 100달러 늘었다면 그중 50달러를 가장 먼저 떼어내 경제적 자립 계좌에 저축한다. 나머지 50달러는 가족을 위해 쓰거나 생활 수준을 높이는 데 사용할 수 있다. 그러나 앞으로 평생 늘어난 소득의 절반은 반드시 저축하겠다고 다짐해야 한다.

먼저 자기 자신에게 지불한다는 원칙대로, 평소 소득의 10퍼센트나 15퍼센트를 저축하고, 이후 소득이 늘어날 때마다 그 증가분의 절반을 저축해 나간다면, 머지않아 경제적 자립을 이루게 될 것이다. 그러면 당신은 상위 5퍼센트의 부자 대열에 들어서고 다시는 돈 문제로 걱정할 일이 없어진다.

## 복리의 기적

알베르트 아인슈타인은 "복리는 우주에서 가장 강력한 힘이다"라고 말했다.

만약 스물한 살부터 예순다섯 살까지 매달 100달러씩을 저축해 그것을 연평균 7~10퍼센트의 수익률을 내는 뮤추얼 펀드나 인덱스 펀드에 투자한다면, 은퇴할 즈음에는 백만 달러가 넘는 자산을 보유하게 될 것이다. 월급 계좌에서 자동으로 100달러가 빠져

나가 투자되도록 설정해두기만 해도, 당신은 미국에서 가장 부유한 사람들 가운데 한 명이 될 수 있다.

진심으로 경제적 자립을 원한다면 가장 중요한 요건은 만족을 뒤로 미루는 능력과 자기 절제다. 평생 자기 통달과 자기 통제, 자기 절제를 실천할 수 있다면 모든 경제적 목표를 달성할 뿐만 아니라 삶의 다른 모든 영역에서도 성공과 행복을 누릴 수 있을 것이다.

다음 장에서는 인생의 거의 모든 것을 당신에게 유리하게 만드는 방법, 즉 시간 활용법에 대해 이야기할 것이다. 누구나 돈은 거의 없지만 시간은 많은 상태로 인생을 시작한다. 특히 성인이 된 이후 시간을 어떻게 쓰느냐가 인생의 질을 크게 좌우한다.

1. 오늘부터 자신의 재정을 완전히 통제하고 빚을 갚으며, 경제적 자립을 이루겠다고 결심하라.

2. 자신의 순자산을 계산하라. 모든 자산을 합한 뒤 모든 부채와 채무를 빼고 정확한 숫자를 적어라.

3. 은행 계좌를 개설해 매달 혹은 급여를 받을 때마다 최소한 소득의 1퍼센트를 저축하기 시작하라.

4. 모든 부채 목록을 작성하고 이자율이 가장 높은 빚부터 갚아 나가라.

5. 은퇴 시기에 경제적으로 안정된 상태에 도달하려면 돈이 얼마나 필요한지 정확히 계산해서 그 금액을 목표로 삼아라.

6. 매달, 분기별, 연간 저축 계획을 구체적으로 세우고 평생 실천하라.

7. 장기적인 재정 목표를 달성할 때까지, 가능한 지출을 미루고 연기하며 검소한 소비 습관을 실천하라.

# 13장

# 자기 절제로
# 시간을 관리하라

"자신을 정복하지 않으면 자신에게 정복당할 것이다."

― 나폴레온 힐

아마도 우리 삶에서 자기 절제가 가장 중요하게 작동하는 영역은 시간 관리일 것이다. 시간 관리야말로 인생의 질을 좌우하는 가장 중요한 자기 절제 습관이다. 피터 드러커는 이렇게 말했다. "시간은 관리할 수 없다. 오직 자신만 관리할 수 있을 뿐이다."

시간 관리는 시간이나 상황을 관리하는 것이 아니라, 삶을 관리하고 자신을 관리하는 것이다.

시간은 소모되는 자원이다. 저축할 수도, 멈춰둘 수도 없다. 한 번 지나가면 되돌릴 수 없고, 다른 어떤 것으로도 대체할 수 없다. 마지막으로, 시간은 없어서는 안 되는 자원이다. 어떤 성취든, 어떤 결과든, 어떤 성공이든 시간이 필요하다.

## 시간은 '저축'할 수 없다

시간은 저축할 수 없다. 가치가 낮은 일에 쓰던 시간을 가치가 높은 일에 쓰도록 다시 배분할 수 있을 뿐이다. 이것이 성공의 열쇠이자 자기 절제가 필요한 이유이기도 하다.

시간 관리란 어떤 일을 어떤 순서로 할지 선택하는 능력이다. 자기 절제를 발휘하면 무엇을 먼저 하고, 나중에 하고, 또 아예 하지 않을지를 스스로 정할 수 있다. 우리는 언제나 선택할 자유를 가지고 있다.

성공을 가로막는 미루기와 지연을 이겨내려면 강력한 자기 절제가 필요하다. 어느 북미 원주민이 내게 이렇게 말했다. "미루는 습관은 꿈을 훔쳐 가는 도둑이다."

파레토 법칙, 즉 80/20 원칙에 따르면, 당신이 하는 일의 20퍼센트가 성취의 80퍼센트를 만든다. 다시 말해, 나머지 80퍼센트의 일들은 당신이 이룬 성취에서 20퍼센트, 혹은 그보다도 적은 가치를 차지할 뿐이다.

## 모든 일의
## 진짜 가치를 평가하라

같은 시간과 노력이 들어가더라도 어떤 일은 다른 일보다 다섯 배, 열 배 더 가치가 있다. 그중에서도 가장 중요한 일, 상위 20퍼센트에 속하는 일들은 대개 크고 어렵고 막막하게 느껴진다. 반대로 당신의 삶에 거의 영향을 주지 못하는 나머지 80퍼센트의 일들은 대체로 재미있고, 쉽고, 즐겁게 느껴질 것이다.

어떤 일이 당신에게 얼마나 중요한지는 그 일에 얼마나 많은 시간을 투자하는지를 보면 알 수 있다. 우리는 가장 가치 있다고 여기는 것에 관심을 기울이고 시간을 쓰기 마련이다. 가족이든, 건강이든, 사회적 활동이나 스포츠 활동이든, 혹은 돈이나 경력이든. 시간을 어떻게 쓰는지를 들여다보아야만, 당신은(그리고 다른 사람들도) 자신에게 진짜 중요한 것이 무엇인지 알 수 있다.

어떤 사람은 자기에게 가장 중요한 것은 일에서의 성공이라고 말하면서도, 집에 돌아가 매일 몇 시간씩 텔레비전만 본다. 또 어떤 사람은 가족이 가장 소중하다고 말하면서도, 사교 모임에 나가거나 골프를 치는 데 시간을 쓴다. 결국 당신이 진정으로 중요하게 여기는 것은 말이 아니라 행동이 보여준다.

시간 관리의 핵심은 명확하다. 우선순위를 분명하게 정하고, 그 우선순위를 흔들림 없이 지켜야 한다. 매 순간 가장 가치 있고 중요한 일을 의식적으로, 그리고 의도적으로 선택하고 자기 절제를 발휘해 오직 그 일에만 집중해야 한다.

# 개인의 전략적 계획

기업의 전략적 계획에서 핵심은 '자기 자본 수익률<sub>return on equity</sub>'을 높이는 것이다. 여기서 자기 자본이란 (빌린 돈이나 부채를 제외하고) 소유주가 직접 기업에 투자한 자금을 뜻한다. 전략적 계획의 목적은 기업이 이 계획 과정을 거치지 않았을 때보다 더 높은 자기 자본 수익률을 거둘 수 있도록 사업을 조직하고 재조직하는 방안을 찾는 데 있다.

기업은 금융 자본에 투자하지만, 개인은 '인적 자본'에 투자한다. 기업이 금융 자산을 운용하듯, 당신에게 가장 중요한 자산은 정신적·정서적·신체적 에너지다. 이 에너지를 어떻게 투자하느냐가 삶의 전체적인 질을 결정한다.

개인의 전략적 계획에서 목표는 자신의 활동을 통해 가장 높은 '에너지 수익률'을 얻는 것이다. 켄 블랜차드<sub>Ken Blanchard</sub>는 이를 '삶의 수익률'을 극대화하는 것이라고 표현한다.

돈을 투자할 때 수익률을 최대화하려 신중을 기하듯, 시간을 투자할 때도 똑같이 신중해야 한다. 시간은 한정된 자원이므로 가장 큰 성과와 보상, 그리고 만족을 얻을 수 있는 방법을 찾아야만 한다.

## 행동하기 전에
## 생각하라

많은 시간을 들여 어떤 일을 시작하기 전에 스스로에게 반드시 물어야 한다. "이것이 내 시간을 가장 가치 있게 쓰는 방법인가?"

시간 관리에서 자기 절제가 부족하면 가장 중요한 일을 계속 미루게 되고, 그 결과 가치가 낮거나 거의 의미 없는 일에 점점 더 많은 시간을 쏟게 된다. 이런 행동이 반복되면 결국 습관이 된다.

실제로 많은 사람에게는 이미 미루는 습관이 있다. 중요한 일을 뒤로 미룬 채, 장기적으로 아무런 의미도 없는 일에 대부분의 시간을 허비하는 것이다.

## 우선순위와 후순위

우선순위를 정한다는 것은 후순위를 정한다는 뜻이기도 하다. 우선순위는 더 많이, 더 빨리 해야 하는 일을 말하고, 후순위는 덜 하거나 나중에 해도 되는 일을 말한다. 아마 당신은 해야 할 일은 너무 많고 시간은 턱없이 부족하다고 느낄 것이다. 그러므로 새로운 일을 시작하려면 반드시 기존에 하던 일을 중단해야 한다. 새로운 과제를 시작하려면 다른 어떤 활동은 그만두어야 한다. 새로운 일에 뛰어들기 전에 스스로에게 물어보자. "이 일에 쓸 시간을 마련하기 위해 나는 다른 어떤 일을 그만둘 것인가?"

정기적으로 자신의 삶을 돌아보고 '의도적 포기'를 실천하라. 의식적으로 앞으로 중단할 활동을 정해, 당신의 미래에 실질적인 변화를 가져다줄 일에 더 많은 시간을 쓸 수 있도록 하라.

## 결과를 생각하라

시간 관리의 자기 절제 역량을 기르는 데 있어 가장 중요한 단어는 '결과'다. 어떤 일이 중요한지는 그것을 끝내거나 끝내지 못했을 때 초래될 잠재적 결과가 얼마나 중대한가에 달려 있다. 반대로 하든 하지 않든 별다른 영향을 미치지 않는다면, 그 일은 중요하지 않은 것이다.

예를 들어, 대학에서 학업 과정을 마치는 일은 앞으로의 50년 동안 삶에 지대한 영향을 미칠 수 있다. 직장에서 중요한 업무나 프로젝트를 끝내거나 큰 거래를 성사시키는 일 역시 당신의 경력과 소득에 큰 결과를 초래할 수 있다.

반대로 커피를 마시거나 동료와 잡담을 나누고, 신문을 읽거나 인터넷 서핑을 하고, 이메일을 확인하는 일은 즐겁기는 해도 거의 아무런 영향을 끼치지 않는다. 다시 말해, 그런 일들은 하든 하지 않든 당신의 일이나 삶에 아무런 차이를 가져오지 못한다. 그러나 아이러니하게도 사람들은 대부분의 시간을 바로 그런 일들에 쏟는다.

## 시간을 관리하라

미루는 습관을 없애기 위해 활용할 수 있는 간단한 시간 관리 체계가 있다. 이 방법에는 자기 절제와 의지력, 그리고 개인적인 정리정돈 기술이 필요하다. 하지만 그 보상은 매우 크다. 이 체계를 활용하면 생산성과 성과를 높일 수 있고, 결과물, 그리고 소득까지 두세 배로 늘릴 수 있다.

하루를 시작하기 전에, 그날 해야 할 모든 일을 목록으로 작성하라. 이 목록을 작성하기에 가장 좋은 시간은 전날 자기 전이다. 잠을 자는 동안 잠재의식이 그 목록을 계속 곱씹는다. 그러면 아침에 눈을 떴을 때, 그날의 일을 더 효과적으로 끝낼 수 있는 아이디어와 통찰이 불현듯 떠오르는 경우가 많다.

그다음에는 A-B-C-D-E 방법으로 목록을 분류한다.

- A = '반드시 해야 하는 일', 하지 않으면 심각한 결과가 따르는 일

- B = '하면 좋은 일', 하거나 하지 않아도 가벼운 결과만 따르는 일
- C = '하면 즐겁지만 굳이 하지 않아도 되는 일', 해도 그만, 안 해도 그만인 일
- D = '위임할 수 있는 일', 오직 당신만이 할 수 있는 일에 더 많은 시간을 쓸 수 있도록, 다른 사람에게 맡겨도 되는 일
- E = '제거해야 할 일', 더 이상 당신의 업무나 목표 달성에 필요하지 않아 중단해야 하는 일

다음 날 해야 할 일 목록을 검토한 뒤, 각 과제 옆에 A, B, C, D, 또는 E를 표시하라.

만약 'A' 항목이 여러 개라면 중요도에 따라 A-1, A-2, A-3처럼 순서를 매긴다. 'B'와 'C' 항목도 같은 방식으로 정리한다.

원칙은 간단하다. A 과제가 남아 있는데 B 과제를 해서는 안 된다. 더 가치 있는 일이 앞에 있는데 덜 가치 있는 일부터 해서는 안 된다.

이 방법으로 목록을 정리했다면, 자기 절제를 발휘해 A-1 과제를 가장 먼저 하는 것으로 하루를 시작하라.

# 하나에만 집중하라

가장 중요한 일을 시작했다면, 끝날 때까지 온전히 그 일에만 집중하는 자기 절제가 필요하다. 100퍼센트의 시간과 주의를 오직 그 일에 쏟아야 한다.

가장 중요한 일을 선택하고, 다른 모든 일을 제쳐 두고 그 일을 먼저 시작하는 데는 강력한 자기 절제가 필요하다. 하지만 일단 시작하고 나면, 그 일에 자연스럽게 몰입하게 만드는 에너지와 추진력이 생긴다. 긍정적인 기분이 들고 자신감이 생기며, 만족감과 결단력도 향상되는 것을 경험하게 된다. 중요한 일을 시작하는 행동 자체가 자존감을 높이고 계속 나아가도록 동기를 부여한다.

우리의 마음 깊은 곳에는 강인함과 자기효능감을 경험하고, 삶을 스스로 통제하고 있다는 감각을 느끼고 싶은 강렬한 욕구가 자리한다. 지금 이 순간 자신에게 가장 중요한 일을 시작하는 자기 절제를 발휘할 때, 자신감과 자존감이 자연스럽게 깨어난다.

# 수익률 1,000퍼센트의 법칙

A-B-C-D-E 방법으로 할 일을 정리하는 데는 10분도 채 걸리지 않는다. 하지만 이렇게 하루의 할 일을 미리 준비하면 계획하느라 투자한 1분마다 실행 단계에서 10분을 절약할 수 있다.

다시 말하자면 철저한 계획과 분명한 우선순위 설정을 통해 하루의 첫 번째 과제를 시작하기도 전에 무려 1,000퍼센트에 달하는 '에너지 수익률'을 올릴 수 있다는 뜻이다.

가장 중요한 일을 처리하면서 앞으로 나아가고 있다는 느낌을 받을 때, 뇌에서는 자연산 '해피 드러그happy drug' 엔도르핀이 분비된다. 이 엔도르핀은 긍정적인 기분과 집중력을 높여주고 정신을 맑게 하고 삶을 스스로 통제하고 있다는 감각을 준다.

가장 중요한 일을 하지 않으려는 자연스러운 저항을 자기 절제로 이겨내고 시작하면, '엔도르핀 러시'가 찾아온다. 이것은 큰 기쁨과 짜릿함, 행복감, 그리고 높은 자존감으로 느낄 수 있다. 중요한 과제를 끝마쳤을 때, 마치 결승선을 가장 먼저 통과한 운동선수처럼 승리의 감정을 맛보게 된다.

훌륭한 시간 관리가 가져다주는 보상은 끝이 없다. 시간을 계획하고 정리하며, 우선순위를 정하고 A-1 과제부터 시작하는 순간, 당신은 행복감과 자기 통제감을 느낄 것이다. 계획과 실행이 좋아질수록 기분도 좋아진다.

# 집중을 유지하라

강제 효율성의 법칙이란 "모든 일을 다 할 시간은 없지만, 가장 중요한 일을 할 시간은 언제나 있다"라는 법칙이다.

다음 질문은 가장 중요한 과제와 활동, 책임에 집중할 수 있도록 도와줄 것이다.

**1. 회사는 왜 나에게 월급을 주는가? 나는 정확히 어떤 일을 하라고 고용된 것인가? 나에게 기대되는 성과는 무엇인가?**

이 질문의 답을 분명하게 알아야 한다. 동료와 이야기해보고 상사에게 직접 물어보라.

**2. 나의 핵심 성과 영역은 무엇인가? 내가 맡은 자리에서 반드시 달성해야 하는 핵심 성과는 무엇인가?**

어떤 직위든 5~7개 정도의 핵심 성과 영역이 존재한다. 자신의 영역을 정확히 파악하고 하루 종일 그 분야의 업무를 처리하는 것이 중요하다.

**3. 가장 가치 있는 활동은 무엇인가? 내가 하는 모든 일 중에서, 어떤 활동이 회사와 나 자신에게 가장 큰 가치를 더해주는가?**

당신이 회사에 크게 기여할 수 있는 핵심 역량은 무엇인가?

**4. 나만이 할 수 있는 일, 잘 해낸다면 진정한 변화를 불러올 수 있는 일은 무엇인가?**

이 질문에는 단 하나의 답만 존재한다. 이것은 오직 당신만이 할 수 있는 일이다. 당신이 하지 않으면 아무도 대신해주지 않는다. 그러나 당신이 한다면, 잘 해낸다면, 삶과 일의 결과는 완전히 달라질 것이다.

**5. 지금 이 순간, 내 시간을 가장 가치 있게 쓰는 방법은 무엇인가?**

이 질문은 우선순위를 정하고 미루는 습관을 없애는 데 가장 중요한 질문이다. 매 순간 이 질문에는 반드시 답이 존재한다. 할 일을 체계적으로 정리하고 가장 중요한 우선순위를 선택하는 능력은 곧 당신의 지성과 효율성을 가늠하는 기준이다.

## 지금 당장 시작하라

오늘부터 이 시간 관리 원칙을 삶의 모든 영역에 적용해야 한다. 일은 물론이고, 가족, 건강, 운동 습관, 재정 관련 결정과 활동에 적용하라. 변명은 필요 없다.

우선순위를 정하고 그것을 끝까지 지키려면 강력한 자기 절제가 필요하다. 성공을 가로막는 미루는 습관을 없애려면 끊임없는 자기 절제와 의지력이 필요하다. 그러나 시간을 효율적으로 사용할수록 더 큰 행복이 느껴지고 삶의 모든 영역에서 질이 향상될 것이다.

우리가 목표를 이루지 못하게 가로막는 방해물은 거의 언제나 크고 작은 문제와 난관이다. 일상에서 마주치는 문제를 얼마나 효과적으로 해결하느냐가 성과와 보상에 막대한 영향을 미친다. 이에 대해서는 다음 장에서 다룰 것이다.

1. 오늘부터 시간을 탁월하게 관리하겠다고 결심하라. 그것이 습관이 될 때까지 꾸준히 실천하라.

2. 하루를 시작하기 전, 그날 해야 할 모든 일을 목록으로 작성하라. 새로운 일이 생기면 행동에 옮기기 전에 반드시 목록에 추가하라.

3. A-B-C-D-E 방법으로 우선순위를 정하라. 이 과정을 반복해 습관으로 만들어라.

4. 매일 A-1 과제를 가장 먼저 시작하고, 완전히 끝날 때까지 오직 그 일에만 몰두하라.

5. 오직 당신만이 할 수 있고, 제대로 해낸다면 진정한 변화를 불러올 단 하나의 과제를 찾아보라.

6. 전체 성과의 80퍼센트를 만들어내는 20퍼센트의 핵심 과제를 찾고, 대부분의 시간을 그 일에 집중할 절제력을 키워라.

7. 매 순간 스스로에게 물어라. "지금 이 순간, 내 시간을 가장 가치 있게 쓰는 방법은 무엇인가?" 그리고 그 일이 완전히 끝날 때까지 오직 그 일에만 집중하라.

# 문제는
# 절제된 사고로 해결된다

"경험이란 한 인간에게 일어나는 일이 아니라,

그가 그 일에 어떻게 대응하느냐를 말한다."

— 올더스 헉슬리

생각은 원인이고 상황은 그 결과이다. 그러므로 당신이 어떤 삶을 사는가는 곧 당신이 어떤 생각을 하느냐에 크게 좌우된다. 가장 중요한 마음의 법칙은 바로 이것이다. "사람은 가장 많이 하는 생각대로 된다."

각 분야에서 최고의 성과를 내는 사람들은 철저히 해결 지향적이다. 그늘은 대부분의 시간을 해결책을 생각하는 데 쓴다. 가장 성공한 사람들은 누가 무엇을 했는지, 혹은 하지 않았는지에 매달리기보다는 해결책에 집중한다. 문제를 해결하기 위해 할 일이 무엇인지 말이다.

수피 철학자 이즈라트 칸Izrhat Khan은 이렇게 말했다. "삶은 바다의 파도처럼 끊임없는 문제의 연속이다. 문제는 절대 멈추지 않는다." 이는 곧 우리가 살아가며 맞닥뜨릴 끝없는 문제와 어려움, 좌절, 그리고 일시적인 실패 앞에서 자기 절제와 자기 숙달, 자기 통제를 실천할 수 있어야 한다는 뜻이다. 이것이야말로 일과 삶에서 성공을 거두는 데 꼭 필요한 능력이다.

# 위기는 피할 수 없다

우리는 살아가는 동안 끊이지 않는 문제를 마주해야 한다. 건강, 재정, 가족, 사업, 정치 등 매우 다양한 문제가 끊임없이 밀려온다. 그리고 끝없이 이어지는 문제가 잠깐 끊길 때, 오히려 더 큰 위기가 찾아온다. 정상적인 삶을 살고 있다면, 아마 두세 달마다 한 번꼴로 위기를 경험할 것이다. 위기 속에서야말로 당신이 어떤 사람인지, 얼마나 굳센 성품을 지녔는지가 여실히 드러난다.

예기치 못한 좌절과 시련 앞에 섰을 때, 당신은 자신이 어떤 사람인지를 세상에 보여주게 된다. 인생의 모든 것은 '시험'이다. 당신이 떠올려야 할 질문은 이것뿐이다. 통과할 것인가, 실패할 것인가?

위기는 본래 '예고 없이' 찾아온다. 미리 알 수도, 예상할 수도 없다. 만약 그럴 수 있다면 그것은 애초에 위기가 아닐 것이다. 미리 대비할 수 있었을 테니까. 이렇듯 피할 수 없는 위기가 닥쳤을 때야말로 그 어느 때보다 높은 수준의 자기 절제가 요구된다. 그래야만 침착함을 잃지 않고 냉정한 판단력으로 위기를 효과적으로 다룰 수 있기 때문이다.

# 최선을 다하라

일이 잘못되었을 때, 우리는 본능적으로 화를 내고 탓할 대상을 찾는다. 하지만 에너지만 낭비할 뿐 아무것도 해결되지 않는다. 그 대신, 자신을 다스려 침착하고 객관적인 태도를 유지하고 감정에 휘둘리지 않도록 해야 한다.

예기치 못한 문제나 위기에 직면했을 때도 자기 절제를 발휘해 침착함을 유지하고 문제 자체가 아니라 해결에 집중해야 한다. 왜 그런 일이 일어났는지, 누구의 잘못인지 따지기보다 지금 당장 무엇을 할 수 있는지를 생각하라.

예를 들어, 누군가 다친 상황을 떠올려 보라. 우선 부상자를 돌보고 출혈을 멎게 하고 피해를 최소화하는 데 집중해야 한다. 어떻게, 왜 그런 일이 일어났는지 분석하는 것은 나중이다. 문제나 위기를 맞닥뜨렸을 때는 자기 절제를 발휘해 즉시 '내가 책임진다'라고 생각하라. 설령 그 순간 당신이 책임지는 것이 오직 자신의 반응을 통제하는 일뿐이라 해도 말이다.

# 머릿속을 명료하게 유지하라

최고의 성과를 내는 사람들은 위기 상황에 효과적으로 대응하는 능력을 길러왔다. 그들은 침착하고 차분하며, 맑은 시선으로 상황을 바라본다. 자신을 단련해 감정에 휘둘리지 않고 냉정을 유지하기 때문에 더욱 명확하게 사고하고 상황을 객관적으로 분석하며, 더 나은 결정을 내릴 수 있는 것이다.

그러나 화가 나고 감정이 격해지면 신피질, 즉 '생각하는 뇌'는 곧바로 작동을 멈춘다. 남는 것은 오직 감정에 지배되는 원시적 두뇌뿐이다. 이 두뇌는 상황을 "싸울 것인가, 도망칠 것인가"라는 단순한 기준으로만 판단한다. 그 결과 사고는 흑백논리에 갇히고, '예/아니오, 하거나/하지 않거나'와 같은 단편적인 선택만 남는다. 결국 상황을 다각도로 바라보고 다양한 해결 가능성을 모색하는 힘을 잃게 된다.

반면 뛰어난 사람들은 모든 문제가 자기 통제력과 자신감을 키울 기회임을 알고 있다. 사실, 인생에서 당신이 오를 수 있는 높이는 곧 당신이 해결할 수 있는 문제의 크기에 달려 있다.

# 성공으로 가는 디딤돌

로런스 피터Lawrence Peter 박사의 《피터의 원리The Peter Principle》는 뼈 아픈 현실을 꼬집는 주제를 다루고 있다. 그에 따르면 모든 조직의 구성원은 계속 승진하다가 마침내 그 직위에서 요구되는 문제를 해결할 능력이 없는 수준에 이르면 그 자리에서 멈추게 되고, 이후 남은 경력 동안 계속 그 자리에 머물게 된다.

나아가 그는 바로 이런 이유 때문에 모든 조직은 결국 역량 부족 수준에 도달한 사람들로 채워진다고 지적했다. 특히 정부와 관료 조직이 그러하다. 이 때문에 정부는 시간과 비용 면에서 비효율적일 수밖에 없고, 결국 어떤 일도 제대로 진행되기 어려워진다.

당신의 개인적인 삶에서도 마찬가지다. 회사와 직업에서 성장은 경력의 각 단계에서 문제를 해결하고 필요한 결정을 내릴 수 있는 능력에 비례한다. 좋은 소식은, 우리가 늘 해결책에 대해 생각할수록 두뇌가 철저히 해결 지향적으로 훈련된다는 점이다.

주변에서 어떤 문제나 어려움이 생기더라도 당신의 두뇌는 끊임없이 창의적인 해결 방법을 찾아낼 것이다. 그 결과 당신은 실제로 더 똑똑해지고 더 민첩해져서 사고하는 두뇌를 더욱 빠르고 폭넓게 활용할 수 있게 된다.

어떤 운동을 배울 때는 기본 동작부터 익히고, 그다음에 좀 더 수준이 높은 동작을 배운다. 이러한 기술들을 반복해서 연습하다

보면, 마침내 언제든지 자연스럽고 능숙하게 해낼 수 있게 된다.

문제 해결을 위한 자기 절제를 키우려면 일이나 삶에서 맞닥뜨리는 모든 문제를 효과적으로 다룰 수 있는 공식이나 방법을 갖추어야 한다. 다행히 문제 해결과 의사 결정에는 거의 모든 상황에 적용할 수 있는 검증된 공식이 있다. 한 번 살펴보자.

## 효과적인 문제 해결 9단계

**1단계: 시간을 들여 문제를 명확히 정의하라.** 의학에는 "정확한 진단이 치료의 절반이다"라는 말이 있다. 먼저 스스로에게 물어야 한다. "지금 문제는 정확히 무엇인가?" 놀라운 사실은 조직에서 하나의 문제를 두고 여러 사람이 흥분해 있을 때, 각자 그 문제의 본질을 전혀 다르게 이해하거나 정의한다는 점이다. 당신이 가장 먼저 해야 할 일은 본격적인 해결 과정에 들어가기 전에 문제를 명확히 규정하고, 모두가 그 정의에 동의하도록 만드는 것이다.

**2단계: "이것이 정말 문제인가?"라고 물어라.** 우리가 아무것도 할 수 없는 일들도 있음을 기억해야 한다. 그런 것들은 문제라기보다는 삶의 현실일 뿐이다. 금리 상승, 경기 변동, 정책 변화 등은 문제가 아니다. 해결할 수 있는 성격의 것이 아니라, 그 상황에 맞추어 대응하고 헤쳐 나가야 할 대상일 뿐이다.

또한 겉보기에 문제나 좌절처럼 보이는 것이 사실은 숨겨진 기회일 수도 있다. 어떤 경우에는 애초에 그 문제를 해결할 필요조차 없고 오히려 완전히 다른 일을 자유롭게 시도할 수 있다. 그것이 당신이나 조직에 훨씬 더 이로울 때도 있다.

**3단계: "또 다른 문제가 있는가?"라고 물어라.** 문제를 단 하나의 방식으로만 정의하지 않도록 주의해야 한다. 문제를 다양한 관점에서 정의할수록 최선의 해결책을 찾을 가능성이 커진다.

나는 매출이 기대 수준에 미치지 못하는 기업과 함께 일할 때 문제를 다른 방식으로 다시 규정하는 스물한 가지 질문을 던진다. 문제를 다시 정의할 때마다, 그것이 옳은 정의로 받아진다면, 전혀 다른 해결책이 나오고, 종종 회사의 방향성 자체가 달라지기도 한다.

예를 들어, 내가 "문제가 무엇입니까?"라고 물었을 때 첫 번째 대답이 "매출이 너무 낮습니다"였다고 하자.

그다음에 "또 다른 문제가 있습니까?"라고 다시 물으니 "경쟁사의 매출이 너무 높습니다"라는 답이 돌아온다.

차이를 주목하라. 문제가 '매출이 낮다'라면, 그 해결책은 광고와 판촉을 늘리고 영업 활동을 강화하는 데 있을 것이다. 하지만 문제를 '경쟁사의 매출이 너무 높다'라고 정의한다면, 그 해결책은 제품을 개선하거나 제품 라인을 바꾸고, 가격을 낮추거나 아예 전혀 다른 사업으로 전환하는 데 있을 수 있다.

이처럼 일련의 질문을 던지고 답하는 과정을 거치다 보면, 결국 해결책을 적용할 수 있는 올바른 문제 정의에 도달하게 된다.

**4단계: "이 문제가 어떻게 발생했는가?"라고 물어라.** 문제의 원인을 파악해야 같은 일이 다시 일어나지 않도록 예방할 수 있다. 만약 일이나 삶에서 똑같은 문제가 반복해서 나타난다면, 그것은 해당 영역의 체계가 잡혀 있지 않거나 통제가 제대로 이루어지지 않는다는 신호다. 시스템 내부에 뿌리 깊은 결함이 있어 같은 문제가 되풀이된다. 이때 당신이 해야 할 일은 왜 이런 문제가 반복적으로 발생하는지 근본적인 원인을 찾아 뿌리 뽑는 것이다.

**5단계: "가능한 모든 해결책은 무엇인가?"라고 물어라.** 가능한 해결책을 많이 도출할수록 올바른 답을 찾아낼 가능성도 높아진다. 해결책의 질은 문제 해결 과정에서 고려된 해결책의 수에 비례하는 경우가 많다. 문제를 해결할 방법이 오직 하나뿐인 것처럼 보인다면 의심하라.

**6단계: "지금 이 시점에서 최선의 해결책은 무엇인가?"라고 물어라.** 때로는 어떤 해결책이든 아무 대책이 없는 것보다는 낫다. 특별할 것 없는 방안이라도 단호하게 밀어붙이면 너무 복잡하거나 아무도 실행력이 없어서 끝내 무용지물이 되어버리는 뛰어난 해결책보다 나을 때가 많다.

원칙은 이렇다. 모든 문제의 80퍼센트는 즉시 다루어야 한다. 뒤로 미뤄도 되는 문제는 나머지 20퍼센트뿐이다. 만약 어떤 문제를 미뤄야 한다면, 반드시 해결책을 결정해야만 하는 구체적인 기한을 정하고 그때 주어진 정보를 바탕으로 결정을 내려야 한다.

'큰 문제는 모두 한때는 작고, 그 당시에는 적은 비용으로 쉽게 해결할 수 있었던 문제였다'라는 원칙이 있다. 가장 좋은 전략이 '싹을 자르는 것'일 때도 있다. 문제와 해결책이 분명하다면 필요한 일을 즉시, 그리고 신속하게 실행하라.


**7단계: 결정을 내려라.** 어떤 해결책이든 하나를 선택하고 행동 방침을 정하라. 그리고 항상 스스로에게 물어야 한다. "다음 행동은 무엇인가? 이제 무엇을 할 것인가?"


**8단계: 책임자를 정하라.** 누가 구체적으로 해결책을 실행할 것인지, 혹은 해결책의 각 요소를 맡을 것인지를 분명히 정해야 한다. 문제를 해결하기 위한 회의에서 모두 동의했지만, 2주 뒤 다시 모였을 때 아무런 진전도 이루어지지 않은 경우는 흔하다. 왜 그럴까? 결정을 실행에 옮길 책임자를 명확히 지정하지 않았기 때문이다.

**9단계: 결정에 대한 기준을 세워라.** 이 결정을 통해 무엇을 달성하려는가? 그 성과를 어떻게 측정할 것인가? 어떻게 해야 해결책이 효과가 있었다는 것을 알 수 있는가? 해결책을 통해 달성하고자 하는 결과를 정확히 규정할수록, 실제로 그 결과에 도달할 가능성도 그만큼 커진다.

# 해결은 성장의 확실한 증거다

문제 해결에 따르는 가장 큰 보상은 더 크고 중요한 문제를 해결할 기회를 얻는 것이다. 당신의 급여와 승진 속도, 그리고 경력에서의 성장 역시 대부분 문제 해결 능력에 의해 좌우된다. 해결책에 집중할수록 더 많은 해결책이 떠오르고 그만큼 조직 내 당신의 가치도 커진다.

자존감의 또 다른 측면은 '자기효능감'이다. 자기효능감은 곧 '자신의 문제를 해결하고 목표를 달성할 수 있다고 느끼는 능력의 정도'로 정의된다.

일상에서 부딪히는 문제와 어려움을 스스로 해결할 수 있다고 느낄수록 자신에 대한 만족감도 커진다. 자신을 좋아하게 될수록 더 큰 문제도 해결할 수 있는 자신감과 역량이 생기고, 더 큰 성과를 거둘 수 있게 된다.

## 성공의 결정 요인

당신이 일에서 무엇을 성취하느냐는 대부분 문제 해결 능력에 달려 있다. 분제 해결 능력이 뛰어난 사람은 어느 분야에서나 가장 가치 있고 존경받는 인물이 된다. 이런 이유로 성공은 '문제를 해결하는 능력'으로 정의되곤 한다. 이는 곧 행복도 문제를 해결하는 능력이며, 리더십 또한 문제를 해결하는 능력임을 뜻한다.

일상에서 피할 수 없고 불가피하게 닥치는 문제와 위기 앞에서 자기 절제와 자기 통제를 실천할 때, 당신은 모든 일에서 더욱 유능하고 효율적인 사람이 된다. 주변 사람들로부터 존경과 신망을 얻고 스스로 힘과 역량이 커졌다는 엄청난 성취감을 맛보게 된다. 머지않아 당신은 조직에서 가장 가치 있는 사람들 가운데 한 사람이 될 것이다.

1. 문제 해결은 수학 문제를 푸는 것과 같다. 연습과 반복으로 익힐 수 있다. 오늘 당신 앞에 놓인 가장 큰 문제부터 찾아보라.

2. 매일의 업무에서 마주하는 문제들에 대해 전적인 책임을 받아들이고, 그다음 해결책을 고민하라.

3. 지금 당신이 일과 삶에서 직면한 가장 큰 문제를 명확히 정의하고 글로 적어라. 문제는 정확히 무엇인가?

4. 왜 이것이 문제인가? 혹시 위장된 기회는 아닌가? 이 문제 속에는 어떤 기회나 교훈이 숨어 있는가?

5. 또 다른 문제가 있는가? 어쩌면 진짜 문제는 당신이 직면하기를 피하는 다른 무언가일 수도 있다.

6. 가능한 모든 해결책을 떠올려라. 그리고 다시 묻자. 또 어떤 해결책이 있을까?

7. 지금 당장 실행할 수 있는 최선의 해결책을 선택하고 즉시 행동에 옮겨라.

인생의 궁극적인 목표는 자신의 행복을 이루는 것이다. 그 누구도 대신해줄 수 없다. 이 개인적 열망이 거의 모든 행동의 원동력이 된다. 더 나아가 행복은 물질적인 것을 소유하는 문제라기보다 감정적이고 정신적인 차원에 더 가깝다. 3부에서는 삶에서 가장 중요한 영역에서 자기 절제를 실천하는 것이, 그 어떤 자질보다도 더 큰 기쁨과 만족을 가져다줄 수 있다는 사실을 배우게 될 것이다.

3부

# 절제가 이끄는
# 좋은 삶

【 15장 】

# 행복은
# 마음을 다스릴 때 찾아온다

"멍에를 메지 않으면 말을 원하는 곳으로 끌고 갈 수 없다.

압력을 가하지 않으면 수증기나 기체를 원하는 방향으로 몰아갈 수 없다.

수차를 통과하지 않고서는 나이아가라의 물을 빛이나 힘으로 바꿀 수 없다.

마찬가지로 우리 인생도 집중과 헌신, 절제가 없으면

결코 위대한 삶으로 성장할 수 없다."

― 해리 에머슨 포스딕

행복을 스스로 쟁취하는 능력이야말로 인생에서 성공을 가늠하는 진정한 기준이다. 그 무엇도 이보다 더 중요하지 않으며, 그 무엇도 이를 대신할 수 없다. 물질적인 성취를 모두 이루었더라도 행복하지 않다면, 인간으로서의 잠재력을 실현하지 못한 것이다.

4장에서 언급했듯이, 인간은 목적 지향적인 존재로 항상 목표와 결과를 향해 나아간다. 그러나 모든 목표 뒤에는 또 다른 목표가 있고, 그 뒤에는 또 다른 목표가 있기 마련이다. 이런 식으로 가다 보면 결국 우리의 삶을 움직이는 '최초의 원동력primum movens', 즉 행복에 대한 열망에 다다르게 된다. 진정한 행복은 자기 절제, 자기 통달, 자기 통제를 실천할 때만 얻을 수 있다. 삶을 완전히 스스로 통제하고 있다는 감각이 있을 때 비로소 마음 깊이 만족을 느낄 수 있는 것이다.

# 책임과 통제가 행복을 만든다

내 책《잠들어 있는 성공 시스템을 깨워라 Maximum Achievement》에서 통제 법칙의 중요성을 강조한 바 있다. "우리는 자신의 삶을 스스로 통제하고 있다고 느끼는 정도만큼 행복하다. 반대로 자신의 삶을 통제하지 못한다고 느끼거나, 다른 사람이나 외부의 힘으로 통제되고 있다고 느끼는 만큼 불행하다."

심리학자들은 이를 '통제 위치 locus of control'라고 부른다. 이 주제에 대해서는 지난 50년간 수많은 연구가 이어졌고, 수백 권의 책과 논문이 나왔다. 결론은 일치한다. 스트레스와 불행은 외부 환경에 의해 통제당한다고 느낄 때 생긴다. 이것은 '내적 통제 위치(행복)'와 '외적 통제 위치(불행)'의 차이로 설명될 수 있다.

내적 통제 위치를 가진 사람은 스스로 삶을 주도하고 있다고 느낀다. 자신이 내린 결정이 삶의 결과를 이끌어낸다고 믿으며, 인생에서 일어나는 대부분의 일이 자기 통제 안에 있다고 여긴다. 이렇게 내적 통제 위치가 강하면 자신의 인생이라는 차의 운전대를 직접 잡고 운전석에 앉아 있다는 느낌을 받는다. 자신에게 일어나는 대부분의 일이 스스로에 의해 결정된다고 믿는다. 그 결과, 마음이 강해지고 목적의식이 분명해지며, 행복을 느낀다.

반대로 외적 통제 위치를 가진 사람은 삶을 스스로 통제하지 못한다고 느끼거나, 삶을 주도할 힘이 거의 없다고 느낀다. 예를 들어, 독단적이거나 까다로운 상사의 통제 아래 있으면서도 저축한 돈이 없어 직장을 그만둘 수 없는 상태라면, 극심한 스트레스와 불안을 겪게 될 것이다. 이런 상황에서는 일도 제대로 할 수 없으니 까다로운 상사의 불만을 사서 해고될 가능성마저 높아진다. 결국 두려워하던 상황이 실제로 벌어지는 경우가 많다.

또 다른 예로는 불행한 결혼 생활이나 파트너 관계에 얽매여 있으면서도 벗어날 수 없는 경우가 있다. 온갖 청구서나 빚, 혹은 현재의 생활 수준을 유지해야 한다는 의무감도 통제의 굴레가 되어 당신을 더 옭아맨다. 또 자신의 건강 상태나 부족한 학력 때문에 통제당하고 있다고 느낄 수도 있다. 그런가 하면 많은 사람이 불행한 어린 시절이나 성장 과정으로 인해 과거에 얽매여 현재 상황을 바꿀 수 없다고 느낀다.

또한 많은 사람이 자신의 성격에 얽매여 더 나은 방향으로 변하는 것이 불가능하다고 생각한다. '나는 원래 이런 사람이야'라고 자포자기하는 것이다. 하지만 이렇게 말하는 순간, 자신이 원하는 삶을 살고 행복해지는 데 필요한 자기 절제와 의지에 대한 책임을 스스로 포기하는 것이다.

외적 통제 위치를 내적 통제 위치로 바꾸는 열쇠는 오늘부터 자신의 삶을 전적으로 스스로 책임지겠다고 결심하는 것이다. 자신의 모든 결정은 자신이 내린 것이며, 지금의 위치와 모습 또한 결국 자기 자신이 만든 결과임을 깨닫고 받아들여야 한다. 인생의 어떤 부분에서 만족하지 못한다면, 상황을 바꾸는 데 필요한 일이라면 무엇이든 할 수 있도록 자기 절제를 키워야 한다.

## 가진 것을 원하는 것이 행복이다

일반적으로 행복과 불행을 결정하는 것은 현재 상황과 당신이 행복해지는 데 필요하다고 생각하는 조건이나 환경 사이의 간극이다. 이것은 전적으로 자신이 어떻게 평가하고 어떤 결정을 내리느냐에 달려 있다.

옛말에 이런 말이 있다. "성공은 원하는 것을 얻는 것이고, 행복은 자신이 얻은 것을 원하는 것이다." 소득과 삶이 자신의 목표와 기대에 부합하고 그 상태에 만족할 때 당신은 행복하다. 그러나 반대로 어떤 이유에서든 지금의 상황이 진정으로 원하고 기대하는 것과 다르다면 불만족이 자라고 불행하다고 느끼게 된다.

이 만족의 기준은 끊임없이 변한다. 일을 시작할 때는 연간 소득이 5만 달러만 되어도 큰 성취처럼 느껴질 수 있다. 그러나 일단 그 목표에 도달하고 나면, 10만 달러 이상을 벌지 못한다는 이유로 다시 불행해지기 시작한다. 어떤 사람들은 연간 백만 달러를 벌면서도 만족하지 못한다.

## 행복은 부산물이다

흥미로운 사실은, 행복이 직접 겨냥해 성취할 수 있는 목표가 아니라는 점이다. 행복은 자신이 진정으로 즐기는 일을 하면서 좋아하고 존중하는 사람들과 함께할 때 따라오는 부산물이다.

성공 철학의 대가인 라디오 해설자였던 얼 나이팅게일Earl Nightingale은 "행복이란 가치 있는 이상을 점진적으로 실현해나가는 것"이라고 말했다. 자신에게 중요한 무언가, 가장 중요한 목표를 향해 한 걸음씩 꾸준히 나아가고 있다고 느낄 때마다 사람은 자동으로 행복을 느낀다. 만족과 충만함을 경험하며, 개인의 성장과 안녕감을 강하게 느낀다.

## 행복의 다섯 가지 요소

행복에는 자기 절제가 필요하다. 행복이 자신에게 어떤 의미인지 분명히 규정하는 것과 그 이상적인 상태를 향해 매일 조금씩 꾸준히 나아가는 것, 이 두 가지가 모두 절제를 위해 필요하다.

내가 경험과 배움을 통해 알게 된 바에 따르면, 행복에는 다섯 가지 요소가 있다. 이 가운데 어느 하나라도 부족하면 스트레스와 불행, 그리고 삶을 통제하지 못한다는 감각으로 이어진다.

## 행복의 다섯 가지 요소

**1. 건강과 활력.** 이것은 아마도 좋은 삶에서 가장 중요한 요소일 것이다. 우리는 평생 건강을 추구한다. 통증이 없고 활력이 솟아날 때 비로소 진정한 행복을 느낀다. 대체로 건강은 '결핍 욕구'에 속한다. 건강을 잃기 전까지는 그것에 대해 크게 생각하지 않는다는 뜻이다. 예를 들어, 치통이 생기기 전까지는 치아에 대해 신경 쓰지 않고, 어딘가가 아프기 전까지는 자신의 몸을 의식하지 않는다.

높은 수준의 건강과 체력을 갖추고 유지하기 위해서는 평생 꾸준한 절제와 의지가 필요하다. 이 부분은 16장과 17장에서 자세히 다룬다.

**2. 행복한 인간관계.** 행복 혹은 불행의 85퍼센트는 다른 사람들과의 관계에서 비롯된다. 아리스토텔레스가 말했듯이 "인간은 사회적 동물이다." 사람은 삶의 모든 단계에서 다른 사람들과 함께 일하고 살아가도록 만들어진 존재다.

배우자, 자녀, 친구, 동료 등과 원만한 관계를 맺고 유지하는 능력이야말로 인격의 질과 정신 건강 수준을 가늠하는 진정한 척도다. 자존감이 높고 자신을 존중할 줄 아는 사람들은 타인과 더 잘 어울리며 훨씬 더 행복한 삶을 산다.

우리가 흔히 범하는 큰 실수는 사람들과의 관계를, 특히 가장 중요한 관계를 당연하게 여기는 것이다. 대체로 문제가 생기기 전까지는 그 관계에 대해 깊이 생각하지 않았다가, 일단 문제가 생기면, 다른 건 아무것도 눈에 들어오지 않는다.

**3. 의미 있는 일.** 진정한 행복을 위해서는 삶에 온전히 몰입해야 한다. 활발하게 움직이면서 성취감을 느끼게 해주는 일을 하면서 살아야 한다. 생계를 위해 하는 일은 자신이 즐기면서 잘할 수 있고 그에 합당한 보상도 따르는 일이어야 한다.

우리는 어떤 방식으로든 자신이 기여하고 있다고, 즉 받는 것보다 더 많이 내어준다고 느낄 때 진정한 행복을 느낀다. 자신이 하는 일이 다른 사람들의 삶이나 일에 실제로 변화를 불러온다고 느껴야 한다.

직원 동기 부여 연구에 따르면 고용주들은 주로 돈이나 복지 혜택이 직원들에게 동기를 부여한다고 생각한다. 그러나 실제로 직원들이 꼽은 상위 세 가지 요인은 전혀 달랐다.

- 도전적이고 흥미로운 일
- 성장과 발전의 기회
- 함께 일하기 즐거운 동료들

자신에게 맞는 일을 찾는 것은 우리에게 주어진 가장 중요한 책임 가운데 하나다. 그리고 그 일을 찾았다면 모든 열정을 쏟아부어야 한다. 만약 어떤 이유에서든 일에 진심으로 몰입할 수 없다면, 긍정적인 직장 생활에 꼭 필요한 세 가지 요소 가운데 하나 이상이 부족하기 때문일 수 있다. 어쩌면 그곳이 자신에게 맞는 자리가 아니라는 신호일지도 모른다.

**4. 경제적 자립.** 우리가 느끼는 큰 두려움 중 하나는 상실, 실패, 그리고 가난에 대한 두려움이다. 우리는 돈 한 푼 없어 남에게 기대어 살아야 하는 처지가 될까 봐 두려워한다.

그러므로 경제적 자립과 자유를 이루기 위해 노력하는 일은 우리에게 주어진 가장 중요한 책임 가운데 하나다. 가장 행복한 사람들은 더 이상 돈에 대해 걱정할 필요가 없는 지점에 다다른 이들이다. 이런 상태는 우연히 찾아오지 않는다. 오직 의도적이고 목적 있는 행동, 그리고 강력한 자기 절제를 통해서만 가능하다.

우리는 현재의 재정 상태와 이상적인 재정 상태에 큰 간극이 있다고 느낄 때마다, 스트레스와 걱정, 불행을 경험한다.

**5. 자아실현.** 자아실현이란 자기 안의 가능성을 온전히 실현해 나간다는 감각이다. 자신이 가진 모든 역량을 펼쳐 나갈 때 가능하다.

에이브러햄 매슬로Abraham Maslow는 유명한 '욕구 단계 이론'에서 인간에게는 '결핍형 욕구'와 '성장 욕구'가 모두 있다고 보았다. 사람들은 결핍을 채우려고 애쓰거나 잠재력을 실현하고자 한다. 매슬로는 결핍 욕구가 먼저 충족되어야만 비로소 자신의 역량으로 가능한 최고 수준까지 성장하고 발전할 수 있다고 결론지었다.

**결핍형 욕구.** 가장 기본적인 결핍형 욕구는 생존에 관한 것이다. 이 욕구를 충족하려면 생존과 안전을 유지할 수 있을 만큼의 음식과 물, 옷, 주거를 갖추어야 한다. 만약 어떤 이유로든 안전이나 생존이 위협받는다면, 우리는 오식 이 욕구를 충족하는 데만 전념하게 된다. 극심한 스트레스를 겪게 되고, 다시 안전이 보장되기 전까지는 전혀 행복할 수 없다. 이를테면 생명이 위태로운 상황에 처했다고 상상해보라.

두 번째 결핍형 욕구는 안전의 욕구다. 여기에는 재정적·정서적·신체적 안전이 모두 포함된다. 자신을 부양할 만큼의 돈이 필요하고, 직장과 가정에서 안정감을 느껴야 하며, 어떤 위험에도 노출되지 않는 신체적 안전도 보장되어야 한다. 이러한 욕구가 위협받으면 온통 그 문제밖에 눈에 들어오지 않게 된다. 예를 들어, 갑작스럽게 직장을 잃는 상황을 떠올려보라. 어떤 기분이 들겠는가?

세 번째 결핍형 욕구는 소속의 욕구다. 모든 사람은 가정과 직장에서 다른 이들과 관계를 맺고자 하는 욕구가 있다. 우리는 자신이 속한 세계에서 타인에게 인정받고 받아들여지기를 원한다. 누구나 관계 속에서 편안함을 느끼고, 팀이나 집단의 일원으로서 인정받으며 수용되기를 바란다.

**자기 존중의 욕구.** 생리적, 안전, 소속의 욕구와 같은 기본 욕구가 충족되면, 그다음에는 자존감과 자아 존중 같은 더 높은 단계에 해당하는 존재 욕구를 채우고자 한다. 자존감은 인격의 핵심으로, 삶에서 일어나는 모든 일을 바라보는 방식을 결정한다. 삶에서 우리가 하는 모든 일의 바탕에는 자존감을 높이거나, 혹은 위축되지 않도록 지키려는 욕구가 깔려 있다.

자신에 대해 어떻게 느끼는지, 얼마나 좋아하고 가치 있게 여기는지, 이것이 바로 자존감이며 다른 무엇보다도 행복을 크게 좌우하는 요인이다. 자존감의 원천은 다양하다. 타인에게 호감과 인정을 받고, 자신이 가장 중요하게 여기는 가치를 지키고, 뛰어난 업무 능력을 인정받고, 목표와 이상을 향해 꾸준히 나아갈 때 사람은 자연스럽게 행복과 만족을 느낀다. 자존감이 높을수록 자신이 소중한 존재라고 느끼고 스스로 삶을 통제하고 있다고 느낀다.

**인간의 최상위 욕구.** 매슬로가 제시한 욕구 단계 가운데 가장 높은 곳에 있는 것은 자아실현이다. 그러나 그의 말에 따르면 이 단계에 도달하는 사람은 전체 인구의 2퍼센트도 되지 않는다. 대부분의 사람은 결핍 욕구를 채우거나 자존감과 자아와 관련된 욕구를 지키고 높이는 데 몰두하느라, 정작 자아실현에 대해서는 깊이 생각하거나 적극적으로 노력하지 않는다.

그러나 자신에게 무궁한 잠재력이 있음을 깨닫고, 더 큰 성취를 이루고, 더 성숙한 사람으로 발전하고, 더 의미 있는 목표를 추구하려 할 때 비로소 자아실현과 진정한 행복을 경험하게 된다.

가장 행복한 사람은 자신의 삶이 가치 있고 중요한 일에 쓰인다고 느끼는 이들이다. 그들은 지금까지 이룬 성취를 넘어서는 도전을 한다고 믿는다. 자아실현에 헌신하는 사람들은 책을 쓰거나 예술 작품을 창작할 수도 있고, 산을 오르거나 스포츠 경기에 나설 수도 있다. 사업을 일구거나 몸담은 분야에서 정점에 오르려 애쓸 수도 있다.

놀랍게도 자아실현의 욕구는 완전히 채워지지 않는다. 다만 더 나은 자신을 향해 꾸준히 노력할 때, 우리는 지속적인 행복과 충만함을 맛본다. 그리고 그 과정에서 자신의 가능성을 실현하며 점점 더 진정한 자기 자신에 가까워지고 있음을 느낀다.

# 만족감에 안주하지 마라

자기 절제와 의지를 발휘해 쉬운 길의 유혹을 이겨낼 때마다 자신에 대한 만족감이 커진다. 꿈을 향해 믿음으로 도약하고 온갖 장애와 고난에도 굴하지 않고 꾸준히 나아갈 때, 우리는 내면의 힘과 자존감, 자신감을 얻는다. 그리고 이상을 향해 한 걸음씩 다가가면서 진정한 행복을 맛보게 된다.

다음 장에서는 오래도록 행복하고 건강한 삶을 살기 위해 자기 절제를 일상의 건강 습관에 어떻게 적용할 수 있는지 살펴볼 것이다.

1. 지금 내 삶에서 가장 큰 행복과 통제감을 느끼는 영역은 어디인가? 그 영역을 더 확장할 방법은 무엇일까?

2. 다른 사람이나 외부 요인에 의해 통제된다고 느끼는 영역은 어디인가? 이 상황을 개선하기 위해 무엇을 할 수 있을까?

3. 현재의 수준과 진정으로 도달하고 싶은 수준 사이에 간극이 있는 영역은 어디인가? 그 간극을 메우기 위해 지금 무엇을 시작할 수 있을까?

4. 지금 충족되지 않는 가장 시급한 욕구는 무엇인가? 그 욕구를 채우기 위해 오늘 당장 시작할 수 있는 일은 무엇일까?

5. 나에게 가장 큰 행복을 주는 일, 삶의 '절정 경험peak experiences'에는 어떤 것이 있는가? 어떻게 하면 이런 행복의 순간을 더 자주 만들 수 있을까?

6. 내 삶에서 가장 큰 불만을 느끼는 영역은 어디인가? 그 불만을 없애기 위해 지금 당장 무엇을 할 수 있을까?

7. 나에게 '행복'이란 무엇인가? 진정한 행복을 느끼려면 어떤 일이 일어나야 하는가? 그리고 그 상황을 만들기 위해 오늘 바로 무엇을 할 수 있을까?

# 16장

# 건강은
# 절제된 습관 위에 세워진다

"자기 존중은 절제의 뿌리다.

자신을 다스릴 줄 알아야 내면의 품격이 깊어진다."

— 에이브러햄 조슈아 헤셸

오늘날 인류는 역사상 그 어느 때보다 더 오래, 더 건강하게 살고 있다. 당신도 그런 삶을 누려야 한다. 자기 절제가 중요한 분야 가운데 무엇보다 우선되는 것은 바로 건강 관리다. 인생에서 가장 큰 목표는 가능한 한 오래, 그리고 가능한 한 건강하게 사는 것이어야 한다. 그러려면 평생에 걸쳐 절제할 줄 아는 건강 습관이 필요하다. 15장에서 말했듯이 건강은 행복을 이루는 핵심 요소 가운데 하나다.

2009년 기준으로 남성의 평균 기대수명은 76.8세, 여성은 79.8세, 즉 대략 80세이며, 해마다 꾸준히 상승하고 있다. 이는 곧 인구의 절반은 여든 살 이전에 세상을 떠나고, 나머지 절반은 여든 살 이후까지 산다는 뜻이다. 당신의 목표는 평균을 넘어서 아흔, 아흔다섯, 혹은 그 이상까지 장수하는 것이어야 한다.

## 절제가 건강을 지킨다

현대 사회에서는 과거 수명을 단축시켰던 결핵, 소아마비, 말라리아, 콜레라, 발진티푸스 같은 조기 사망 원인은 위생 관리와 현대 의학의 발달로 대부분 사라졌다.

오늘날 조기 사망의 주된 원인은 주로 심장병, 각종 암, 당뇨병, 그리고 교통사고다. 모두 어느 정도는 통제할 수 있는 것들이다.

물론 우발적인 사고처럼 예측할 수도, 막을 수도 없는 일도 있지만, 통제할 수 있는 것들은 자기 절제를 통해 충분히 다스릴 수 있다.

## 건강을 지키는 일곱 가지 습관

수만 명을 대상으로 20년 넘게 진행된 알라메다 연구<sub>Alameda Study</sub>는 장수에 가장 크게 기여하는 일곱 가지 건강 습관을 밝혔다.

**1. 규칙적으로 식사하라.** 단식하거나 굶거나 폭식하지 말라. 정상적이고 건강한 식사를 하루 5~6번 정도 하는 것이 좋으며, 마지막 식사는 잠자리에 들기 최소 세 시간 전에 마쳐야 한다.

**2. 가볍게 먹어라.** 과식은 몸을 피곤하고 무겁게 만들지만, 가볍게 먹으면 건강하고 활력이 넘친다. 토머스 제퍼슨의 말처럼 "식

사 후에 조금만 먹은 것을 후회한 사람은 없다."

**3. 식사 사이에 군것질하지 마라.** 음식이 소화되어 소장으로 이동하는 데에는 대략 4~5시간이 걸린다. 따라서 식사 후에 또 뭔가를 먹으면 소화 과정이 다시 시작되고 음식물이 저마다 다른 소화 단계에 놓인다. 그러면 소화 불량, 속쓰림, 졸음(특히 오후 시간대), 그리고 변비로 이어질 수 있다.

**4. 규칙적으로 운동하라.** 이상적인 운동 시간은 하루 약 30분, 혹은 주 200분 정도다. 걷기, 달리기, 수영, 혹은 운동 기구를 활용하는 방법이 있다. 매일 모든 관절을 충분히 움직여 주어야 한다.

**5. 안전벨트를 착용하라.** 35세까지의 조기 사망 원인 가운데 가장 흔한 것은 교통사고다.

**6. 금연하라.** 흡연은 폐암, 식도암, 인후암, 위암, 심장 질환을 비롯해 서른 가지가 넘는 질환의 주요 원인으로 꼽힌다.

**7. 술은 조금만 마셔라.** 연구에 따르면 하루 한두 잔의 와인은 소화를 돕고 전반적인 건강에도 이롭다고 한다. 하지만 그 이상을 마시면 과식을 비롯해 교통사고, 성격 장애, 반사회적 행동 등 온

갖 문제를 일으킬 수 있다.

장수를 돕는 이 일곱 가지 습관은 전적으로 자기 절제의 영역이다. 선택의 문제다. 의식적으로 실천할 수도 있고 하지 않을 수도 있는 행동이다. 다시 말해, 당신이 전적으로 통제할 수 있는 것들이다.

## 건강하고 활기찬 삶을 위한 5P

나는 자기 계발 세미나에서 건강하고 활기찬 삶을 위한 다섯 가지 'P'를 가르친다.

**1. 적정 체중**Proper weight: 적정 체중에 도달하고 평생 유지하려면 흔들리지 않는 절제와 의지가 필요하다. 그러나 그 보상은 엄청나다. 보기에도 좋고 기분도 좋아지며, 전반적으로 더 긍정적이며 삶을 스스로 통제하고 있다는 느낌을 얻는다.

**2. 적절한 식단**Proper diet: 벤저민 프랭클린의 말처럼 "먹기 위해 사는 것이 아니라 살기 위해 먹어라." 120개국 이상의 올림픽 선수들을 대상으로 한 연구에 따르면, 그들의 식단에는 세 가지 공통

점이 있다.

1. 기름기 적은 단백질

2. 다양한 과일과 채소

3. 하루 약 8잔 정도의 물

이 올림픽 식단을 따르면 하루 종일 활력이 넘치고 정신이 더욱 또렷해지는 것을 느낄 수 있다.


**3. 적절한 운동**Proper exercise: 장수를 위해 가장 중요한 운동은 유산소 운동이다. 심장 박동수를 충분히 높이는 운동을 일주일에 세 차례, 한 번에 30 ~ 60분 동안 해야 한다. 여기에는 빠르게 걷기, 달리기, 자전거 타기, 수영, 크로스컨트리 스키 등이 포함된다.

운동 생리학자에 따르면 격렬한 운동을 약 25분 정도 지속했을 때 '운동 효과'가 나타나기 시작한다. 이 시점에서 뇌가 엔도르핀을 분비해 흔히 '러너스 하이runner's high'라 불리는 황홀감을 느끼게 된다. 몸에서 만들어지는 이 자연 물질은 아주 긍정적인 의미에서 중독성이 있다.

규칙적으로 격렬한 운동을 하는 습관이 생기면 운동이 점점 더 쉬워진다는 것을 알게 된다. 또한 유산소 운동이 주는 즐거운 기분을 기다리게 된다.

**4. 적절한 휴식**<sub>Proper rest</sub>: 휴식은 매우 중요하다. 성인의 60퍼센트 이상이 '수면 부족<sub>sleep deficit</sub>'에 시달린다. 대부분 늦은 시간에 잠자리에 들고, 깊이 잠들지 못하며, 이른 아침부터 바쁜 하루를 시작한다. 이렇게 충분한 휴식을 취하지 못하면 하루 종일 머릿속이 '안개' 낀 듯 흐릿해진다. 결국 휴식이 부족하면 집중력 저하로 인한 낮은 성과, 잦은 실수, 산업재해, 교통사고, 인내심 부족, 성격 문제 등 수많은 문제로 이어진다.

정상적으로 생활하는 사람은 매일 약 8시간의 수면이 필요하다. 그런데 6~7시간만 자게 되면 수면 부족이 쌓이기 시작한다. 목요일이나 금요일 아침에 눈을 뜨자마자 빨리 밤이 되어 잠자리에 들고 싶다는 생각이 가장 먼저 들 것이다. 이런 생각이 든다면 잠을 충분히 자지 못한다는 뜻이다.

하루 8시간의 수면과 더불어 주말과 휴가처럼 정기적인 휴식도 필요하다. 일을 잠시 내려놓는 시간에 정신적·정서적 에너지를 충전할 수 있다. 이틀이나 사흘간의 주말 동안 충분히 휴식을 취하고 나서 일터로 돌아간다면 최고의 역량을 발휘할 준비가 되어 있을 것이다.

**5. 올바른 태도**<sub>Proper attitude</sub>: 어쩌면 가장 중요한 요소일지도 모른다. 건강, 행복, 장수를 예측하는 가장 강력한 지표는 '낙관주의'다. 자기 자신과 자신의 삶을 긍정적으로 바라볼수록 전반적인 건강

역시 더 좋아진다.

긍정적이고 낙관적인 사람들은 대체로 면역 체계가 강해 쉽게 병에 걸리지 않는다. 감기나 독감에도 잘 걸리지 않으며, 피로나 과로에서도 금세 회복한다. 낙관적인 사람은 보통 사람들을 괴롭히는 여러 질병과 질환에 맞서는 '테플론 방패'를 갖고 있는 셈이다.

## 체중을 관리하라

오늘날 사람들이 자기 절제와 관련해 가장 크게 부딪히는 문제는 과식과 그로 인한 체중 증가다. 미국인의 60퍼센트 이상이 공식적으로 과체중이며, 30퍼센트 이상은 비만으로 분류된다. 일반적으로 정상 체중보다 30퍼센트 이상 초과할 때 비만이라 한다. 체중을 조절하고 평생 유지하는 일만큼 자기 절제가 절실히 요구되는 영역은 없다.

'다이어트는 효과가 없다'라는 말을 들어본 적이 있을 것이다. 이는 단순히 굶는 방법으로 살을 빼면, 감량한 만큼 체중이 금세 다시 늘어난다는 뜻이다. 그 이유는 여러 가지다. 사람마다 신진대사율, 즉 에너지를 소모하는 속도가 정해져 있으며, 이는 섭취한 음식의 양과 그것을 소모하기 위한 운동량의 균형에 따라 결정된다.

또한 신진대사율과 더불어 흔히 '체중 조절점set point'이라 불리는 개념이 있다. 체중은 마치 온도 조절기처럼 일정한 기준점을 유지하려는 경향이 있기 때문에, 단기간의 극단적인 다이어트로 아무리 살을 빼도 결국 다시 그 지점으로 돌아가게 된다.

체중을 영구적으로 줄이려면 조절점을 더 낮은 수치로 바꾸어야 한다. 이를 위해 가장 먼저 해야 할 일은, 자신이 이상적인 체중에 도달했을 때 어떤 모습일지를 머릿속에 선명히 그려보는 것이다. 잡지에서 원하는 체형을 가진 사람의 사진을 찾아 자기 얼굴을 붙여보라.

그다음에는 음식의 질과 양을 점진적으로, 그리고 영구적으로 바꾸는 과정을 시작해야 한다. 다시 예전 식습관으로 돌아가지 않겠다는 각오를 다져야 한다. 영구적 변화를 위해서는 최소 1년 이상 꾸준히 노력해야 한다. 만약 지금 과체중이라면 하루아침에 그렇게 된 것은 아니었을 것이다. 다시 건강한 체중으로 돌아가기 위해서도 그만큼의 시간과 노력을 들일 각오가 필요하다.

# 다이어트의 치명적 함정

사람들은 다이어트로 어느 정도 체중을 줄이면, 그 보상으로 근사한 식사나 디저트를 마음껏 즐겨도 된다고 생각한다. 즉, 음식을 줄여 살을 뺀 대가로 다시 음식을 배불리 먹는 것이다. 하지만 이런 방식은 실패할 수밖에 없다.

음식과 무관한 보상 체계를 만들어야 한다. 이상적인 체중일 때만 입을 수 있는 새 옷을 사거나 가족과 함께 휴가를 떠나 즐거운 시간을 보내는 것도 좋다. 체중을 감량하고 1년 동안 유지하겠다고 친구와 내기하는 방법도 있다.

# 영구적인
# 체중 감량을 위한 공식

완벽한 건강의 열쇠는 한 문장으로 요약할 수 있다. "적게 먹고 더 많이 움직여라."

체중을 영구적으로 줄이는 유일한 방법은 섭취한 열량보다 더 많은 열량을 소모하는 것뿐이다. 다른 방법은 없다. 게다가 과체중 상태가 오래되었다면, 이 과정은 반드시 충분한 시간에 걸쳐 살을 빼야 한다.

내가 진행하는 '씽크빅Thinking Big' 프로그램에서는 세 가지 하얀 독을 피하라고 가르친다. 바로 설탕, 소금, 밀가루다.

**설탕을 끊어라.** 체중을 영구적으로 줄이고 높은 수준의 건강과 에너지를 유지하려면 식단에서 단순당을 완전히 제거해야 한다. 사탕, 케이크, 빵, 디저트, 탄산음료, 통조림 과일, 커피에 넣는 설탕까지, 우리가 일상적으로 대량 섭취하는 모든 형태의 단순당이 여기에 해당한다.

사실 우리 몸의 건강을 위해서는 추가적인 설탕 섭취가 전혀 필요하지 않다. 오히려 설탕과 설탕이 들어간 식품을 단칼에 '싹' 끊어버리기만 해도 하루에 약 0.45킬로그램씩 체중을 줄일 수 있다.

**소금을 줄여라.** 설탕뿐 아니라 소금의 추가 섭취도 줄여야 한다. 대부분의 미국인은 이미 다양한 음식에서 충분한 양의 소금을 섭취한다. 그런데도 짠 음식을 즐기고 음식에 소금을 더 뿌리는 습관 때문에 1년에 추가로 약 9킬로그램의 소금을 더 먹게 된다.

소금을 과도하게 섭취하면 몸은 그 소금을 체내에 유지하기 위해 수분을 저장한다. 하지만 소금 섭취를 줄이고 하루 8잔 정도의 물을 꾸준히 마시면, 체내에 불필요하게 쌓인 수분이 빠져나가 첫날에만 약 2킬로그램까지 체중이 줄어드는 효과를 볼 수 있다.

**흰 밀가루 음식을 피하라.** 마지막으로, 식단에서 흰 밀가루 제품을 없애야 한다. 여기에는 빵, 페이스트리, 파스타, 번, 롤, 그리고 흰 밀가루로 만든 모든 음식이 포함된다.

흰 밀가루는 사실상 모든 영양분이 제거된 뒤 표백 처리된 '불활성 물질'이다. '영양분 강화 흰 빵enriched white bread'이라는 문구가 붙은 제품도 종종 보이는데, 쉽게 말해서 죽은 식재료인 흰 밀가루에 인공 화학 비타민을 첨가했다는 뜻이다. 그마저도 대부분은 제빵 과정에서 파괴된다. 흰 밀가루 제품에는 아무런 식품적 가치가 없다.

## 식단의 단순한 변화

얼마 전, 플로리다에 사는 서른두 살 남성에게서 편지를 받았다. 그는 여러 해 동안 내 책을 읽고 내 프로그램을 들었는데, 그 덕분에 일에서나 경제적인 면에서나 자신이 꿈꾸던 것 이상으로 큰 성공을 거두었다고 했다. 그러나 체중 10킬로그램을 감량하는 것만큼은 아무리 노력해도 성공할 수 없었다.

그러던 어느 날 그는 '씽크빅' 프로그램을 듣다가, 내가 말한 세 가지 흰색 독에 관한 내용을 접했다. 다행히 그는 절제력과 결단력을 모두 겸비한 사람이었다. 그는 의지를 발휘해 이 세 가지를 단칼에 끊어버리기로 했다.

그가 말하길, 그다음에 일어난 일은 그야말로 기적과도 같았다. 불과 6개월 만에 그는 10킬로그램을 감량했다. 나에게 편지를 보낼 당시, 감량한 체중을 2년 동안 꾸준히 유지하고 있었다. 그는 외모가 달라졌고 기분도 달라졌으며, 여성들에게도 더 큰 호감을 사게 되었고, 자신감과 자존감도 한층 높아졌다고 말했다. 과체중에서 벗어난 후, 삶 전체가 나아진 것이다.

## 100세까지 건강하게 살기

인생 목표는 가능한 최고의 건강과 활력을 누리는 것이어야 한다. 이를 위해서는 건강에 좋은 음식을 먹어야 하고 더 적은 양을 먹어야 한다. 또 규칙적으로 운동하고 매일 몸의 모든 관절을 움직여야 한다.

최적의 건강을 누리려면 충분한 휴식과 재충전이 필요하다. 무엇보다 중요한 것은 긍정적인 마음가짐을 유지하는 것이다. 어떤 상황에서든 좋은 면을 찾으려 애쓰며 자신을 긍정적인 방향으로 끌어가야 한다.

이 모든 영역에서 자기 절제와 의지를 발휘하면, 들인 노력보다 훨씬 큰 보상을 얻게 될 것이다. 건강한 습관을 지키는 자기 절제가 있다면 당신은 생각했던 것 이상으로 오래도록 건강하고 활기찬 삶을 살 수 있다. 17장에서는 운동과 체력 단련을 중심으로 더 많은 아이디어를 소개한다.



1. 건강에 관한 이상을 그려보자. 만약 마법 지팡이를 휘둘러 당신의 건강을 모든 면에서 완벽하게 만들 수 있다면, 지금과 무엇이 달라질까?

2. 앞으로의 삶을 인생에서 가장 빛나는 시간으로 만들겠다고 결심하라. 그러기 위해 가장 먼저 바꾸거나 시작해야 할 일은 무엇인가?

3. 긴깅 검진을 받고 최상의 건강을 유지히기 위해 무엇을 해야 하는지 의사의 조언을 구하라. 그리고 그 조언을 따라라.

4. 이상적인 체중을 정하고 목표로 삼아라. 4장에서 배운 목표 설정 과정을 활용해 그 체중에 도달하고 평생 유지할 수 있는 계획을 세워라.

5. 4장에서 배운 마인드스토밍 기법을 활용해 "매일 건강하고 활력 있게 지내기 위해 내가 할 수 있는 일은 무엇인가?"라는 질문에 대한 답을 최소 스무 가지 이상 적어라.

6. 이 장에서 다룬 건강 습관과 연구 내용을 다시 살펴보고, 지금 그것들을 얼마나 잘 실천하고 있는지 스스로 1~10점까지 점수를 매겨라.

7. 여든, 아흔, 그 이상까지 건강하게 살기 위해 지금 당장 시작할 수 있는 구체적인 행동을 하나 찾아보라.

# 17장

# 몸을 단련하면
# 마음도 강해진다

"정신적 강인함은 여러 측면을 지닌 복합적인 개념이라

설명하기가 쉽지 않지만, 그 본질은 희생과 자기 절제다.

가장 중요한 사실은 그것이 결코 굴하지 않는 의지와 결합해 있다는 점이다.

정신적 강인함은 마음 상태지만 인격이 행동으로 드러난 것이라 할 수 있다."

– 빈스 롬바르디

높은 수준의 체력을 갖추고 유지하려면 평생에 걸친 자기 절제와 의지가 필요하다. 다행인 것은 체력은 그 자체로 보상이라는 점이다. 운동을 하는 동안 기분이 좋아질 뿐만 아니라, 만족감과 자신감이 커진다.

오래도록 건강하고 행복하게 살며 신체적으로도 균형 잡힌 삶을 사는 것이 목표라면, 규칙적인 운동을 대신할 방법은 없다. 다행히도 올림픽이나 철인 3종 경기를 준비하듯 훈련하지 않아도 탁월한 신체적 건강을 충분히 누릴 수 있다. 생활 방식에 몇 가지 작은 변화를 주는 것만으로도, 운동과 체력 단련을 일상에 습관으로 자리 잡게 해 탄탄한 몸을 만들 수 있다.

## 전문가의 말을 들어라

전문가들에 따르면 우리가 누릴 수 있는 최고의 건강 상태에 도달하기 위해서는 주당 200~300분 정도의 운동이 필요하다. 일주일에 5~7회, 한 번에 30~60분 정도 운동을 해야 한다는 뜻이다.

가장 간단하게는 아침에 출근하기 전에나 퇴근 후에, 그리고 주말마다 하루 30분씩만 걸어도 웬만한 사람들보다 훨씬 건강해질 것이다.

만약 주 5회, 한 번에 60분씩 운동한다면, 건강으로 전 세계에서 상위 1~2퍼센트에 들 것이다.

## 운동은 아침에 하라

운동하기에 가장 좋은 시간은 아침이다. 매일 아침 일어나 30~60분 동안 운동하는 사람들은 운동이 일상의 자연스러운 습관으로 자리매김할 가능성이 크다.

반대로 운동을 일과가 끝난 뒤로 미루는 사람들은 보통은 너무 피곤하거나 다른 일로 바빠서 결국 하지 못한다.

그리고 그 '내일'은 대개 오지 않는다.

규칙적인 운동 습관을 만들고 이어가려면 강력한 자기 절제가 필요하다. 아침에 일어나 가장 먼저 운동부터 시작한다면 훨씬 수월해진다.

## 자신을 속여라

사람들은 아침 운동을 꾸준히 실천하기 위해 자기 나름의 속임수를 쓰기도 한다. 나도 그렇다. 이를테면 운동복을 침대 옆에 두어 아침에 일어나자마자 걸려 넘어지게 하는 것이다. 그 덕분에 아직 잠이 덜 깬 상태에서도 자연스레 운동복과 러닝화를 챙겨 동네를 달리게 된다. 어쩌다 보니 벌써 반이나 달렸고, 심장은 빨리 뛴다. 숨은 차지만 오늘도 해냈다는 기분 좋은 자존감이 들기 시작한다.

달리기든 뭐든 아침 운동을 끝마치고 돌아오는 사람들의 얼굴에는 행복한 미소가 번져 있기 마련이다. 25~30분쯤 지나서부터 나타나는 '운동 효과' 덕분이다. 뇌에서 엔도르핀이 분비되어 기분이 좋아지는 것이다.

## 지능을 높여라

아침에 유산소 운동을 하는 사람일수록 하루 종일 머리가 맑고 창의적이며 지적 능력도 뛰어난 것으로 밝혀졌다. 실제로 그들은 지능 검사에서 더 높은 점수를 받으며, 하루 동안 업무 효율을 높여주는 아이디어를 더 많이 떠올린다.

그 이유는 명확하다. 아침에 유산소 운동을 하면 산소가 풍부하게 공급된 혈액이 대뇌피질로 흘러 들어간다. 대뇌피질은 사고와 분석, 의사결정을 담당하는 뇌의 부분이다. 그래서 아침부터 정신이 또렷해지고 몇 시간 동안 집중력이 잘 유지된다.

또한 아침에 일어나 곧바로 운동을 하면 신진대사가 한층 활발해진다. 그 결과 하루 종일 칼로리를 소모하게 되고, 운동을 마친 뒤에도 몇 시간 동안 체중이 줄어드는 효과가 이어진다. 아침에 일어나자마자, 혹은 낮에 운동을 하면 자연스럽게 식욕이 생긴다. 그러나 건강한 방식으로 몸을 움직였기 때문에 건강한 음식을 찾게 되고, 단 음식이나 디저트에는 거의 관심이 없어지거나 먹고 싶지 않게 된다.

## 운동을 생활의 일부로 만들어라

높은 수준의 체력을 기르고 유지하기 위해 할 수 있는 가장 좋은 방법은 헬스클럽이나 피트니스 센터에 가입해 규칙적으로 운동 수업에 참여하는 것이다. 조금 더 투자해 일주일에 세 번 이상 개인 트레이너와 함께 체계적인 운동 프로그램을 실행하는 것도 좋은 방법이다.

당신이 수업에 빠짐없이 참석하는지 확인하거나 정기적으로 운동 프로그램을 잘 지키고 있는지 관리해 주는 사람이 있다면, 운동을 시작하고 꾸준히 이어갈 가능성이 훨씬 높아진다.

많은 사람이 개인 트레이너를 고용한다. 트레이너가 집이나 직장으로 찾아올 수도 있고, 트레이너가 상주하는 헬스장에서 원하는 기구를 활용해 함께 운동할 수도 있다.

개인 트레이너와 함께 운동하는 사람들은 대체로 결과에 크게 만족한다. 트레이너가 지켜본다는 생각에 자연스럽게 식사량을 줄여 체중을 줄이고, 인정받으려고 운동도 더 열심히 하게 된다.

## 단체 스포츠에 참여하라

단체 스포츠는 체력을 기르고 유지하는 데 아주 좋은 방법이다. 시간과 일정 관리 면에서 훨씬 더 큰 노력이 필요하지만, 그만큼 놀라운 보상이 따라올 것이다.

야구, 테니스, 미식축구, 축구, 라켓볼 등 어떤 종목이든 스포츠 리그에 속해 있고, 정기적으로 함께 훈련하는 코치나 트레이너가 있으면 더 큰 집중과 절제로 운동에 임하게 된다. 자연스럽게 운동을 더 자주, 더 높은 강도로 하게 되므로 다른 사람들보다 건강하고 탄탄한 몸을 갖게 된다.

# 더 나은 습관을 길러라

안타깝게도 체력 단련이나 스포츠 훈련은 강력한 자기 절제가 없이는 시작하기도, 꾸준히 이어가기도 어렵다. 좋든 나쁘든 반복은 습관이 되기 마련이라, 한 번 규칙적인 운동 습관에서 벗어나면 다시 돌아오기가 쉽지 않다.

다행히 늦었을 때란 없다. 언제든 높은 수준의 체력을 기르겠다고 결심할 수 있다. 바로 지금, 어떤 형태로든 운동 습관을 시작하겠다고 다짐하고, 그 다짐을 끝까지 지켜낼 의지와 절제가 자신 안에 있는지 확인하는 기회로 삼아라.

## 오늘부터 시작할 수 있다

양로원에 사는 예순여덟 살의 여성이 있었다. 그녀는 평생 운동과는 거리가 멀었다. 열심히 일하며 가정을 꾸렸고 손주까지 보았으며, 이제는 양로원에서 편안하게 지내고 있었다.

어느 날 그녀는 텔레비전에서 조깅에 관한 다큐멘터리를 보게 되었다. 프로그램에는 50대와 60대의 나이에 마라톤을 뛰는 사람들의 인터뷰가 나왔다. 비교적 늦은 나이에 달리기를 시작한 사람들도 있었다.

그녀는 자신도 마라톤에 도전해보기로 결심했다. 곧장 밖으로 나가 걷기와 달리기에 알맞은 운동화를 구입했다. 그날부터 그녀는 동네를 산책하는 것으로 운동을 시작했다. 몇 주가 지나자 걷는 거리도 점점 더 늘어났다. 그녀는 달리기에 관한 책도 사서 읽고 다리 훈련과 운동 방법에 대한 조언도 찾아보았다.

## 점차 단계를 높여라

두 달이 지나자, 그녀는 걷기 운동에 더해 아주 천천히 달리기 시작했다. 여섯 달쯤 되자 좀 더 빠르게 달리는 훈련을 이어갔다. 그리고 첫해가 끝날 무렵, 그녀는 지역에서 열린 미니 마라톤 대회에 출전했다.

일흔다섯 살이 되었을 때 그녀는 풀 마라톤을 열 차례 완주했고, 80킬로미터가 넘는 울트라 마라톤도 두 번이나 해냈다. 놀라운 점은, 예순여덟 살이 되기 전까지 그녀가 단 한 번도 달리기를 해본 적이 없었다는 사실이다.

그러니 당신은 무슨 핑계를 댈 것인가? 예순여덟 살에 운동을 처음 시작한 여성도 있는데, 당신이 못할 이유가 어디 있는가?

맑고 또렷한 정신과 넘치는 에너지로 오래도록 행복하게 살 수 있는 가장 확실한 방법은 일주일에 4~5회 규칙적인 운동을 시작해 평생 이어가는 것이다.

자기 절제와 의지를 발휘해 체력을 키우고 해마다 꾸준히 유지

해나간다면, 자신에게 놀라울 만큼 큰 만족과 자부심을 느끼게 될 것이다.

다음 장에서는 자기 절제가 결혼 생활에서 오랫동안 행복하고 충만한 삶을 보장하는 놀라운 효과가 있다는 사실에 대해 살펴볼 것이다.

**Exercise**

1. 오늘 시작하라! 앞으로 몇 달 안에 몸을 최고의 상태로 만들겠다고 결심하고, 지금 즉시 행동에 나서라.

2. 운동을 시작하기 전, 몸 상태와 한계를 정확히 알기 위해 건강 검진을 받아라.

3. 매일 30분씩 걷기를 시작하라. 가능하다면 아침이 가장 좋고, 그렇지 못하면 퇴근 직후에 하라.

4. 헬스클럽이나 피트니스 센터에 등록해 1년 회원권을 끊고, 일주일에 다섯 번, 한 번에 60분씩 운동하겠다고 스스로에게 약속하라.

5. 개인 트레이너를 고용해 유산소·근력·유연성 운동이 포함된 프로그램을 매주 꾸준히 하라.

6. 러닝머신과 같은 운동 기구를 구비해 텔레비전 앞에 두고, 집에서도 자연스럽게 운동할 수 있게 하라.

7. 천천히 시작해 점차 단계를 높여라. 눈에 띄는 변화를 느끼기까지는 몇 주가 걸리므로, 그동안 꾸준히 하겠다고 다짐하라. 인내와 끈기, 결단력이 필요하다.

【 18장 】

# 진정한 사랑은
# 절제를 통해 완성된다

---

"천 번의 전투에서 승리하는 것보다 자신을 정복하는 것이 낫다.

그 승리는 오롯이 당신의 것이며,

천사도 악마도, 천국도 지옥도 빼앗을 수 없다."


– 부처

서로 애정을 바탕으로 한 장기적인 관계를 맺을 수 있는 능력은 그 사람의 인격과 성품을 가늠하는 중요한 척도다.

남자와 여자는 하나의 전체를 이루는 두 반쪽으로 태어난 존재다. 기질과 성향은 서로 다르지만, 그 차이가 올바르게 결합할 때 비로소 완전해지고, 자연이 요구하는 균형과 조화를 이루게 된다.

결혼과 연인 관계의 기초가 되는 가장 중요한 요소는 신뢰와 존중이다. 두 사람은 결혼 생활 속에서 수없이 많은 의견 차이를 겪는다. 그러나 서로에 대한 신뢰와 존중이 유지되는 한, 그 관계는 지속될 수 있다. 하지만 어느 한쪽이라도 더 이상 상대를 신뢰하지 못하거나 존중하지 않게 되는 순간, 그 관계는 끝나고 만다.

많은 결혼이 결국 이혼으로 끝난다. 어떤 사람들은 여러 번 결혼을 반복하지만, 매번 실패로 끝난다. 반면, 어떤 이들은 첫 결혼 상대와 평생을 만족스럽게 함께한다. 그 차이는 어디에서 비롯되는 것일까?

# 행복한 결혼의 열쇠

행복한 결혼 생활의 가장 중요한 비결은 상호 적합성, 즉 '서로 얼마나 잘 맞는지'일 것이다. 서로의 성격과 특성이 자연스럽게 보완되어 완벽한 조화를 이루고 그 결과 두 사람은 이상적인 균형을 이루게 된다.

흔히 "정반대인 사람에게 끌린다"라고들 하지만 오해다. 정반대되는 것끼리 끌리는 경우는 단 한 가지 영역, 바로 기질에서뿐이다. 우리는 언제나 자신의 기질과 반대되거나 균형을 잡아주는 기질을 가진 사람과 가장 잘 맞는다.

예를 들어, 당신이 사교적이고 외향적인 사람이라면 보다 차분하고 내성적인 사람과 있을 때 가장 편안함을 느낀다. 말이 많고 표현력이 풍부한 사람이라면 여유롭고 경청을 잘하는 사람과 함께할 때 마음이 안정된다. 두 사람이 서로 잘 맞고 함께 행복해지려면, 기질 면에서 균형을 이루어야 한다.

# 비슷한 가치가 사람을 끌어당긴다

기질을 제외하고는 다른 모든 영역, 특히 가치관에 있어서는 비슷한 사람끼리 끌린다. 유유상종이라는 말처럼, 당신은 자신의 가치관을 가장 잘 공유하는 상대에게 끌리고, 그런 사람과 가장 잘 맞는다.

어떤 형태든 모든 사랑은 결국 '가치'에 대한 반응이다. 우리는 자신과 타인에게서 가장 소중히 여기는 가치를 사랑한다. 진정으로 행복한 부부는 가정, 돈, 윤리, 일, 자녀, 정치, 종교, 사람에 관한 가치관에서 놀라울 만큼 비슷한 생각을 공유하는 경우가 많다.

서로 다른 정당을 지지하거나 종교적 배경이 달라도 부부는 행복할 수 있다. 그러나 균형과 조화의 관건은 어떤 가치를 얼마나 중시하느냐에 달려 있다. 그 정도에 따라 특정한 삶의 영역에서 신념을 절대적으로 고수하며 굽히지 않을 수도 있고, 반대로 여유롭고 유연하게 대할 수도 있기 때문이다.

부부가 서로 다른 정당을 지지하더라도, 정치적 신념이 자녀, 가정, 그리고 가치관처럼 관계에서 더 중요한 요소들보다 앞서지 않는 한, 오랫동안 서로 사랑하며 행복하게 살 수 있다.

## 사랑은 인간의 가장 큰 욕구

"우리가 하는 모든 일은 사랑을 얻기 위해서이거나, 사랑의 결핍을 보상받기 위해서다"라는 말이 있다. 심리학자들은 성인이 되어 나타나는 성격 문제의 뿌리를 유아기와 아동기에 충분히 받지 못한 사랑에서 찾는다.

장미가 자라려면 비가 필요하듯, 사람에게는 사랑이 필요하다. 충분한 사랑과 수용을 받지 못하면 성격적·신체적 문제로 이어질 수 있다. 우리는 사랑에 대한 욕구가 온전히 충족될 때 비로소 행복해질 수 있다.

행복한 결혼은 강력한 자기 절제와 자기 통제를 요구한다. 사랑은 본질적으로 자기 부정과 희생을 내포한다. 누군가를 진정으로 사랑할 때, 그 사람의 행복과 건강은 자신의 것보다 더 소중해진다. 사랑하는 이의 행복을 위해서라면 어떤 대가든 치를 각오가 되어 있고, 어떤 희생이는 감수할 수 있다.

기독교 성경에서 사도 바울은 고린도에 있는 교회에 보낸 편지에서 이렇게 말했다.

"사랑은 오래 참고 사랑은 온유하며 시기하지 아니하며

사랑은 자랑하지 아니하며 교만하지 아니하며

무례히 행하지 아니하며 자기의 유익을 구하지 아니하며

성내지 아니하며 악한 것을 생각하지 아니하며

불의를 기뻐하지 아니하며 진리와 함께 기뻐하고

모든 것을 참으며 모든 것을 믿으며

모든 것을 바라며 모든 것을 견디느니라.

사랑은 언제까지나 떨어지지 아니하되…"

# 관용과 이해로
# 다름을 인정하라

사람은 고유한 존재로 저마다 독특하고 특별한 성질을 지니고 있다. 개인은 제각각 생각과 취향, 욕망, 희망, 꿈, 기대가 다르고, 각자가 겪은 경험도 달라서 세상을 바라보고 다루는 방식 또한 다르게 발달한다.

사랑하는 관계로 맺어진 두 사람이 아무리 서로 가깝게 느끼고 여러 면에서 잘 맞는다 하더라도, 서로 의견이 달라서 만족스럽지 않거나 불편함을 느끼는 부분이 존재한다. 이는 지극히 정상적이고 자연스러운 일이며, 이런 차이가 나타날 때마다 자기 절제와 자기 통제를 실천함으로써 함께 극복해야 한다.

관계에서 자기 절제란 서로에게 완전히 솔직해지는 것을 뜻한다. 다른 사람이 되려 하거나 가식을 떨지 않고 자신을 있는 그대로 드러내는 것이다. 자기 절제와 솔직함은 화나 짜증을 섞지 않고 자신이 생각하고 느끼는 바를 분명히 표현하는 동시에, 상대방의 감정과 생각, 의견을 차분하고 인내심 있게 경청하는 것을 뜻한다.

# 집중하는 남자와 감지하는 여자

남성과 여성은 여러 면에서 다르다. MRI 촬영에 따르면, 남성은 의사소통에 뇌의 두 개 영역만 사용하지만, 여성은 무려 일곱 가지 영역을 사용한다. 남성이 두 개의 전조등으로 소통한다면, 여성의 뇌는 불이 환하게 켜진 크리스마스트리와도 같은 셈이다.

남성이 한 번에 하나의 감각 정보만 처리할 수 있는 반면, 여성은 여러 감각 정보를 동시에 처리할 수 있다. 남성은 텔레비전을 볼 때 화면에 비치는 영상과 대사에만 집중하느라 다른 것은 전혀 보지도 듣지도 못한다. 옆이나 뒤에서 건네는 말조차 귀에 들어오지 않는다.

또한 운전할 때 지도를 보기 위해 라디오 볼륨을 줄여야 한다. 전화를 받으려면 텔레비전이나 라디오를 꺼야 한다. 동시에 읽거나 듣거나 보지 못한다. 남자들은 잘할 수 있는 일이 아주 많지만, 한 번에 하나밖에 하지 못한다. 그래서 대체로 깊이 집중하는 경향이 있다.

반면 여성은 이야기를 나누고 저녁을 준비하고 텔레비전을 보고 그날 온 우편물을 읽고 아이들이나 남편과 대화하는 것을 모두 동시에 할 수 있다. 여성은 다차원적으로 사고하며 여러 감각 정보를 동시에 처리할 수 있다. 말하면서도 들을 수 있고, 주변 사람들이 무엇을 하고 무슨 말을 하는지에도 주의를 기울일 수 있다.

여성은 관계에 능숙하며 타인에게 매우 민감하다. 남녀가 함께 사교 모임에 참석하면, 여자는 불과 십 분 만에 그 자리에 있는 사람들의 상황을 분석하고 파악한다. 그러나 여자의 곁에 있는 남자는 거의 아무것도 알아차리지 못한다. 이는 남성이 단순하고 직선적인 사고방식을 지닌 반면, 여성은 더 복합적이고 세밀한 사고를 하기 때문이다. 여성은 작은 부분에 주의를 기울이며, 주변 사람들의 관계 속에서 일어나는 미묘한 변화와 뉘앙스에 특히 민감하다.

예를 들어, 남편이 아내에게 전화를 걸어 "여보세요"라고 말한다고 해보자. 아내는 그 한마디만 듣고도 곧바로 "무슨 일 있어?"라고 묻는다. 전화로 건넨 단 한마디나, 남편이 문을 열고 들어올 때의 표정만으로 수많은 의미와 감정을 읽어내기 때문이다.

## 관계를 쌓는 일에는 노력이 필요하다

이처럼 남녀 간의 차이가 워낙 커서 오래도록 사랑과 행복이 가득한 관계를 만들고 유지하려면 상당한 절제가 필요하다.

좋은 관계 형성에 있어 가장 중요한 부분은 경청일 것이다. 시간을 들여 상대방의 말을 주의 깊게 귀 기울여야만 소통의 길이 열린다. 그래야 두 사람의 관계 속에서 사랑과 조화가 이어질 수 있다.

효과적인 경청에는 네 가지 단순한 원칙이 있다.

이 원칙은 주로 남성에게 중요하다. 대체로 남자들은 특히 자신과 가까운 여성의 말을 귀 기울여 듣지 않는다는 평을 듣기 때문이다. 관심이 없어서가 아니다. 다른 것에 집중하거나 쉽게 주의가 산만해지는 탓이다.

## 경청의 원칙

**주의 깊게 들어라.** 첫 번째 원칙은 끼어들지 않고 주의 깊게 듣는 것이다. 마치 상대가 아주 중요한 비밀을 털어놓거나 단 한 번만 들을 수 있는 복권 당첨 번호를 말해주는 것처럼 들어야 한다.

남성은 여성이 말할 때 가능한 모든 방해 요소를 내려놓아야 한다. 텔레비전이나 라디오를 끄고, 신문이나 우편물을 내려놓아라. 그녀를 똑바로 마주 보고 몸을 약간 앞으로 기울인 채, 오직 그녀의 말에만 집중하라.

《그 남자의 욕구, 그 여자의 갈망His Needs, Her Needs》이라는 책에서는 여성이 남성에게 느끼는 가장 중요한 욕구가 애정이라고 말한다. 애정은 그녀가 말할 때 온전히 집중해서 듣는 태도를 통해 표현된다. 사람은 자신이 가장 소중히 여기는 것에 주의를 기울이기 마련이다. 따라서 상대가 말할 때 집중해 듣는다는 것은 그 사람이 당신에게 큰 가치가 있는 존재라고 말하는 것과 같다. 이런 모습은 여성의 가장 깊은 무의식적 욕구, 소중하고 중요한 사람으로 여겨지고 존중받고 싶은 욕구를 충족시킨다.

**대답하기 전 잠시 멈춰라.** 경청의 두 번째 원칙은, 대답하기 전에 잠깐 멈추는 것이다. 상대가 한 말을 몇 초간 곰곰이 되새기며 신중히 생각하라. 이렇게 잠깐 멈추면, 그녀가 생각을 정리해 말을 이어가려는 순간에 끼어드는 일을 피할 수 있다. 또한 당신이 그녀의 말을 소중히 여기고, 신중하게 귀 기울이고 있음을 전하게 된다.

이렇게 대화 중에 잠깐 멈추면 말로 표현된 것뿐 아니라 말하지 않은 것, 혹은 행간에 담긴 의미까지 들을 수 있다. 상대방이 전하려는 실제 메시지가 마음 깊이 스며들어 더 잘 이해할 수 있고, 보다 세심하고 공감 어린 반응을 할 수 있게 된다.

**확인 질문을 하라.** 효과적인 경청의 세 번째 원칙은 확실한 이해를 위해 확인 질문을 하는 것이다. 상대가 무엇을 생각하거나 느끼는지 저절로 알 수 있다고 단정하지 마라. 조금이라도 불확실하다면 그냥 "그게 무슨 말이야?" 혹은 "정확히 무슨 뜻이야?"라고 물으면 된다.

질문을 던져 정확하게 이해하고자 하는 모습은 당신이 상대방의 말에 진심으로 관심이 있으며, 그 사람의 생각과 감정을 진정으로 이해하고 싶어 한다는 것을 보여준다.

**되짚어 말하라.** 효과적인 경청의 네 번째 원칙은 상대방이 한 말을 자신의 말로 표현해 되짚어주는 것이다. 이것은 경청의 '리트머스 시험'이라고 할 수 있다. 상대방이 방금 한 말을 자신의 말로 표현해 전달할 수 있을 때만, 당신이 정말로 경청하고 있었다는 사실을 증명할 수 있다.

관계에서 생기는 문제는 대부분 서툰 의사소통 때문이다. 부부가 대화를 거의 하지 않거나, 한쪽이 말할 때 다른 쪽이 주의 깊게 듣지 않는 것이 문제다.

누구나 배우자와 말하고 싶은 정서적 욕구가 있다. 상대의 이야기를 듣고 싶은 욕구도 있다. 가장 잘 맞는 부부 사이에는 말하고 싶은 욕구와 듣고 싶은 욕구가 서로 균형을 이룬다. 대화가 자연스럽게 이어지고 잦아들며 그 사이를 편안한 침묵이 채운다. 양쪽 모두 말하고 듣는 욕구를 충족할 기회를 얻으므로 만족감을 느낀다.

# 완전한 헌신이
# 필수적이다

사랑과 결혼은 두 사람 모두의 전적인 헌신을 요구한다. 관계에 온전히 '올인'한다는 것은 상당한 절제가 필요하다. 그러나 동시에 놀라운 자유를 선물한다. 우리는 한 사람과의 관계에 진심으로 헌신할 때 비로소 삶의 다른 영역에서 자신의 잠재력을 실현하는 데 온전히 집중할 자유를 얻는다.

결혼이나 연인 관계에서 가장 중요한 절제는 바로 신의를 지키는 것이다. 오늘날 우리는 성적 자극이 넘치는 사회에서 살고 있기 때문에, 어디를 가든 늘 유혹과 도발이 있다. 따라서 결혼 생활 내내 배우자에게 전적으로 충실하기 위해서는 상당한 자기 절제와 자기 통제가 필요하다.

서로를 깊이 사랑하는 관계조차 해치거나 파괴할 수 있는 반복적인 유혹을 피하는 방법에는 두 가지가 있다.

첫째, 배우자에 대한 신의를 절대로 저버리지 않겠다고 결심하라. 마치 모래 위에 선을 긋듯, 어떤 일이 일어나더라도 어떤 이유로든 그 선을 절대 벗어나지 않겠다고 다짐한다.

둘째, 절제를 통해 위험한 상황을 피하라. 유혹이 있을 만한 장소나 행동은 단호히 거부한다. 업무상 꼭 필요한 경우를 제외하고는 이성과 단둘이 점심, 술자리, 저녁 식사를 함께하지 마라. 언제나 사람 많은 곳이 더 안전하다는 사실을 기억하라.

어디를 가든, 무엇을 하든 늘 배우자가 바로 옆에서 당신의 말과 행동을 보고 듣고 있다고 생각하라. 또한 당신이 한 모든 일이 장소와 상관없이 24시간 안에 배우자에게 고스란히 전해진다고 상상해보라. 의지와 자기 절제로 정직하고 충실한 배우자의 모습을 보여주고 계속 지켜라.

## 변화를 받아들여라

모든 결혼은 '진행 중인 과정'과 같다. 시간이 흐르면 결혼 생활의 모습은 달라지기 마련이며, 대체로 긍정적이고 건설적인 방향으로 발전한다.

행복하고 조화롭고 계속 성장하는 부부 관계를 유지하려면 변화를 기꺼이 받아들이는 유연함이 필요하다. 자녀를 낳고 그들의 성장 과정을 지켜보는 것이 대표적이다. 또한 서로 나이가 들어가는 것은 물론이고, 새로운 직업이나 경력을 시작하거나, 다른 지역이나 나라로 이동하거나, 재정 상황이나 건강 상태가 달라질 때도 변화에 대비해야 한다. 유연함은 길고 행복한 결혼 생활을 위한 필수 조건이다.

당신의 인생을 변화시킬 방법은 네 가지뿐이다. 첫째, 어떤 일을 더 많이 하는 것이다. 둘째, 어떤 일은 덜 하는 것이다. 셋째, 지금까지 해보지 않았던 새로운 일을 시작하는 것이다. 넷째, 어떤 일을 완전히 그만두는 것이다. 저항이나 좌절을 느끼거나 변화의 필요성과 마주했을 때, 스스로에게 이렇게 물어보라. "내가 더 많이 해야 할 일, 덜 해야 할 일, 새로 시작해야 할 일, 완전히 그만두어야 할 일은 무엇인가?"

## 당신이 던져야 할 네 가지 질문

정기적으로 배우자와, 또 훗날에는 자녀와 마주 앉아 용기 내어 이 네 가지 질문을 던져야 한다.

1. 내가 지금 하고 있는 일 중에서, 더 많이 해주기를 바라는 것이 있나요?

2. 내가 지금 하고 있는 일 중에서, 좀 덜 했으면 하는 것이 있나요?

3. 내가 지금까지는 하지 않았지만, 앞으로 시작해주기를 바라는 것이 있나요?

4. 내가 지금 하고 있는 일 중에서, 완전히 그만두기를 바라는 것이 있나요?

용기와 절제를 가지고 이 질문을 배우자와 자녀에게 자주 던지라. 그들이 들려주는 답변의 깊이와 진솔함에 놀라게 될 것이다. 이를 토대로 더 높은 수준의 사랑과 행복, 조화를 가족 관계 안에서 얻기 위해 어떻게 행동을 조정하고 바뀌어야 하는지에 대한 꾸준한 지침을 얻을 수 있다.

## 배우자는 당신의 가장 친한 친구여야 한다

사랑과 결혼은 행복하고 충만한 삶을 이루는 데 가장 중요한 요소다. 절제와 의지가 있어야 평생 배우자와 조화로운 관계를 이어갈 수 있다. 언제나 마음을 열고, 정직하며, 꾸밈없는 태도로 서로를 대해야 한다.

무엇보다도 행복하고 사랑이 넘치는 결혼을 위해서는 배우자를 가장 친한 친구로 여겨야 한다. 세상 누구보다도 함께 시간을 보내고 싶은 사람이 바로 배우자여야 한다. 그 어떤 사람보다도 배우자에게 더 솔직하고 거짓이 없어야 한다. 배우자를 가장 친한 친구로 여기고 그렇게 대할 때, 평생토록 지속되는 신뢰와 애정을 쌓아갈 수 있다.

영성 작가이자 교육자인 에멧 폭스Emmet Fox는 다음과 같이 적었다.

세상에서 가장 중요한 것은 사랑이다. 사랑은 두려움을 몰아내고, 율법을 완성하며, 수많은 허물을 덮어준다. 사랑은 절대 꺾이지 않는다.

충분한 사랑이 있다면, 해결하지 못할 어려움은 없고 치유하지 못할 병도 없으며, 열지 못할 문도, 메우지 못할 틈도, 무너뜨리지 못할 벽도 없다. 충분한 사랑은 모든 죄를 속죄한다.

문제가 얼마나 깊이 뿌리내렸든, 앞날이 얼마나 절망적이든, 상황이 얼마나 복잡하게 뒤얽혀 있든, 실수가 얼마나 크든 상관없다. 충분한 사랑이 있으면 그 모든 것은 사라질 것이다.

만약 당신이 충분히 사랑할 수 있다면, 세상에서 가장 행복하고 가장 강인한 사람이 될 수 있다.

다음 장에서는 행복하고 건강하며 자신감 넘치는 아이로 키우기 위해 자기 절제가 왜 그렇게 중요한지 자세히 알아보자.

1. 결혼이나 연인 관계 속에서 더 큰 사랑과 조화로움을 얻기 위해 지금 당장 시작할 수 있는 가장 중요한 행동은 무엇인가?

2. 배우자를 위해 결혼 생활의 질을 높일 수 있는 절제나 실천 습관에는 무엇이 있을까?

3. 부부 간의 의사소통을 개선하기 위해 당신이 실천할 수 있는 구체적인 행동을 하나 찾아보라.

4. 배우자에게 당신이 더 해야 할 일, 줄여야 할 일, 새로 시작해야 할 일, 완전히 그만두어야 할 일에 대해 물어보아라.

5. 당신이 배우자에게서 가장 존경하는 두 가지를 찾아보라.

6. 당신과 배우자가 가장 잘 맞는 부분이 어디인지 찾아보라.

7. 당신과 배우자가 공유하는 가장 중요한 가치를 찾아보라.

# 19장

# 부모의 절제가
# 자녀의 성품을 완성한다

---

"올바른 훈육은 외부의 강제가 아니라,
바람직하지 않은 행동보다 바람직한 행동을 자연스럽게 선택하도록 이끄는
마음의 습관에 존재한다."

― 버트런드 러셀

우리가 하는 행동의 가치와 중요성은 그것을 했을 때와 하지 않았을 때 따라오는 결과를 살펴보면 알 수 있다. 중요한 일이란 커다란 결과를 불러올 수 있는 일을 말한다. 이를테면 달려오는 자동차를 재빨리 피하는 것처럼 말이다. 아이를 세상에 태어나게 하는 일도 마찬가지다. 그 결과는 80년 동안(오늘날 평균 기대 수명) 이어질 뿐 아니라, 자녀의 자녀와 그 후손들의 삶에까지 영향을 미친다. 그렇기에 부모가 된다는 것은 당신이 평생 하게 될 일 가운데 가장 중요한 일이다.

어른이 된 지금도 우리는 조부모가 부모에게 했거나 하지 않았던 일들의 영향을 받는다. 마찬가지로 당신이 자녀를 대하는 방식 역시 부모가 당신을 어떻게 대했는지에 크게 좌우된다. 이러한 영향은 대를 이어서까지 계속되며 모든 세대의 자녀가 평생 누릴 행복과 안녕에 깊은 흔적을 남긴다.

# 부모의 절제가 아이의 미래를 만든다

아이를 낳는 순간, 아이에 대한 책임과 의무를 다하기 위해서는 높은 수준의 자기 절제가 필요하다. 첫 아이가 태어나는 날부터 당신은 최소한 20년에 걸친 의무를 맡게 된다. 자녀가 행복하고 건강하고 자신감 넘치는 어른으로 자랄 수 있도록 최선을 다하겠다는 약속이다.

자녀의 성장 과정 전반에서 당신의 말과 행동, 때로는 무언의 태도와 습관까지 아이의 자아 형성과 미래에 영향을 미친다.

아이에게 가장 필요한 것은 부모의 무조건적인 사랑과 수용이다. 아이에게 사랑은 산소만큼이나 필수적이다. 특히 성장기에 얼마나 사랑받는가는 그 아이가 성인이 되었을 때 얼마나 건강하고 행복한 삶을 살 수 있는지를 좌우하는 결정적인 요인으로 작용한다.

## 아이들에게 사랑은
## 곧 시간이다

아이들에게 '사랑'은 곧 함께 보내는 시간이다. 아이들은 자신이 얼마나 소중하고 중요한 존재인지를 부모처럼 가장 중요한 사람들이 자신과 함께 보내주는 시간의 양을 통해 가늠하며, 그 시간을 기준으로 자존감과 자아 가치를 키운다.

시간을 대신할 수 있는 것은 없다. 한 번 지나가 버린 시간은 다시 채울 수 없다. 많은 부모가 가장 크게 후회하는 일로 꼽는 것은 "아이가 어릴 때 더 많은 시간을 함께하지 못했다"라는 것이다.

부모가 된다는 것은 자녀가 성장하는 동안 많은 시간을 함께 보낼 수 있도록 자기 절제를 통해 삶을 조율해야 한다는 뜻이다. 좋은 부모가 되는 데 방해가 되는 일은 줄이고, 덜어내고 필요하다면 과감히 정리해 버리는 자기 절제가 필요하다.

## 깨달음의 순간

몇 해 전, 친한 친구가 결혼했다. 그는 골프를 무척이나 좋아해서 일주일에 다섯 번은 골프를 치러 갔고, 겨울에 골프장이 눈으로 덮이면 남쪽으로 골프 여행까지 떠났다.

결혼한 지 4년 만에 그에게는 네 명의 아이가 생겼다. 그런데도 그는 여전히 주중에는 사업을 제쳐두고 시간을 내 골프를 치고, 주말에도 골프장을 찾으며 골프를 즐겼다.

참다못한 아내는 남편에게 그가 아이들과 보내는 시간이 턱없이 부족하다는 점을 지적했다. 골프가 집에서 아내와 아이들과 함께 보내야 할 시간을 지나치게 빼앗고 있었다. 아직 어린 자녀들에게는 부모의 따뜻하고 애정 어린 손길이 더욱 절실한 때였다.

그는 갑자기 자신의 삶이 달라졌음을 자각했다. 미혼일 때는 마음껏 할 수 있었던 일들이 어린 자녀가 생긴 뒤에는 더 이상 가능하지 않다는 사실을 깨달은 것이다. 그는 책임감 있고 자기 절제가 강한 사람이었기에 곧바로 골프를 주 1회로 줄이고, 나머지 시간과 에너지를 가족에게 쏟았다. 훗날 그는 그 결정이 아내는 물론 어린 자녀들과의 관계에 놀라울 만큼 큰 변화를 불러왔다고 털어놓았다.

## 새로운 우선순위의 탄생

결혼하면 삶은 큰 변화를 맞이한다. 생활 방식이 달라지고, 예전에는 중요하고 급해 보였던 많은 일들이 더 이상 그렇게 느껴지지 않는다.

첫 아이가 태어나면 또 한 번 삶의 전환이 찾아온다. 인생의 첫 단계였던 젊은 시절은 마치 로켓의 1단이 분리되듯 떨어져 나가고, 이제는 완전히 다른 궤도에 진입한 듯한 느낌을 받는다. 실제로 첫 아이가 태어난 뒤 부부의 생활 방식이 완전히 달라지는 경우가 흔하다. 이전의 사회생활이나 친구들과의 식사, 주말 모임도 자연스레 줄어든다.

부부는 집과 아이를 중심으로 새로운 삶을 함께 만들어가기 시작한다. 시간과 관심의 중심에 아이가 자리한다. 대화의 주제 또한 자연스럽게 아이로 옮겨간다.

책임감 있는 부모는 자녀 양육을 삶에서 가장 중요한 일로 여긴다. 그들은 이 책임에 충실하기 위해 시간을 계획하고 활동을 조율한다.

## 아이를 통해 배우는 절제의 의미

아이가 생기면 부모는 자연스레 장기적인 관점으로 삶을 바라보게 된다. 자녀에게 보이는 태도와 행동이 앞으로 여러 세대에 걸쳐 오래도록 영향을 미친다는 사실을 깨닫는 순간, 부모는 자녀에게 건네는 말 한마디, 행동 하나에도 더욱 신중하고 세심해질 수밖에 없다.

젊고 미혼일 때는 하고 싶은 대로 살 수 있다. 화를 내거나, 분노를 터뜨리거나, 감정을 거리낌 없이 드러내며 '자기 마음대로' 행동할 수도 있다. 그러나 아이가 생기면 더 높은 수준의 절제와 자기 통제로 자신을 다스려야 한다.

아이들은 자아가 형성되는 어린 시절에 부모의 영향에 극도로 민감하게 반응한다. 부모의 말 한마디, 반응 하나까지도 모두 보고 느끼며 그것을 자신의 세계관과 자아상 속에 흡수한다. 흔히 정서적으로 불안정한 어른 대부분은, 그 뿌리를 잘못된 양육에서 찾을 수 있다. 어릴 때 부모가 상처 주는 말을 하거나 혼란과 두려움을 안기고, 불안과 분노, 열등감이 싹트는 행동을 했던 것이다.

## 사랑은 가장 큰 선물이다

부모가 아이에게 줄 수 있는 가장 큰 선물은 언제나 변함없이 사랑받고 있다는 사실을 느끼게 해주는 것이다. 무슨 일이 있더라도 그 사랑이 절대 변하지 않는다는 확신을 주는 것이다.

삶에서 가장 중요한 존재인 부모가 자신이 어떤 행동을 하든, 어떤 실수를 저지르든 자신을 온전히 사랑하고 받아준다는 사실을 절대적으로 확신하는 것이야말로 가장 큰 축복이다.

아이는 작은 어른이 아니다. 아직 무엇이 옳은지 그른지 분별할 능력을 갖추지 못했다. 아이들이 자신과 미래를 위해 올바른 결정을 내릴 수 있을 만큼의 지혜와 분별력을 기르기까지는 수년 간의 시행착오와 때로는 쓰라린 경험이 필요하다.

자녀가 실수를 했을 때 부모의 가장 바람직한 태도는 아이를 차분하고 자애롭게 대하고 어려움이나 문제 속에 담긴 교훈을 배울 수 있도록 도와주는 것이다.

# 존중이
# 아이를 단단하게 만든다

아이가 실수했을 때 벌을 주고 훈육하는 것이 부모의 역할이라고 생각하는 사람들이 많다. 내 부모 세대가 어렸던 1930년대에는 '아이의 의지를 꺾는 것'이 부모의 역할이라고 여겨졌다. 이러한 철학은 부모에 의해 억눌리고 상처 입은 아이들의 세대를 낳았다. 그 시절의 부모들은 아이를 있는 그대로 존중하기보다, 자신들의 기준에 맞는 작은 인간으로 빚어내고 다듬는 것이 부모의 의무라고 여겼다.

하지만 모든 아이는 고유한 존재다. 세상 그 누구와도 다르다. 모든 아이는 저마다 고유한 기질과 성격, 그리고 관심사와 활동에 대한 자연스러운 성향을 타고난다.

한 집에서 같은 부모 아래 자라도 아이들은 놀라울 정도로 서로 다른 기질과 성향을 보인다. 내 경험상, 아이들은 각자 '자신만의 박자에 맞춰' 걸어간다.

부모가 무엇을 하든, 해주든 아이들은 각자의 운명을 따라간다. 자기만의 고유한 성격으로 성장하고, 저마다 자연스럽게 어떤 사람이나 활동에 끌리게 된다. 부모의 가장 중요한 역할은 아이가 내면의 목소리와 개인적 성향을 따라갈 수 있도록 스스로 안전하다고 느끼고 자신감을 가질 수 있는 환경을 마련해주는 것이다.

## 자신의 신념을 돌아보라

한 철학자가 이렇게 말했다. "아이를 갖기 전에는 자녀 교육에 관한 철학이 네 가지나 있었다. 하지만 지금은 아이가 넷이고, 철학은 하나도 없다."

아이는 형제자매와도 다르고 다른 집 아이들과도 다르다. 따라서 자녀를 키울 때는 "아이들은 이래야 한다" 또는 "그래서는 안 된다"라는 확고한 기준이 있더라도 재고할 각오가 되어 있어야 한다. 무엇보다도 자신이 틀릴 수도 있음을 인정할 준비가 되어 있어야 한다. 부모는 생각보다 훨씬 더 자주 실수한다.

부모의 가장 중요한 책임은 자녀에게 올바른 가치를 심어주는 일이다. 그중에서도 특히 자기 절제의 가치를 가르치는 것이 중요하다. 부모들이 자녀에게 가장 바라는 것은 스스로 책임을 지고 자신을 통제할 줄 아는 어른으로 키우는 일이다. 부모는 자녀가 자기 절제를 배우고, 자신을 통제하고 만족을 뒤로 미룰 줄 아는 능력을 갖추기를 바란다.

# 좋은 본보기가 돼라

알베르트 슈바이처Albert Schweitzer는 이렇게 말했다. "사람은 본보기를 통해서만 가르칠 수 있다. 다른 방법으로는 배우지 못하기 때문이다."

부모의 삶을 통해서 보이는 본보기야말로 아이들에게 가장 큰 영향을 미친다. 아이들은 늘 곁눈질로, 혹은 다른 방에서라도 부모를 지켜보고 있다. 무엇 하나 놓치지 않고 다 흡수한다. 특히 부모가 스트레스받을 때 보이는 행동을 살피고 분석한다. 그리고 아이는 부모가 화가 났을 때, 속상할 때, 혹은 자신이 실수했을 때 어떻게 행동하는지를 지켜보면서 어른이란 어떤 행동을 보여야 하는지에 대한 뚜렷한 관념을 형성한다.

여러 다양한 상황, 특히 스트레스 속에서 보이는 부모의 모습은 아이들에게 '일반적인 행동 기준'이 된다. 자녀가 부모가 보여주는 모습을 존경하고 따르고 싶어 한다면, 성장 과정에서뿐 아니라 평생토록 그 모습을 모방하려 할 것이다.

스스로에게 자주 던져야 할 유익한 질문은 이것이다. "우리 가족 모두가 나와 똑같이 행동한다면, 우리 가족은 어떤 모습일까?"

# 부모의 감정이
# 아이의 세계를 만든다

당신이 특히 화가 나거나 속상할 때 자기 절제와 자기 통제를 실천하면 아이들은 그 교훈을 고스란히 받아들인다. 훗날 아이들도 화가 나거나 속상할 때, 자기 절제와 자기 통제를 실천하게 된다.

최근 한 연구에 따르면 아이들은 어머니가 일상에서 맞닥뜨리는 크고 작은 어려움을 어떻게 다루는지를 지켜보며 세상에 대한 자기만의 관점을 형성한다. 어머니가 차분하고 여유로우며 상황을 통제하는 모습을 보이면, 아이는 세상이 합리적이고 이성적인 곳이라고 여기게 되고 자신도 차분함과 자기 통제를 실천할 가능성이 커진다.

반대로 어머니가 좌절하거나 화를 내고 할 일에 치여 감당하지 못하는 모습을 보이면, 아이는 삶이 혼란스럽고 스트레스가 가득한 것이라고 받아들이게 된다.

## 거짓말을 통해 정직을 배운다

부모의 가장 중요한 역할은 자녀에게 올바른 가치를 심어주고 올바른 인격을 길러주는 일이다. 무엇이 진정으로 소중한지 알려주되, 특히 정직과 진실을 말하는 태도를 강조해야 한다. 그리고 부모 스스로가 본보기가 되어, 자녀가 배우기를 바라는 가치를 일상에서 직접 보여주어야 한다.

인격의 핵심 가치는 진실성이므로 자녀에게 심어주어야 할 가장 중요한 가치는 정직함이다. 많은 부모가 충격을 받겠지만 아이들은 거짓말을 한다. 사실 거의 모든 아이가 어린 시절 크고 작은 거짓말을 한다. 이때 부모는 놀라서 자신이 아이를 잘못 키운 것은 아닌가 하고 자책하기도 한다.

하지만 걱정할 필요는 없다. 거짓말은 아이들이 크는 과정에서 나타나는 자연스러운 현상이다. 그것은 아이들이 부모에게 시도하는 하나의 의사소통 방식이다. 만약 거짓말이 원하는 것을 손쉽게 얻는 효과적인 방법이라고 느낀다면, 아이는 습관적으로 거짓말을 하게 된다.

한 번은 아들이 내게 거짓말을 한 적이 있었다. 그래서 "마이클, 왜 그렇게 말했니? 뻔한 거짓말이라는 걸 너도 알잖아!"라고 했더니 열 살이던 마이클은 솔직하게 대답했다. "그냥 되나 안 되나 해 봤어."

아이들은 거짓말이 통하는지 알아보려고 한 번쯤 시도해본다. 효과가 없으면 다른 방법을 찾게 되는데, 그 대안은 대개 진실을 말하는 것이다.

# 언제나 진실을 말하라

어느 날 아내와 나는 자녀 양육서에서 이런 문장을 읽었다. "아이가 부모에게 거짓말을 한다면, 아이가 진실을 말하는 것을 두려워하게 만든 사람은 누구인가?"

이 질문은 우리에게 큰 깨달음을 주었다. 우리는 즉시 아이들과 마주 앉아 이렇게 말했다. "이제부터는 언제나 진실을 말해라. 진실을 말한다고 해서 혼나는 일은 절대로 없을 거라고 약속할게. 하지만 거짓말을 하면 엄마, 아빠는 실망할 거고 너희는 벌을 받게 될 거야. 그러나 진실을 말한다면 어떤 경우에도 혼나는 일은 없을 거야."

그날 이후로 아이들은 거의 예외 없이 우리에게 진실을 말하려고 '시도'했다. 시간이 흐르면서, 어떤 상황에서도 거짓을 말하지 않는 습관이 자리 잡았다. 그리고 우리 역시 약속을 지켰다. 아이가 진실을 말했을 때는 단 한 번도 혼내거나 벌을 준 적이 없었다.

어느 날 저녁, 온 가족이 식탁에 둘러앉아 있을 때였다. 아들이 친구 이야기를 꺼냈다. 그 친구가 뭔가를 함께 하자며 부모님께는 사실대로 말하지 말고 거짓말하라고 했다는 것이다. 그러자 아들이 친구에게 말했다. "난 엄마, 아빠한테 절대 거짓말하지 않아." 친구는 "부모님께 거짓말 안 하는 애는 없어"라고 대꾸했다.

아들은 다시 이렇게 말했다. "난 부모님께 거짓말할 필요가 없어. 언제나 진실을 말해도 괜찮으니까."

그 얘기를 들으며 옆에 있던 나머지 세 아이는 모두 고개를 끄덕였다. 그러고는 부모에게 거짓말할 필요가 없는 우리 집이 정말 좋은 집이라고 입을 모아 말했다.

## 자신감의 토대

진실을 말하는 아이는 올곧고 강인하게 자라난다. 자존감과 자신감이 높고, 자신을 손숭하며 자부심 또한 크다. 부모의 눈을 똑바로 바라보며 자기 생각과 감정을 분명히 표현할 줄 안다. 이렇게 자란 아이는 부모를 속이기 위해 거짓말을 일삼거나 진실에서 회피하는 아이들과는 전혀 다른 길을 걷는다.

아이를 키우다 보면, 자녀가 부모의 마음에 들지 않는 말을 하거나 화를 돋우는 행동을 하는 일이 수도 없이 생긴다. 그러나 그럴 때일수록 부모는 즉각 반응하기보다 먼저 자신을 다스려야 한다. 감정을 통제하고 화를 가라앉혀야 한다. 스트레스 속에서 부모가 보이는 모습 하나하나가 아이에게 깊이 각인되고 오래도록 기억되어, 훗날까지 영향을 미칠 수 있다는 사실을 잊지 말아야 한다.

아이들은 성장 과정에서 되풀이되는 가르침과 본보기를 통해 가치를 배워나간다. 부모가 자녀에게 무엇이 중요한 가치인지 일러주고, 그것을 삶 속에서 몸소 실천할 때 아이들은 이런 태도를 자연스러운 삶의 방식으로 받아들인다. 배우자에게 사랑을 표현하고, 가진 것이 적은 이들에게 연민을 베풀며, 도움이 필요한 이에게 너그러움을 보일 때, 인내가 요구되는 순간에 참고, 다른 관점을 포용하며, 어려움 앞에서는 용기를 내고, 좌절 속에서도 끈기를 잃지 않을 때 아이들은 그대로 따라 배운다.

자라면서 같은 상황에 부딪히면 자신 역시 그렇게 반응하는 것이 당연하다고 여기게 된다.


## 용서의 힘

자녀에게 꼭 심어주어야 할 중요한 가치 중 하나는 용서다. 대부분의 부정적 감정은 용서하지 못하는 마음에서 비롯된다. 부모가 용서를 실천하며 상처를 기꺼이 흘려보낼 때, 아이들 역시 자연스레 용서할 줄 아는 사람으로 성장한다. 이는 누구나 상처를 피할 수 없는 삶 속에서, 그 상처 때문에 오래 불행에 머물지 않도록 아이들을 지켜주는 힘이 된다.

내 부모는 완고했고 융통성이 없었다. 대공황 시절에 힘겨운 어린 시절을 보낸 탓에 자존감이 낮았고, 그래서 한 번 입장을 정하면 그것이 아무리 잘못된 것이라도 절대 물러서거나 자신이 틀렸음을 인정하지 못했다.

나는 아이를 낳게 되면 꼭 정반대로 하리라 마음먹었다. 딸 크리스티나가 아주 어렸을 때부터, 내가 무슨 이유로든 소리를 지른 일이 있으면 반드시 다가가 사과했다. "너에게 소리를 지른 건 아빠 잘못이야. 용서해 줄래?"라고 말이다.

아이들은 성장 과정에서 수없이 많은 실수를 저지른다. 부모역시 그런 아이들에게 때로는 과하게 반응할 수밖에 없다. 성인군자가 아닌 이상 피하기 어렵다. 그러나 부모가 아이에게 잘못했을 때는, 부모의 비난이 아이에게 얼마나 깊고 해로운 상처가 되는지를 인정할 수 있는 용기와 자애가 필요하다. 그럴 땐 서둘러 상황을 바로잡아야 한다. 아이에게 다가가 사과하고 용서를 구하라. 비록 아이가 잘못했더라도, 그것이 아이에게 부정적이고 상처 주는 방식으로 반응할 이유가 될 수는 없다. 그저 이렇게 말하면 된다.

"미안하다. 날 용서해 줄래?"

그리고 아이는 언제나 부모를 용서한다. 부모가 자신을 상처 입힌 일에 대해 진심으로 사과하고 용서를 구하는 순간, 아이는 부정적인 감정이나 열등감에서 벗어날 수 있다. 부모의 사과는 아이가 다시 행복하고 자신감 있는 모습으로 돌아가게 해준다.

# 자녀 교육은 끝이 없다

자녀에게 올바른 가치를 심어주고 바른 행동을 가르치는 일은 평생에 걸친 과업이다. 진실성과 연민에 대해 한두 번 설교한다고 끝나는 일이 아니다. 아이가 곁에 있는 동안은 해마다, 그리고 날마다 대화를 통해 일깨우고, 부모 스스로 본보기가 되어 같은 교훈을 행동으로 거듭 보여주어야 한다.

매너 칼럼니스트인 미스 매너스Miss Manners에게 한 부모가 이런 편지를 보냈다. "아이들한테 밥상머리 예절을 가르치려면 도대체 얼마나 걸리나요? 아무리 야단쳐도 여전히 산만하고 버릇없이 먹어요." 이에 대한 미스 매너스의 대답은 이랬다. "인내심을 가지세요. 아이들에게 식사 예절을 가르치려면 약 15년 동안 끊임없이 반복해야 합니다. 그래도 성공한다는 보장은 없답니다."

# 부모의 모습이
# 아이의 미래가 된다

당연한 말이지만, 자녀가 어떤 모습으로 자라나기를 바란다면 부모가 먼저 그 모습을 꾸준히 보여주어야 한다. 자녀가 단정하게 옷을 입기를 원한다면 부모부터 단정하게 입어야 하고, 자녀가 몸가짐을 깔끔히 하기를 바란다면 부모가 스스로 그렇게 해야 한다. 마찬가지로 자녀가 체계적이고 효율적인 사람으로 자라기를 기대한다면, 부모가 먼저 그런 태도를 몸소 실천해야 한다.

아이들은 결국 부모가 살아가는 방식을 평생 따라 하며 살아간다는 사실을 잊지 말아야 한다. 부모가 오늘 보이는 행동 하나가 훗날 자녀의 삶과 미래에까지 영향을 끼친다는 점을 알면, 더 높은 수준의 자기 절제와 자기 통제를 실천하지 않을 수 없다.

자녀를 자존감이 높고 긍정적이며, 자신과 자신의 가치를 믿는 사람으로 키우기 위해 절제를 발휘하는 일은 부모가 평생 짊어져야 할 가장 중요한 과업 가운데 하나다. 그리고 자녀를 어떤 모습으로 길러냈는지는 결국 부모 자신의 삶에도 깊은 영향을 미친다.

1. 당신의 행동을 통해 자녀가 '우리 부모는 이런 사람'이라고 떠올리게 만들고 싶은 두 가지 자질은 무엇인가?

2. 자녀에게 꼭 심어주고 싶은 두 가지 가치는 무엇이며, 그것을 어떻게 가르칠 수 있을까?

3. 자녀에게 훌륭한 본보기가 되기 위해 오늘부터 당신의 행동은 어떻게 달라져야 할까?

4. 지금부터라도 용서하고 잊어야 할 자녀의 실수는 무엇인가?

5. 자녀와 더 많은 시간을 보내기 위해 당장 시작할 수 있는 일은 무엇인가?

6. 자녀에게 진실함을 심어주기 위해 어떤 행동을 할 수 있을까?

7. 자녀가 더 큰 자기 절제와 자기 통제, 그리고 자기 통달을 실천할 수 있도록 어떻게 격려하고 보상할 수 있을까?

# 20장

# 좋은 관계는 상대를
# 존중하는 절제에서 자란다

"삶에서 원하는 모든 것에는 대가가 따른다.

상황을 더 나아지게 만들고 싶다면 그에 따른 대가가 있고,

지금 상태에 그대로 머물고 싶어도 그에 따른 대가가 있다.

모든 일에는 대가가 따른다."

— 해리 브라운

당신의 행복 가운데 무려 85퍼센트는 다른 사람들과 맺는 만족스러운 관계에서 비롯된다. 그러나 안타깝게도 문제와 불행의 85퍼센트 또한 다른 사람들과의 관계에서 생겨난다. 18장과 19장에서 더 행복한 결혼 생활과 자녀 양육에 관한 몇 가지 아이디어를 살펴보았다. 그러나 가족만큼이나 우정 또한 당신의 행복에 없어서는 안 될 중요한 요소다.

그러므로 우리는 인간관계에 능숙해져야 한다. 다행히 인간관계는 배울 수 있는 기술이다. 실제로 인기 있는 사람들이 하는 행동을 꾸준히 따라 하기만 해도, 당신은 직장과 사회에서 더 존중받고 사랑받는 사람이 될 수 있다.

아리스토텔레스는 인간은 사회적 동물이라고 말했다. 우리는 다른 사람들과 맺는 관계 속에서 자신을 정의한다. 우리의 운명은 타인과의 상호작용, 그리고 그들이 우리와 맺는 관계에 의해 결정된다. 우리는 다른 사람들과의 교류를 통해서만 자기 자신을 발견할 수 있다.

# 성격의 핵심

심리학자들에 따르면 우리가 하는 모든 일은 자존감을 높이거나, 혹은 타인으로부터 자존감이 깎이지 않도록 지키려는 욕구에서 비롯된다. 모든 사람은 자신의 가치와 중요성을 끊임없이 확인받고 싶어 한다.

자존감, 곧 자신을 어떻게 바라보고 얼마나 좋아하는가는 주로 자기 이미지, 즉 자신을 보는 인식에 의해 결정된다. 자기 이미지는 세 부분으로 이루어져 있으며, 마치 파이 조각들이 모여 하나의 파이를 이루듯 전체를 이룬다.

첫째, 자기 이미지는 '자신을 어떻게 바라보느냐'에 의해 형성된다. 이는 당신이 걷고 말하고 행동하며 타인과 관계 맺는 방식을 결정한다.

둘째, '다른 사람들에게 어떻게 비친다고 생각하는가'이다. 다른 사람들이 자신을 좋아하고 존중하며 인정한다고 믿는다면, 자신을 긍정적으로 바라보게 되고 더 높은 자존감과 자기 가치를 느낄 수 있다.

셋째, 사람들이 '실제로 자신을 어떻게 보고 대하느냐'이다. 스스로는 호감을 주고 인기가 있다고 여기는데 누군가 무례하거나 존중하지 않는 태도를 보인다면, 자기 이미지에 큰 충격을 받아 자존감이 낮아질 수 있다. 반대로 자신을 평범한 사람이라 생각하지만, 주위 사람들이 소중하고 중요한 존재로 대한다면, 자기 이미지에 긍정적인 자극을 받아 자신을 더 좋아하고 더 가치 있게 여길 수 있다.

## 행복의 열쇠

우리는 자기 이미지의 세 부분이 모두 일치한다고 느낄 때 비로소 진정한 행복을 경험한다. 자신이 보는 모습, 다른 사람들이 본다고 생각하는 모습, 그리고 실제로 사람들이 바라보는 모습이 언제나 조화를 이루어야 행복을 느낄 수 있다.

우리는 자신을 바라보고 생각하는 모습을 편안히 받아들이게 해주는 이들과 친구 관계를 맺고 싶어 한다. 자신을 소중하고 중요한 존재로 대해주는 사람과 함께 있을 때 자존감이 높아지고, 자신을 더 좋아하며 존중하게 된다. 그리고 그들과 함께하는 순간에 행복을 느낀다.

이를테면 학생은 선생님이 자신에게 관심을 기울이고 있다고 느낄 때, 더 열심히 공부하고 성적도 오른다. 직장에서도 가장 큰 동기 부여 요인은 상사가 직원을 단순한 노동자가 아닌 한 사람으로 존중하고 배려하는 태도다. 직원은 상사가 자신을 인간적으로 아껴준다고 느낄 때, 자신의 가치를 확인하고 일에도 더 몰두하게 된다.

## 간접 노력의 법칙

좋은 우정과 관계를 만들고 유지하는 비결은 단순하다. 다른 사람과의 모든 상호작용에서 간접 노력의 법칙을 실천하는 것이다.

자신만의 생각과 집착에서 벗어나 상대방이 어떤 생각을 하고 어떤 감정을 느낄지 이해하려고 해야 한다.

그러므로 친구를 얻고 싶다면 먼저 친구가 되어야 한다. 사람들이 나를 좋아해 주기를 원한다면 먼저 그들을 좋아해야 한다. 존중받고 싶다면 먼저 그들을 존중해야 한다. 좋은 인상을 주고 싶다면 먼저 그들에게 좋은 인상을 받아야 한다. 이렇게 간접적으로 다가감으로써 우리는 상대의 가장 깊은 잠재적 욕구에 닿을 수 있다.

## 타인의 자존감을
## 높여라

사람의 마음속 가장 깊은 곳에는 '자신이 중요한 존재다'라는 느낌을 갈망하는 욕구가 자리한다. 이 욕구는 당신에게도 있다.

그러므로 간접 노력의 법칙을 활용하라. 다른 사람으로 하여금 자신이 중요한 존재라고 느끼게 하면, 그들의 자기 이미지는 더 긍정적으로 변하고 자존감이 높아지며 자신에 대한 만족감이 커진다. 그러면 자연스레 그들은 당신에 대해서도 긍정적인 감정을 품게 된다.

다른 사람의 자존감을 북돋는 말을 건네거나 그런 행동을 할 때마다 '부메랑 효과'가 일어난다. 상대의 자존감이 올라가는 동시에, 같은 크기만큼 당신의 자존감도 함께 높아진다. 다른 이가 자신에 대해 좋은 기분을 느끼도록 만들면, 당신 역시 그 순간 자신을 더 긍정적으로 느낀다.

자기중심적인 태도를 벗어나려면 강한 자기 절제와 자기 통제가 필요하다. 남들이 나를 좋아하고 인정해주기를 바라기보다, 내가 먼저 그들을 좋아하고 존중하며 감탄하는 데 집중하라.

## 중요한 존재라고 느끼게 하는 일곱 가지 방법

다른 사람들과 좋은 관계를 맺는 비결은 매우 단순하다. 상대가 중요한 존재라고 느끼게 해주면 된다. 가족을 시작으로 친구와 동료에 이르기까지, 다른 사람들을 얼마나 중요한 존재로 느끼게 해주느냐에 따라 당신은 많은 사람의 호감을 살 수 있다.

사람들을 중요한 존재로 느끼게 하는 방법은 일곱 가지가 있다. 반복을 통해 누구나 배울 수 있는 간단한 방법이다.

**1. 타인을 있는 그대로 받아들여라:** 인간의 가장 강한 욕구 가운데 하나는 다른 사람에게 평가나 비판 없이 있는 그대로 받아들여지는 것이다. 심리학자들은 이를 '무조건적 긍정적 존중unconditional positive regard'이라 부른다. 이것은 상대방을 있는 그대로, 아무런 조건 없이 전적으로 받아들이는 태도를 말한다.

대부분의 사람은 판단하고 비판하기 때문에, 누군가에게 무조건 받아들여진다는 것은 그 사람의 자존감을 높이고 자기 이미지를 강화하며, 스스로에 대해 만족감을 느끼게 해준다.

영화 〈브리짓 존스의 일기〉의 핵심은 브리짓이 자신을 '있는 그대로 좋아해 주는' 남자를 만났다는 사실이었다. 이것은 그녀에게 너무도 놀라운 일이었다. 그녀의 친구들 또한 아무런 조건도 따지지 않고 상대를 있는 그대로 받아주는 관계가 가능하다는 사실에 매우 놀라워했다.

당신이 상대방을 바라보며 진심 어린 미소를 지을 때, 그 사람은 자신에 대해 더 큰 만족감을 느낀다. 자존감이 높아지고, 자신이 더 소중하고 중요한 존재라고 느낀다.

내가 남에게 어떤 인상을 주는지에 집착하기보다, 다른 사람이

나에게 어떤 인상을 주는지에 집중하기 시작하면 한결 마음이 편해지고 여유가 생긴다. 집이나 직장에서나 사람들을 만날 때, 차분하게 마음을 가라앉히고 다가가 미소를 지어라. 이것은 자존감을 높이고 관계를 쌓는 데 효과적인 행동이다. 사람들에게 미소를 건네면 그들은 자신이 가치 있고 중요한 존재라고 느낀다.

**2. 감사의 마음을 표현하라:** 누군가의 말이나 행동에 대해 감사의 마음을 전할 때마다, 그 사람의 자존감이 높아지고 자신을 더 중요한 존재로 느낀다. 고개를 살짝 끄덕이거나 미소를 지어 보이는 것은 물론이고 카드, 편지, 선물에 이르기까지 감사의 표현은 사람들의 자존감을 높이고 자신을 더 좋아하게 만든다. 간접 노력의 법칙에 따라 당신에 대한 호감도도 더 올라간다.

감사를 표현하는 가장 간단한 방법은 "고맙습니다"라고 말하는 것이다. 이 말은 어떤 나라, 어떤 언어에서든 따뜻한 느낌을 준다. 나는 지금까지 전 세계 90개국을 여행했는데, 새로운 나라를 찾을 때 가장 먼저 배우는 말이 "부탁합니다"와 "고맙습니다"였다. 이 표현을 사용할 때마다 상대방의 얼굴이 환해지고 미소가 번지며 당신과 함께하는 순간을 즐거워한다.

"고맙습니다"라는 말을 할 때마다 거의 마법 같은 효과가 나타난다. 상대방은 자신이 중요한 존재라고 느끼며, 당신과 함께 있는 순간과 당신을 돕는 일을 훨씬 더 기분 좋게 받아들인다.

**3. 긍정적으로 반응하라:** 어떤 상황에서든 가장 환영받는 사람은 대체로 긍정적이고 다른 이들과 기분 좋게 어울릴 줄 아는 사람이다. 반대로 늘 따지고, 불평하고, 반대만 하는 사람은 어디서든 환영받기 어렵다.

상대방이 말하거나 의견을 내놓을 때 고개를 끄덕이고 미소 지으며 호의적으로 응답해 주면, 그 사람은 자신이 지혜롭고 존중받으며 소중하고 중요한 존재라고 느끼게 된다. 비록 상대방의 말에 전적으로 동의하지 않는다 해도, 긍정적인 태도 하나만으로도 그는 당신과의 대화를 즐겁게 여길 것이다.

나는 전문 강연자로 일하면서 매년 수천 명의 사람을 만난다. 사람들이 다가와 어떤 주제에 대해 의견을 말하곤 하는데, 나는 그 주제에 대해 잘 알고 있지만 그들은 전혀 그렇지 않은 경우가 많다. 때로는 사실이 아니거나 터무니없는 이야기를 하기도 한다.

하지만 그래도 나는 늘 미소 지으며 긍정적인 태도를 보이고, 고개를 끄덕이며 질문을 던지고, 그들의 생각과 의견을 귀 기울여 듣는다. 그들은 강연자와 좋은 대화를 나누었다고 느끼며, 내가 아마 자신들과 의견을 같이한다고 생각하면서 돌아간다. 나에게는 아무런 비용도 들지 않는 일이지만, 그들에게는 큰 기쁨을 준다. 자신이 중요한 존재라고 느끼게 되는 것이다.


**4. 칭찬하라:** 사람들은 보통 자신의 소유물이나 성격적 특성,

그리고 성취에 많은 감정을 쏟는다. 그래서 누군가가 그것을 알아보고 진심으로 칭찬해주면 즉시 기분이 좋아지고 자존감이 높아진다. 에이브러햄 링컨이 말했듯이, "누구나 칭찬받는 것을 좋아한다."

사람들의 외모나 옷차림 속의 특정 아이템에 대해 감탄을 표현하라. 특히 남성은 넥타이나 구두에 대해 칭찬을 들으면 기뻐한다. 여성은 머리 모양이나 외모의 다른 부분에 대해 칭찬받는 것을 좋아한다. 사람들은 외출하기 전에 자신의 모습을 가꾸는 데 많은 시간을 들인다.

그 사람의 성격이나 특성을 칭찬할 수도 있다. 예를 들어, "당신은 정말 끈기가 강하군요"라고 말할 수 있다. 사람들은 살아오면서 오랜 시간 노력을 기울여 길러온 성품과 자질, 특히 긍정적인 자질을 누군가 알아보고 칭찬해 줄 때 큰 기쁨을 느낀다.

상대방의 성취를 칭찬하라. 그들의 집이나 사무실, 혹은 직장에서 이룬 성과에 대해 감탄스러운 마음을 전하라.


**5. 다른 사람에게 주의를 기울여라:** 다른 사람의 자존감을 높이는 가장 효과적인 방법은 말할 때 집중해서 경청하는 것이다. 나는 론 아덴Ron Arden과 공동 집필한 《끌리는 사람의 백만불짜리 매력The Power of Charm》에서 상대가 어떤 주제에 대해 이야기할 때 온전히 집중하며 들어주는 태도가 매력적인 행동으로 받아들여진다고 설명

했다.

훌륭한 경청의 핵심은 상대방에게 질문을 던지고 돌아오는 대답의 한마디 한마디에 온전히 집중하는 것이다. 상대방의 말하는 속도가 느려지거나 대답을 마무리하는 순간에 또 다른 질문을 던져라. 몸을 앞으로 기울이며 주의 깊게 듣고, 중간에 끼어들지 마라. 마치 상대가 하는 말이 지금까지 들어본 것 중 가장 통찰력 있고 흥미로운 이야기인 것처럼 들어야 한다.

이렇게 경청할 때 그 사람의 뇌는 엔도르핀이 분비되어 행복감을 느낀다. 그 결과 그는 자신에 대해 긍정적인 기분이 들고 자존감이 높아진다. 더 나아가 그 좋은 감정을 당신과 함께 있는 순간과 연결 짓게 된다. 결국 그는 당신을 더 좋아하게 되고, 더 흥미롭고 지적인 사람이라고 여기게 된다.

**6. 비난하거나 불평하지 마라:** 다른 사람의 자존감을 낮추거나 스스로 가치 없는 존재라고 느끼게 만드는 말이나 행동은 절대 하지 말아야 한다. 다른 사람에 대해 부정적으로 말하는 대화나 뒷말에는 절대로 관여하지 마라. 당사자 앞에서 말할 수 없는 내용이라면 입 밖에 내지 마라.

인간관계에서 가장 해로운 것은 바로 파괴적인 비난이다. 비난은 상대방의 자존감을 떨어뜨리고, 분노와 방어적인 태도를 불러일으킨다. 당연히 상대방은 자신을 비난한 사람을 싫어하게 될 수밖에 없다. 그러니 마음에 들지 않는 사람이나 상황에 대해 절대 불평하지 마라.

어떤 분야에서든 가장 인기 있는 사람을 표현할 때 '좋다'라는 표현이 가장 흔히 쓰인다. 즐겨 찾는 가게나 자주 가는 식당을 떠올려 보면, 거기 있는 사람들이 '좋다'라는 인상을 주었기 때문이다. 또 누군가를 다른 사람에게 소개하거나 추천할 때도, 우리는 으레 '좋은 사람이야'라고 말하게 된다.

영업이나 비즈니스에서 '좋은 사람'은 언제나 성공한다. 사람들은 그들에게서 물건을 구입하고, 다시 찾고 친구들에게까지 추천한다. 사람들은 좋은 사람을 만나는 것을 좋아하고, 다시 만나고 싶어 한다.

사람들에게 '좋다'는 말의 의미가 무엇인지 물으면, 대체로 '유쾌하다'라고 답한다. 그도 그럴 것이, 우리는 긍정적일수록 유쾌해진다. 유쾌할수록 성격이 좋아지고, 성격이 좋을수록 사람들은 당신을 만나고 곁에 머무는 것을 기대하게 된다.

**7. 모든 만남에서 예의와 관심과 배려를 보여라:** 예의, 관심, 배려, 이 세 가지를 만나는 모든 사람과의 관계에서 실천하라.

누군가를 예의와 존중으로 대하면, 그 사람은 자신이 더 가치 있고 중요한 존재라고 느낀다. 그렇게 가치를 인정받고 존중받은 사람은, 그에 보답하듯 당신을 가치 있게 여기고 존중하는 모습을 보여줄 것이다.

상대방의 삶에서 일어나고 있는 일에 관심을 보이면, 그 사람은 마음을 열고 당신을 더 따뜻하게 대한다. 누군가가 어려운 상황에 부닥쳤을 때 걱정이나 연민을 표현하면, 상대방의 마음이 움직이고 감정적으로 연결된다. 이를 통해 당신은 더 호감 가는 사람이 된다.

세 번째는 배려다. 상대방을 배려한다는 것은, 상대가 더 가치 있고 중요한 존재라고 느끼게 하는 말과 행동을 한다는 뜻이다.

## 다른 사람에게 관심을 보여라

사람들을 처음 만나거나 오랜만에 다시 만날 때는 먼저 안부를 묻고, 그 대답에 귀 기울여라. 사람들은 흔히 자기 고민이나 걱정을 털어놓곤 한다. 그럴 때는 세심하고 따뜻한 태도를 보여라. 그들의 문제와 어려움을 마치 내 일처럼 중요하게 받아들이는 것이다. 놀랍게도 우리가 다른 사람의 상황에 진심 어린 관심을 보이면, 상대방의 감정이 고스란히 내게도 전해져 어느새 진심으로 공감하게 된다.

평생의 우정을 쌓고 깊이 있는 관계를 이어가는 법칙은 단순하다. 지금 이 순간부터 결심하라. 사람들이 당신과 함께 시간을 보낸 뒤, 처음보다 더 밝고 기분 좋은 상태로 돌아가게 하겠다고. 사람들에게 자신이 특별하고 소중한 존재임을 느끼게 하는 위의 방법들을 하나하나 실천하라. 그들의 자존감을 북돋우고, 자신을 긍정적으로 바라볼 수 있도록 하라. 상대가 스스로 귀하고 가치 있는 사람이라 느끼게 하라. 이렇게 다른 이들을 특별한 존재로 대하는 당신의 모든 말과 행동은, 결국 당신 자신 또한 더욱 소중한 존재로 느끼게 해줄 것이다.

1. 일과 개인 생활에서 가장 중요한 친구들의 목록을 작성하라. 그들이 자신에 대해 긍정적인 기분을 느낄 수 있도록 당신이 할 수 있는 일은 무엇인가?

2. 모든 사람과의 만남에서 상대가 중요한 존재라고 느끼도록 가장 먼저 할 수 있는 일은 무엇인가?

3. 당신과 대화를 나누는 모든 사람이 그 대화 덕분에 더 소중하고 가치 있는 존재리고 느끼도록 하라.

4. 모든 인간관계에서 판단을 삼가라. 언제나 상대의 의도를 긍정적으로 받아들여라.

5. 만나는 모든 사람이 얼마 남지 않은 삶을 살고 있으며, 그 사실을 아는 유일한 사람이 바로 당신이라고 상상해보라.

6. 모든 사람에게서 인상 깊은 점을 하나 찾아서 상대방에게 직접 전하라.

7. 당신이 타인과 주고받는 모든 말과 행동이 숨겨진 카메라와 마이크에 기록된다고 상상해보라. 그렇다면 당신은 어떻게 다르게 행동하겠는가?

# 21장

# 마음을 비울 때
# 평화가 찾아온다

"사람들은 자신의 처지를 개선하기를 갈망하면서도
정작 자신을 변화시키는 일에는 소극적이다. 그래서 결국 제자리에서
벗어나지 못한다. 그러나 기꺼이 자기희생을 감내하는 사람은 마음속 깊이
바라는 목적을 이루지 못할 리 없다. 이는 영적인 목표뿐 아니라 세속적인
목표에도 똑같이 적용된다. 부를 얻고자 하는 사람조차도 그 목적을 이루기
위해서는 반드시 큰 개인적 희생을 감수해야 한다. 하물며 강인하고 균형 잡힌
삶을 이루고자 한다면 얼마나 더 큰 노력이 필요하겠는가."

– 제임스 앨런

자신 안에 잠든 가능성을 깨워 진정한 잠재력을 실현하고 싶다면, 무엇보다 강한 자기 절제가 반드시 필요하다. 인류의 모든 종교와 철학이 인간이 추구해야 할 가장 높은 이상으로 꼽은 것은 바로 마음의 평화다. 마음의 평안을 얻는 능력이야말로 성공의 진정한 척도이자 행복을 결정짓는 핵심 요소다.

영적으로 성장하고 자신의 가능성을 온전히 펼치려면 생각과 감정, 행동을 꾸준히 절제하고 다스려야 한다. 영적 성장과 내적 평안, 그리고 기쁨의 경험은 모두 자기 통달과 자기 통제를 통해서만 가능하다.

## 외적 성공에는 집중이, 내적 성공에는 내려놓음이 필요하다

'외부 세계'에서 성공하려면, 자신을 절제해 맡은 일에 집중하고 최선을 다하며, 목표를 향해 꾸준히 행동해야 한다. 또한 삶이 앞으로 나아가고 더 높은 곳을 향해 갈수록 더 성장하고 유능해져야 한다.

그러나 '내적 세계'에서 성공하려면, 거의 정반대의 능력이 필요하다. 내적 평화를 이루려면, 평온함과 만족감을 방해할 수 있는 모든 것을 내려놓는 절제가 요구된다.

선불교에서는 인간의 고통과 불행의 가장 큰 원인을 '집착'이라고 가르친다. 우리는 생각이나 의견, 물질적인 것에 집착하고 내려놓으려 하지 않는다. 때로는 이러한 외적 요인에 지나치게 사로잡힌 나머지, 몸과 마음의 건강까지 영향을 받고 밤잠을 설치기도 한다.

그러나 집착을 내려놓고 사물이나 결과로부터 감정적으로 자신을 분리하면, 함께 얽혀 있던 부정적인 감정들도 전기 플러그를 뽑듯 단번에 멈춘다.

## 옳고자 하는 욕구

우리는 마음 깊은 곳에 '내가 옳다'는 확신을 지키려는 강한 욕구를 품고 있다. 그러나 옳은지 그른지에 집착하지 않게 되는 순간, 그 욕구를 둘러싼 모든 감정이 사라진다. 제럴드 잼폴스키Gerald Jampolsky 박사는 이렇게 물었다. "당신은 옳고 싶은가, 아니면 행복하고 싶은가?"

어떤 사람들은 정치적이거나 종교적인 신념에 열정을 쏟는다. 그러나 그런 신념 또한 어떤 식으로든 타인에게 배운 것이다. 하지만 그 믿음을 잠시 내려놓으면 감정을 흔들거나 분노를 불러일으킬 힘을 잃게 된다.

나는 정치적, 종교적으로 다양한 범위의 생각과 의견을 가진 친구들과 사람들을 만난다. 대부분은 잘 지낸다. 서로 다른 의견에 대해 굳이 논의하지 않기 때문이다. 대신 의도적으로 자신을 절제함으로써 서로가 공감하고 관심을 공유할 수 있는 주제에 집중하며 대화를 나눈다.

## 누구도, 무엇도 탓하지 마라

부정적인 감정의 주요 원인이자 내적 평화를 무너뜨리는 것은 바로 비난이다. 앞서 언급했듯이, 부정적인 감정은 어떤 방식으로든 누군가나 무엇인가를 탓하지 않고서는 생겨날 수 없다.

누군가를 비난하게 되는 데에는 두 가지 요인이 작용한다. 첫째는 동일시다. 어떤 일을 개인적으로 받아들이는 경우다. 누군가가 자신에게 불리한 말을 했거나 행동했다고 느끼는 순간, 즉각 분노가 일고 그 사람을 탓하게 된다.

이를테면 아침에 출근을 서두르느라 정신이 없고, 조금 전 배우자와 언쟁까지 벌인 사람이 부주의하게 당신 차 앞으로 끼어들었다고 해보자. 전혀 모르는 사람이지만, 그 행동을 '나에게 한 일'로 받아들이는 순간 즉시 화가 치밀고 그를 비난하게 된다.

그러나 자기 절제를 발휘해 그 일을 개인적인 문제로 받아들이지 않고 거리를 두면, 그 사람이나 사건에 얽힌 부정적인 감정은 거의 즉시 사라진다. 예를 들어, 다른 운전자가 끼어들었을 때, 마음속으로 이렇게 말하며 감정적으로 분리할 수 있다. "뭐, 늦어서 서두르는 모양이구나."

그렇게 생각하는 순간, 그 일과 관련된 부정적인 감정은 모두 사라지고 다시 차분하고 여유롭고 긍정적인 마음 상태로 돌아갈 수 있다.

두 번째 요인은 정당화다. 이는 어떤 상황에서 자신이 화를 내거나 기분이 상할 권리가 있다고 스스로에게(또는 다른 사람에게) 말할 때 일어난다.

많은 사람이 고통을 지나치게 끌어안고 살아간다. 과거의 문제가 삶의 중심이 되어버린다. 그들은 과거의 상처를 하루 종일, 심지어 밤에도 떠올리고, 머릿속에서 그때의 인물들과 보이지 않는 '분노의 대화'를 계속 이어간다.

그들은 다른 사람들과 이야기를 나눌 때, 마치 시장의 상인이 물건을 내보이듯 틈만 나면 자신의 고통을 꺼내 상대 앞에 펼쳐 보인다. 자신에게 일어난 불행한 사건을 다시 들춰 무슨 일이 있었는지, 어떻게 부당한 대우를 받았는지, 그리고 상대가 얼마나 끔찍한 행동을 했는지 구구절절 늘어놓는다.

하지만 자기 절제를 발휘해 과거에 무슨 일이 있었는지, 다른 사람이 무엇을 했는지 혹은 하지 않았는지를 되풀이하며 부정적인 감정을 정당화하는 일을 멈추어야 한다. 그리고 살다 보면 '이런저런' 일이 일어날 수밖에 없다는 사실을 담담히 받아들이면, 그 사람이나 상황과 얽힌 부정적인 감정은 자연스레 사라진다.

## 용서를 실천하라

영적 성장을 위한 자기 절제의 가장 높은 단계는 바로 용서를 실천하는 일이다. '용서의 법칙'은 "자신에게 상처 준 사람을 기꺼이 용서할 수 있다면 그만큼 마음과 정신이 건강하다는 뜻이다"라고 말한다.

당신을 포함해 모든 사람은 살아오면서 파괴적인 비난, 부정적인 대우, 불친절, 무례함, 불의, 배신, 거짓을 경험했다. 불운한 일이지만, 인간으로 살아가는 한 피할 수 없는 현실이다. 수많은 사람이 뒤섞여 사는 복잡한 사회에서 이런 문제를 피하는 방법은 동굴에 들어가 사는 것뿐이다.

따라서 부정적인 일을 겪은 뒤에 당신이 스스로에게 던지고 대답해야 할 질문은 이것이다. "나를 추스르고 다시 내 삶을 앞으로 나아가게 하는 데 얼마나 걸릴까?" 이 결정은 오직 당신만이 내릴 수 있다. 진정한 행복을 원한다면 인생에서 내려야 할 가장 중요한 결정 가운데 하나다. 나아가 당신의 정신적·영적 절제력을 가늠하는 시험이기도 하다.

# 용서의 속도가
# 행복을 결정한다

모든 사람에게는 흔히 '용서 곡선'이라고도 불리는 '망각 곡선'이 있다. 이 곡선은 부정적인 경험을 얼마나 빨리 용서하고 잊어버리는지를 나타내는 데, 곧 당신의 정신적·감정적 건강 상태를 가늠하는 척도가 된다.

왼쪽 세로축에 0부터 100까지의 눈금이 올라가는 그래프를 떠올려 보라. 이 눈금은 어떤 방식으로든 상처받거나 모욕을 당했을 때 느끼는 부정적 감정의 강도를 나타낸다. 그래프의 가로축에는 당신의 삶을 이루는 연도와 월이 표시되어 있다.

용서 곡선은 평평할 수도 있고, 가파르게 아래로 기울어질 수도 있다. 용서 곡선이 평평하다는 것은, 어떤 일로 인해 느낀 분노가 그 사건이 발생했을 당시와 같은 수준으로 오랫동안, 때로는 수년, 심지어 수십 년 동안 지속된다는 뜻이다.

실제로 부모가 수십 년 전에 했던 말이나 행동 때문에 어른이 된 후에도 여전히 분노에 사로잡혀 있는 사람들이 많다. 그들은 기회만 있으면 그 이야기를 꺼내며, 마치 용서하지 못한 기억이 담긴 자루 속을 뒤지듯, 고통을 되풀이한다.

심리학자와 정신과 의사들이 지속적으로 내담자들을 만나 상담하는 이유도 바로 이것이다. 환자 대부분은 평평한 용서 곡선을 가진 사람들이다. 치료 과정에서 환자들이 가장 자주 쏟아내는 이야기는 과거에 누군가 자신에게 무엇을 했는지, 혹은 하지 않았는지, 그리고 그 일로 지금도 얼마나 불행한지를 되풀이하는 것이다.

반대로 건강한 사람들의 용서 곡선은 가파르게 아래로 내려가는 모습을 보인다. 그들도 다른 이들 못지않게 수많은 어려움과 문제를 겪었다. 그러나 자신의 삶을 계속 살아가기 위해 곧바로 용서하고 잊어버리기로 결심하는 자기 절제를 발휘했다. 그들은 문제를 자루에 담아 짊어지고 가는 것을 거부한다. 그냥 내려놓은 뒤 자신을 행복하게 만드는 일들에 주의를 기울인다.

용서할 줄 아는 절제는 영적 세계로 들어가는 열쇠다. 당신을 상처 입힌 모든 일과 모든 사람을 기꺼이 용서하는 습관과 절제를 길러야만 깊은 마음의 평화를 누릴 수 있다.

# 용서는
# 나를 위한 일이다

많은 사람이 용서를 잘못 이해한다. 자신에게 상처를 준 사람을 용서하는 것이 곧 그 행동을 받아들이거나 심지어 정당화하는 것이라고 여긴다. 그러나 사실은 정반대다. 용서는 철저히 자기 자신을 위한 행위다. 용서는 상대와는 무관하다. 누군가를 용서하는 이유는 오직 자신이 감정적으로 자유로워져 더 이상 그 짐을 짊어지고 살아가지 않기 위해서다.

인간의 마음은 참으로 경이롭다. 지적이고 통찰력도 뛰어나다. 이 마음을 자신을 위해 사용하면 기쁨과 행복을 얻을 수 있지만, 반대로 자신을 해치는 데 쓰일 수도 있다. 마음을 가장 고귀하게 활용하는 길은 다른 사람을 용서할 이유를 찾는 것이다. 과거의 일을 곱씹고 파헤치며 그것을 개인적인 문제로 끌어안고, 합리화나 정당화에 몰두하는 대신, 지성을 발휘해 책임을 수용할 근거를 찾고 부정적인 상황은 과감히 내려놓아야 한다.

자신의 책임을 받아들이고 상처 준 사람들을 용서하는 순간, 당신은 완전히 자유로워진다. 모든 부정적인 감정이 사라지고, 그 자리를 마음의 평온과 사랑, 행복, 기쁨이 대신하게 된다.

자기 절제를 통해 용서를 실천하면 놀라운 보상이 따라온다. 자기 통제와 자기 절제를 통해 자신을 불행하게 만드는 상황에 집착하지 않고 감정적으로 자신을 분리하면, 삶의 질 전체가 올라간다.

**Exercise**

1. 용서 테스트를 해보라. 당신은 옳고 싶은가, 아니면 행복하고 싶은가?

2. 과거에 어떤 방식으로든 당신에게 상처를 준 사람들을 떠올린 뒤, 오늘부터 그들을 용서하고 부정적인 감정을 내려놓기로 결심하라.

3. 비난이나 분노 같은 부정적인 감정을 정당화하지 않을 이유를 찾아라. 대신 지성을 발휘해 책임을 받아들여라.

4. 마음의 평화를 가장 중요한 목표로 삼고, 자신을 흔드는 모든 생각과 감정을 내려놓기로 결심하라.

5. 오늘부터 매일 아침, 하루를 시작하기 전에 정신을 깨우고 기운을 북돋아 주는 글을 읽어라. 이 습관이 당신의 삶을 바꿀 것이다.

6. 지금부터는 어떤 일도 개인적인 문제로 받아들이지 마라. 그리고 스스로에게 물어보라. 5년 뒤에도 이 일이 여전히 중요할까?

7. 돈과 물질에 집착하지 않는 불교의 가르침을 따르고, 어떤 상황에서도 흔들리거나 걱정에 사로잡히지 마라.

✳

성공은 하고 싶은 것을 따르는 삶이 아니라,

해야 할 것을 지켜내는 삶에서 시작된다.

KI신서 14066
브라이언 트레이시 자기 절제론

**1판 1쇄 인쇄** 2026년 2월 11일
**1판 1쇄 발행** 2026년 3월 11일

**지은이** 브라이언 트레이시
**옮긴이** 정지현
**펴낸이** 김영곤
**펴낸곳** ㈜북이십일 21세기북스

**출판부문** 출판2본부장 윤서진
**인문서가팀장** 현미나
**인문서가팀** 한이슬 양지원
**교정교열** 신대리라 **디자인 표지** 림디자인 **본문** 푸른나무디자인
**마케팅팀** 유진선 이수진 김설아
**마케팅영업부문** 정지은 장철용 강경남 황성진 김도연
**제작팀** 이영민 권경민

**출판등록** 2000년 5월 6일 제406-2003-061호
**주소** (10881) 경기도 파주시 회동길 201(문발동)
**대표전화** 031-955-2100 **팩스** 031-955-2151 **이메일** book21@book21.co.kr

ⓒ 브라이언 트레이시, 2026

**ISBN** 979-11-7357-766-6 03190

**(주)북이십일 경계를 허무는 콘텐츠 리더**

---

21세기북스 채널에서 도서 정보와 다양한 영상자료, 이벤트를 만나세요!

**페이스북** facebook.com/jiinpill21　　　**블로그** blog.naver.com/21c_editors
**인스타그램** instagram.com/jiinpill21　　　**홈페이지** www.book21.com
**유튜브** youtube.com/book21pub